Reiseführer Natur Spanien

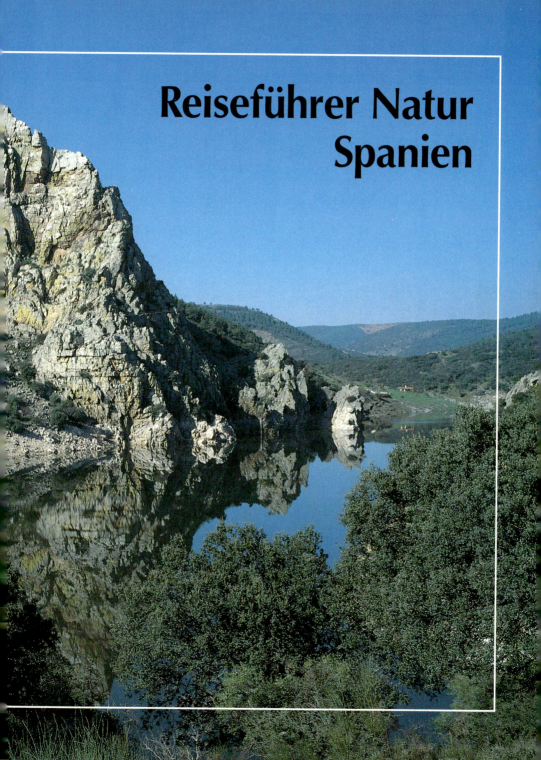

Reiseführer Natur
Spanien

CIP-Titelaufnahme der Deutschen Bibliothek

Reiseführer Natur Spanien / Roberto Cabo. - München;
Wien; Zürich: BLV Verl.-Ges., 1991
  ISBN 3-405-14078-1
NE: Cabo, Roberto

Umschlagfotos: F. B. Fuentenebro (vorn: Foz de
Arbayun), F. Labhardt (hinten: Pyramidenorchis),
C. Segovia (hinten: Gänsegeier), M. Siepmann (großes
Foto: Extremadura)
Foto S. 1: Chorro-Schlucht
Foto S. 2/3: »Geierfelsen« im Naturpark Monfragüe

BLV Verlagsgesellschaft mbH
München Wien Zürich
8000 München 40

Das Werk einschließlich aller seiner Teile ist urheber-
rechtlich geschützt. Jede Verwertung außerhalb der engen
Grenzen des Urheberrechtsgesetzes ist ohne Zustimmung
des Verlags unzulässig und strafbar. Das gilt insbesondere
für Vervielfältigungen, Übersetzungen, Mikroverfilmun-
gen und die Einspeicherung und Verarbeitung in elektro-
nischen Systemen.

© 1991 BLV Verlagsgesellschaft mbH, München

Umschlaggestaltung: Patscheider Design, Augsburg
Karten: Kartographie Huber, München
Redaktionelle Mitarbeit: Dr. Einhard Bezzel
Prof. Dr. Josef H. Reichholf
Lektorat: Dr. Friedrich Kögel
Layout-Konzept: Peter Rudolph
Herstellung: Erwin Faltermeier
Satz: Filmsatz Schröter GmbH, München
Reproduktionen: Foto Litho Longo, Frangart
Druck: Appl, Wemding
Bindung: Bückers GmbH, Anzing

Printed in Germany · ISBN 405-14078-1

Inhalt

Einführung

Zur Benutzung des Buches 8
Kleine Landeskunde 10
  Lage und Größe 10
  Entstehung 10
  Klima 11
  Naturräumliche Gliederung 12
  Vegetation 16
  Tierwelt 18
  Mensch und Geschichte 19

Reiseplanung

Vor der Reise 223
Reisen im Land 224
Organisierte Reisen 225
Sonstiges 226

Anhang

Landkarten, Wanderkarten 227
Literaturempfehlungen 227
Wörterbuch 228
Register 234

Essays

Forstpolitik in Spanien 27
Braunbär und Wolf 35
Geier in Spanien 43
Kaninchen 69
Iberischer Steinbock 91
Dupontlerche 101
Felix Rodriguez de la Fuente 115
Steineichenhaine (Dehesas) 132
Jagd – Stierkampf – Naturschutz 145
Pardelluchs und Kaiseradler 160
Korkeiche und Kork 164
Flamingos 182
Pinienprozessionsspinner 190
Espartogräser 205

Hauptreiseziele

1. Rias in Galicien 21
2. Nationalpark Covadonga und Picos de Europa 28
3. Täler von Hecho, Ansó, Roncal und Salazar 36
4. Nationalpark Ordesa und Monte Perdido 44
5. Nationalpark Aigues Tortes, San-Mauricio-See 53
6. Cadí-Moixeró 60
7. Cap de Creus 66
8. Aiguamolls de L'Empordá 71
9. Medes-Inseln 77
10. Ebro-Delta 81
11. Ports de Beceite i Tortosa 87
12. Albufera de Valencia 93
13. Ebro-Becken zwischen Zaragoza und Lleida 97
14. Laguna de Gallocanta 102
15. Arlanza-Tal 106
16. Greifvogelschutzgebiet Montejo 111
17. Sierra de Gredos 116
18. Nationalpark Tablas de Daimiel 123
19. Extremadura 127
20. Naturpark Monfragüe 135
21. Westliche Sierra Morena 143
22. Nationalpark Doñana 149
23. Los Alcornocales 161
24. Meerenge von Gibraltar 167
25. Grazalema 172
26. Laguna de Fuente Piedra 178
27. Torcal de Antequera und El Chorro 183
28. Naturpark Sierra de Cazorla und Segura 189
29. Sierra Nevada und Alpujarras 196
30. Cabo de Gata-Nijar 202

Nebenreiseziele

N 1 Sierra del Sueve 210
N 2 Ria de Villaviciosa / Höhle Tito Bustillo 210
N 3 Marismas de Santoña 212
N 4 San Juan de la Peña 212
N 5 Mallos de Riglos 212
N 6 Sierra del Montsec 213
N 7 Vulkangebiet La Garrotxa 213
N 8 Montseny 214
N 9 Montserrat 215
N 10 Llobregat-Delta 216
N 11 Sierra de Espadán / Tropfsteinhöhle »Gruta de San José« 217
N 12 Salinen von Santa Pola 218
N 13 Naturpark Pedriza del Manzanares 218
N 14 Dehesas im Westen von Madrid 219
N 15 Rio Jarama 220
N 16 Marismas del Odiel 220
N 17 Rio Gudadaira / Sevilla 221
N 18 Laguna de Medina 221
N 19 Lagunas de Zoñar und Rincon 221
N 20 Guadalhorce-Mündung 222

Zum Geleit

Reiseführer Natur – eine Chance für den sanften Tourismus?

Dem Massentourismus ist sehr viel Natur zum Opfer gefallen. Der Versuch, der Unwirtlichkeit der Städte und der Industriegesellschaft in eine »intakte Natur« für die kostbarsten Wochen des Jahres zu entfliehen, mißlang gründlich. Denn der Ruhe, Entspannung und Naturgenuß suchende Mensch wurde im Touristikboom schnell wieder in die Massen einbezogen und beinahe zu einer »Ware« degradiert. Der zähe Brei des Massentourismus wälzte sich, da er fortlaufend seine eigenen Existenzgrundlagen zerstört, immer weiter hinaus bis in die letzten Winkel der Erde. Mit größter Sorge betrachteten Naturschützer in aller Welt diese Entwicklung und versuchten – vergeblich – sich dagegen zu stemmen. Sie waren und sind machtlos gegen die Flut, die über sie und die wenigen geschützten Gebiete hereinbrach. Die Naturschützer hatten so gut wie keine Chancen, die Natur vor dem Massenansturm zu bewahren.

So wurde denn der Tourismus in Bausch und Bogen als nicht natur- und umweltverträglich verdammt und gebrandmarkt. Nicht ganz zu Recht, wie man bei objektiver Betrachtung der Sachlage zugeben muß. Denn nicht wenige der wichtigen, ja unersetzlichen Naturreservate der Welt konnten gerade wegen des Tourismus gesichert werden, der Staaten wie Tansania mit der weltberühmten Serengeti oder Ecuador mit seinen Galapagos-Inseln mehr harte Währung einbrachte, als eine Umwidmung der geschützten Flächen zu anderen Formen der Nutzung. Durch geschickte und gezielte Lenkung des Besucherstromes ist es möglich, die Schäden gering zu halten, aber großen Nutzen einzubringen. Viele Beispiele gibt es hierfür. In Amerika, in Afrika und in Südostasien gelingt es offenbar weitaus besser, Naturreservate zu erhalten als hierzulande in Mitteleuropa, wo Naturschutzgebiete fast automatisch zu Sperrgebieten für Naturfreunde gemacht werden (während andere Nutzungsformen, insbesondere Jagd und Fischerei, in der Regel uneingeschränkt weiterlaufen dürfen).

Es fehlt an Information und an Personal, das die Schutzgebiete überwacht, Besucher betreut und für die Erhaltung der Natur wie für die Einhaltung der Schutzbestimmungen sorgt. Vielfach können gerade da, wo die Schutzgebiete mit strengem »Betreten verboten« ausgewiesen sind, die Schutzziele nicht eingehalten werden. Es fehlen die »Verbündeten«; sie sind als Naturfreunde ausgeschlossen und damit keine starken Partner. Eine grundsätzliche Änderung, eine Wende zum Besseren ist derzeit nicht in Sicht. So bleibt der Naturfreund auf sich allein gestellt, Natur zu erleben, ohne sie zu stören oder gar zu zerstören.

Die neue Serie »Reiseführer Natur« folgt diesen Leitgedanken. Sie will den engagierten Naturfreunden die Möglichkeiten aufzeigen, sich schöne Landschaften mit einem reichhaltigen oder einzigartigen Tier- und Pflanzenleben auf eine »umweltverträgliche« Art und Weise zu erschließen. Ein Tourismus dieser Art, der auf Information aufbaut und dessen Ziel die Sicherung der Naturschönheiten ist, wird vielleicht die überfällige Wende bringen. Unberührte Natur, naturnahe Landschaften und freilebende Tiere und Pflanzen haben ihren besonderen Wert. Aber er wird nicht zum Nulltarif auf Dauer zu erhalten sein.

EINHARD BEZZEL
JOSEF H. REICHHOLF

Vorwort

Die Aufforderung, einen Reiseführer zu den schönsten Landschaften und den Lebensräumen der Tier- und Pflanzenwelt zu verfassen, führte zu gegensätzlichen Gefühlsregungen: Ich sah darin die Chance, das in weiten Kreisen vorhandene negative Bild über den Zustand der Natur in Spanien zu korrigieren; andererseits mußte ich mich erst freidenken von der bislang vorherrschenden Meinung, daß die Bedrohung eines Gebietes mit seinem Bekanntheitsgrad steigt.

Viele Freunde und im Naturschutz Engagierte in Spanien begrüßten die Idee des Reiseführers Natur, denn heute kann sich niemand mehr darauf verlassen, daß der beste Schutz eines Gebietes seine Abgeschiedenheit und Unbekanntheit sei. Die Situation wird vielmehr durch Konrad Lorenz treffend charakterisiert: »Man liebt nur was man kennt, und man schützt nur was man liebt.«

»Mich interessiert vor allem die Natur, daher kommt Spanien mit seinem Massentourismus als Reiseziel nicht in Betracht.« – »Gibt es in Spanien überhaupt noch Wald?« – Solche Aussagen höre ich immer wieder. Die Diskrepanz zwischen öffentlicher Meinung und Realität ist beim Thema »Natur in Spanien« riesig. Obwohl das Land bereits sehr viel früher als die mitteleuropäischen Länder vom Menschen umgeformt worden ist, und obwohl es jährlich mehr Touristen empfängt als fast alle anderen Länder der Erde, nimmt es hinsichtlich seines Reichtums an Lebensräumen und seltenen Tier- und Pflanzenarten trotzdem eine ganz herausragende Stellung ein.

Ziel dieses Reiseführers ist, dem naturinteressierten Spanienreisenden einen Leitfaden zu den großartigsten Landschaften und den sie bewohnenden Tieren und Pflanzen zu geben. Wer auch nur durch einige der beschriebenen Gebiete mit etwas Zeit, Muße und einem Fernglas gewandert ist, manche der im Reiseführer erwähnten Tiere und Pflanzen beobachten und bestimmen konnte und durch die Hintergrundinformationen eine intensivere Beziehung zum Gebiet erhalten hat, der wird nicht nur seinen eigenen Urlaub gewaltig bereichern, sondern vielleicht auch dazu beitragen, das Gebiet vor negativen Veränderungen schützen zu helfen.

Herzlich danken für wertvolle Unterstützung durch aktuellste Informationen bei mehreren Gebieten möchte ich meinen Freunden Joan Morales (Figueres), Carlos Segovia (Sevilla), Francisco Calzado, Roberto Hartasanchez (beide Llanes) und Xavier Vizcaino (Girona). Mir liegt die reiche spanische Natur, in der ich unzählige herrliche Stunden verbracht habe, sehr am Herzen und ich wünsche mir, daß dieser Reiseführer Sie zu neuen Urlaubszielen und -inhalten animiert, und daß er zukünftige naturschutzrelevante Entscheidungen positiv beeinflussen hilft.

ROBERTO CABO

Einführung

Zur Benutzung des Buches

Dieser Reiseführer soll es dem Leser ermöglichen, die Natur, d. h. Landschaften, Pflanzen und Tiere Spaniens möglichst intensiv kennenzulernen. Damit man die vielfältigen Informationen im Buch möglichst effizient nutzen kann, sollte man sich als erstes mit dessen Gliederung vertraut machen.

Die »Kleine Landeskunde« gibt allgemeine Informationen über die Iberische Halbinsel. Man findet hier Angaben zur Entstehung des Landes, seine Lage und Größe, über das Klima und die natürliche Vegetation sowie über Naturschutz und Schutzgebiete, Besiedlung und Kulturpflanzen.

Der Hauptteil enthält die Natursehenswürdigkeiten des Landes, aufgeteilt in 30 Haupt- und 20 Nebenreiseziele. In der Umschlagskarte hinten sind sie eingetragen und numeriert.

Hauptreiseziele stellen sehenswerte und für das Verständnis der Naturgeschichte wichtige Ziele dar. Sie sind gewissermaßen die »highlights« des Landes. An jedem Kapitelbeginn werden die »Hauptattraktionen« stichwortartig vorgestellt, um eine schnelle Orientierung zu erleichtern. Geologische Sehenswürdigkeiten und die typische Pflanzen- und Tierwelt werden anschließend beispielhaft beschrieben, wobei versucht wird, möglichst viele Arten im Foto darzustellen. Verweise auf erwähnte Arten, die in einem anderen Kapitel abgebildet sind, erfolgen durch »S. . . .«, Textstellenverweise durch »s. S. . . .«. Kurze Abhandlungen (»Essays«, durch blaue Unterlegung kenntlich) geben Hintergrundinformationen zu bestimmten Themen.

Die Vorstellung der Tier- und Pflanzenwelt konzentriert sich vor allem auf Arten, die für Spanien typisch und für den mitteleuropäischen Besucher besonders interessant sind. Fotos helfen beim Erkennen von Tieren und Pflanzen, können aber natürlich ein vollständiges Bestimmungsbuch (vgl. Literaturverzeichnis) nicht ersetzen.

Wo immer möglich werden deutsche Artnamen verwendet. Für die Vögel diente dabei »Wolters, Die Vogelarten der Erde« (1975–1982) als Vorlage. Vor allem für Pflanzen war es oft nicht möglich, eindeutige Namen zu finden. Daher wurde dann der wissenschaftliche Name verwendet. Soweit möglich, wurde aber wenigstens eine deutsche Gattungsbezeichnung angegeben, z. B. »die Waldrebe *Clematis campanifolia*« (es gibt in Spanien mehrere Arten von Waldreben aus der Gattung *Clematis*, die genannte Art hat aber keinen deutschen Namen).

Für jedes Hauptreiseziel gibt es einen Abschnitt »Im Gebiet unterwegs« sowie eine Übersichtskarte. Querverweise zwischen Karte und Text (Zahlen im Kreis) sollen eine rasche Orientierung ermöglichen. In diesem Kapitel wird nicht versucht, eine vollständige Übersicht aller möglichen Aktivitäten zu geben. Ziel ist es vielmehr, Wege zu zeigen, wie man das Typische und Besondere des Gebietes erleben kann, ohne selber auf die Tier- und Pflanzenwelt störend zu wirken.

Die »Praktischen Tips« enthalten technische Details über Anreise, Unterkunft, Verpflegung usw. Oft sind auch Adressen von Informationsstellen angegeben, wenngleich gerade diese Informationen (Telefonnummern!) sich oft rasch ändern.

»Blick in die Umgebung« enthält die Ziele, die nahe einem Hauptreiseziel liegen bzw. auf dem Weg dorthin passiert werden und einen Abstecher lohnen.

Nebenreiseziele sind in ihrer Struktur oft ähnlich den Hauptreisezielen, d. h. die meisten der beschriebenen Arten können auch dort gefunden werden. Meist handelt es sich um kleinere, gut überschaubare Gebiete.

Zur Reisevorbereitung enthält das Kapitel »Reiseplanung« Details, die man vor Antritt einer Spanienreise (aber auch während der Reise!) wissen und beachten sollte.

Das Literaturverzeichnis am Ende des Buches verweist auf weiterführende Literatur. Dabei wurden vor allem solche Werke aufgenommen, die leicht verständliche, umfassende Darstellungen enthalten oder beim Bestimmen weiterhelfen können (wobei keine Spezialliteratur und kaum spanischsprachige Bücher berücksichtigt wurden, da dies den Rahmen eines Reiseführers sprengen würde).

Das Register wurde unterteilt in einen geographischen Teil mit den Namen der erwähnten Orte, Landschaften, Nationalparks usw. sowie in ein Artenregister, in dem alle im Text erwähnten Tier- und Pflanzennamen nachgeschlagen werden können.

Zusätzlich wurde ein »Wörterbuch der Tier- und Pflanzennamen« aufgenommen. Dort sind die wissenschaftlichen Namen aller Tier- und Pflanzenarten zu finden, so daß eventuelle Unklarheiten ausgeräumt werden können.

Zeichenerklärung für die im Text verwendeten Karten

Um die Übersichtlichkeit der Karten zu gewährleisten, wurden vor allem die für den Besucher interessanten Informationen aufgenommen. Die verwendeten Symbole und Abkürzungen werden im folgenden erklärt; weitere Sonderzeichen sind in der jeweiligen Karte erläutert, wenn sie nur in diesem Gebiet verwendet wurden.

Verwendete Kartensymbole :

══════	Asphaltstraße (jeglicher Breite und Ausbaustufe)		Stadt
=======	Tunnel	●	Ortschaft
————	Piste	•	markanter Punkt
············	Wanderweg	△	Berg
▄■■▄■	Eisenbahn	✳	Aussichtspunkt
▾▾▾▾▾▾▾	Steilkante, Felsabbruch	⋏	Campingplatz
———	Fluß, Kanal	⊨	Unterkunft (Hotel, Pension usw.)
- - - - -	temporär wasserführender Fluß	⋈	Paß
☐	Land	∩	Höhle
▨	See, Meer	🛈	Informationszentrum
▦	Sumpf, Schilf	∣	Damm
▨	Sand, Düne	⚓	Leuchtturm
🌣	Wald	↕	Fähre
▨	Saline	A	Route
▨	Nationalpark	①	Besuchspunkte, Wanderwege usw. (mit Querverweisen im Text)

9

Kleine Landeskunde

Lage und Größe

Die Iberische Halbinsel ist der westlichste Ausläufer des riesigen eurasischen Kontinents. In vielerlei Hinsicht haben die zwischen Frankreich und Spanien liegenden Pyrenäen allerdings eher eine trennende als verbindende Funktion gehabt; so ist auch die Bezeichnung Pyrenäen-Halbinsel durchaus verständlich.

Der Name »Spanien« leitet sich aus dem Phönizischen ab (s. S. 69). Der Begriff Iberien stammt aus dem Griechischen und bezieht sich auf den nach Spanien eingewanderten Volksstamm der Iberer aus Nordafrika.

Die Iberische Halbinsel ist die größte der 3 südeuropäischen Halbinseln; das festländische Spanien nimmt 492 463 km² ein (mit den Balearischen und Kanarischen Inseln 504 750 km²), Portugal 88 500 km² (zum Vergleich: Deutschland 356 000 km²). Mit etwa 39 Mio. Einwohnern ist die Bevölkerungsdichte von 77 Einwohnern/km² wesentlich geringer als die der meisten anderen mittel- und südeuropäischen Länder.

Die Balearen gehören naturräumlich zu Spanien; aus praktischen Erwägungen werden sie jedoch im vorliegenden Band nicht berücksichtigt. Die Kanaren sind hingegen naturräumlich fast eine Welt für sich und werden hier ebenfalls nicht besprochen.

Die Gestalt der Iberischen Halbinsel hat viele Autoren an ein ausgebreitetes Stierfell erinnert, weniger poetisch ausgedrückt entspricht sie etwa einem Trapez. Die nördliche Ost-West-Ausdehnung vom Cap de Creus bis zum Cabo Finisterre beträgt gut 1000 km, die südliche vom Cabo de Gata bis zum Kap São Vicente 600 km. Die maximale Nord-Süd-Ausdehnung beträgt 860 km zwischen der Punta Estaca de Bares auf 43° 47' Nord (etwa wie Florenz) und Tarifa auf 35° 59' Nord (etwa wie Damaskus). Tarifa ist damit der südlichste Punkt des europäischen Festlandes.

Entstehung

Die ältesten Gesteine der Iberischen Halbinsel stehen vor allem im Westteil in Portugal, Galicien, Extremadura, der Sierra Morena und der Mancha an. Die Quarzgesteine und Schiefer entstanden im Zuge der kaledonischen (in Spanien nur gering ausgeprägten) und variszischen Gebirgsfaltungsphasen vor 500 bis 220 Mio. Jahren durch hohen Druck und hohe Temperaturen, als die auseinandergebrochenen Teile des Urkontinentes Pangea wieder aufeinander zudrifteten. Spanien lag unter dem Meeresspiegel zwischen dem europäisch-asiatischen und dem afrikanischen Kontinent und enorme Sedimentschichten aus Tonen, Sanden und Kalk-Fossilien lagerten sich ab. Durch das Aufeinanderzudriften beider Kontinente kam es zur variszischen Gebirgsfaltung, aus der z. B. die Sierra Morena, aber auch der Kern vieler jüngerer Faltengebirge, z. B. der Pyrenäen, hervorging. Vor etwa 280 Mio. Jahren erhob sich die Iberische Halbinsel erstmals über den Meeresspiegel und konnte von Landpflanzen und -tieren besiedelt werden. In späteren Erdepochen sollten aber noch mehrmals Teile der Halbinsel vom Meer überflutet werden.

Nachdem zum Ende des Paläozoikums Pangea wieder vereinigt war, trennte sich vor knapp 200 Mio. Jahren die europäisch-asiatische Platte (Laurasien) vom Urkontinent Pangea erneut ab und das Mittelmeer öffnete sich durch die nordwärts gerichtete Bewegung Europas. Starke Erosionskräfte hatten die bis dahin aufgefalteten Gebirge bereits wieder zum großen Teil abgetragen und im Trias wurde der Ostteil der Halbinsel von einem flachen Meer überflutet. Die darin lebenden Organismen mit ihren Kalkpanzern sowie eingetragene Erosionsmaterialien lagerten sich als bis zu mehrere hundert Meter dicke Schichten ab.

Zum Ende des Trias fällt Spanien wieder trocken. In der Jura- und Kreidezeit überflutete das Thetys-Meer erneut Teile von Spanien; jetzt lagerten sich vor allem Ammoniten ab.

Zeitweise erhoben sich nur Teile der Zentralkordillere, Galiciens und Extremaduras über
das Wasser. Gegen Ende des Mesozoikums
beginnt die alpidische Faltungsphase. Die
Halbinsel driftet gegen Südfrankreich, die
Pyrenäen werden gefaltet und gehoben;
durch das Auflaufen der afrikanischen Kon-
tinentalplatte gegen Europa bilden sich u. a.
die Betische Kordillere und die Iberischen
Randgebirge.
Heute lassen sich ganz grob 3 geologische
Großräume auf der Iberischen Halbinsel unterscheiden:
Fast im gesamten Westteil der Halbinsel sowie in der Zentralkordillere und im Südosten
stehen Silikatgesteine, Granite und Schiefer
an. Diese ältesten Gesteine wurden u. a.
auch im Verlauf der alpidischen Auffaltung
teilweise wieder angehoben.
Kalkformationen, die sich im Mesozoikum
ablagerten und durch die alpidische Gebirgsfaltung angehoben wurden, dominieren in
der Kantabrischen Küstenkordillere, den Pyrenäen, dem Iberischen Randgebirge, den
mittelmeernahen Gebirgen im Nordosten
und der Betischen Kordillere. Durch Verkarstung sind diese Gebirge meist bizarr struk-
turiert und sehr höhlenreich.
Zwischen den im Tertiär entstandenen Gebirgen bildeten sich Senken, teilweise was-
sergefüllt, die sich mit Erosionsmaterial der
umliegenden Gebirge auffüllten. Die größten
Sedimentationsbecken sind das Ebro-,
Duero- und obere Tajo-Becken. Die mächtigen Sedimentationsschichten sind im Verlauf
von Jahrmillionen und unter wahrscheinlich
niederschlagsreicheren Klimabedingungen
als heute von Flüssen durchzogen und teilweise wieder abgetragen worden.
Die Eiszeiten haben auf der Iberischen Halbinsel relativ geringe Spuren hinterlassen. Am
ausgeprägtesten sind die würmeiszeitlichen
(in geringerem Maße auch rißeiszeitlichen)
Zeugnisse in den Pyrenäen; aber auch im
Kantabrischen Küstengebirge und den zen-
tralspanischen Gebirgen finden sich Verei-
sungsspuren. In der Sierra Nevada beschränken sie sich auf Höhen oberhalb 2000 m.

Klima

Die klassische klimatische Grobdifferenzie-
rung teilt das Land in das immerfeuchte und
das sommertrockene Spanien.
Die Südgrenze des **immerfeuchten** oder **atlantischen Spaniens** verläuft entlang des Südfußes
der Pyrenäen und der Kantabrischen Küstenkordillere bis zum Atlantik im Westen. Die
Niederschläge dieser Region gehören nicht
nur zu den absolut höchsten des Landes,
sondern fallen vor allem mehr oder weniger
gleichmäßig über das Jahr verteilt. Im Winter
liegt fast ganz Spanien im Bereich der regen-
bringenden Westwindzone, im Sommer dagegen wird davon nur der Norden beeinflußt, während weiter südlich das Azorenhoch für hohe Einstrahlungsintensität und
Trockenheit sorgt. Die Niederschlagshöhe
reicht im atlantischen Nordspanien von
800 mm bis über 3000 mm im Hochgebirge.
Durch die ausgleichende Wirkung des nahen
Atlantik weisen die Temperaturen geringere
Jahresschwankungen auf als etwa in zentralen Regionen des Landes. So sind die Winter
mit Januar-Mitteltemperaturen an der Nord-
küste zwischen 8 und 10 °C ausgesprochen
mild und die Sommer weniger langanhaltend
heiß.
Mehr als 2/3 des Landes weisen jedoch eine
ausgeprägte **Sommertrockenheit** auf, die von
wenigen Wochen bis zu 6−8 Monaten
reicht. Die Niederschlagshöhe ist mit meist
350−700 mm hier relativ gering.
Das Klima **Zentralspaniens** ist durch seine
meerferne Lage, die Höhe der Meseta und
den Abschluß von der Peripherie durch hohe
Gebirgsketten wesentlich extremer (kontinentaler) als das der Randlagen. Altkastilien
weist die tiefsten Wintertemperaturen (+ 3
bis + 4 °C) der Halbinsel auf. Die absoluten
Werte sinken in manchen Nächten auf weniger als −20 °C. Bedenkt man jedoch die Höhenlage und sieht, daß die Mittelwerte noch
deutlich über denen von z. B. Frankfurt (etwa
+ 1 °C im Januar) liegen, so relativieren sich
die häufig zu hörenden Aussagen über das
»sibirische« Zentralspanien; zudem ist auch

im Winter der Himmel überwiegend wolkenlos und die Tagestemperaturen steigen dann oft auf 10–15 °C. Die Sommer sind relativ kurz und heiß, erreichen aber nicht die extrem hohe Temperaturwerte, wie sie südlich der Sierra Morena in Andalusien gemessen werden.

Das im Westen, Süden und Osten und auch in weiten Teilen der südlichen Meseta vorherrschende **Mediterranklima** bestimmt auf etwa der Hälfte der spanischen Landesfläche mehr oder weniger ausgeprägt das natürliche Vegetationsbild. Es hat entscheidenden Einfluß auf die Landwirtschaft und die Lebensweise der Bevölkerung und ist nicht zuletzt dafür verantwortlich, das die Küsten des Mittelmeeres die größte »Touristenattraktion« der Welt sind. Kennzeichen sind warme bis heiße und weitgehend niederschlagslose Sommer und wesentlich kühlere (aber durchweg milde) und mehr oder weniger regenreiche Winter. Die Verteilung der Regenfälle kann ein Maximum im Hochwinter haben oder – im mediterranen Spanien überwiegend – zwei Gipfel im Herbst und Frühling. Oft gehen sturzbachartige Regenfälle nieder, die nach den monatelangen Trockenzeiten nur zu einem geringen Teil vom Boden aufgenommen werden; der Rest fließt oberirdisch ab, reißt viel Bodenmaterial mit sich und verwandelt ausgetrocknete Bachbetten in Minutenschnelle in wilde Flüsse. Große Überschwemmungen sind dann meist die Folge. So fallen an manchen Tagen oft ein Drittel oder mehr des gesamten Jahresniederschlages.

Etwa das gleiche Klima wie an den Küsten des Mittelmeeres herrscht nur noch an der südwestlichsten Spitze Afrikas, an einem Teil der chilenischen und kalifornischen Pazifikküste und im Südwesten Australiens, also in Gebieten, die zwischen dem 30. und 40. Breitengrad an der Westseite großer kontinentaler Landmassen liegen. Der für die Vegetation entscheidende Faktor ist das jahreszeitliche Zusammentreffen von Wärme und Trockenheit bzw. Kälte und Niederschlag. Diese für das Pflanzenwachstum prinzipiell ungünstige Konstellation findet sich bei kaum einem anderen Klimatyp auf der Erde. Ursachen sind die großen Luftmassenbewegungen: Im Winter bringen atlantische Tiefausläufer (Islandtief) Regenwolken bis in den Mittelmeerraum, im Sommer hingegen verhindert das monatelange stabile Azorenhoch jegliche Wolkenbildung.

Ein guter Anzeiger des Mediterranklimas ist der Olivenbaum. Er kann dort nicht mehr gedeihen, wo die Winter zu kalt oder die Niederschläge zu gering werden. Bis in die Höhe von Madrid werden erfolgreich Olivenbäume angebaut.

Naturräumliche Gliederung

Nach der Schweiz ist Spanien das gebirgigste Land in Europa. Es gibt nur wenige Ebenen und fast von jedem Punkt aus sieht man zumindest am Horizont schon den nächsten Gebirgszug. Die Gebirge heißen auf spanisch »Sierra« (»Säge«). Sie sind Lebensraum einer vielfältigen Tier- und Pflanzenwelt und haben als Klimascheiden eine große Bedeutung.

Spanien ist arm an natürlichen Binnengewässern. Lediglich in Küstennähe haben sich an vielen Flußmündungen Feuchtgebiete (»Marismas«) entwickelt. In manchen abflußlosen Senken des Binnenlandes sammelt sich das oberirdisch abfließende Wasser der Umgebung und bildet – oft nur temporär – ein meist salzhaltiges Gewässer. Auch diese »Lagunas« genannten Seen sind ein wichtiger Lebensraum. »Lagunas« heißen in Spanien aber auch Glazialseen der Hochgebirge und andere kleine Seen.

Die spanischen Flüsse, von denen der Ebro der wasserreichste ist, sind nicht schiffbar. Nur der Guadalquivir wird bis Sevilla befahren. Dadurch blieben die Flüsse größtenteils von Kanalisierungs- und Ausbauarbeiten verschont.

In den letzten Jahrzehnten ist das Land von einem Stauseenetz überzogen worden. Die Stauseen dienen als Wasserrückhaltebecken und zur Energiegewinnung. Als Lebensraum für Tiere und Pflanzen sind sie wegen der steil abfallenden Ufer kaum geeignet.

Atlantisches Nordspanien

Besondere Merkmale liegen im atlantischen Klima. Die Hochgebirgsmassive der Kantabrischen Küstenkordillere zwingen die Regenwolken auf der Nordseite ihre Niederschläge abzuregnen (Steigungsregen) und halten sie gleichzeitig von der südlich angrenzenden Meseta fern. Das natürliche Pflanzenkleid weist mehrheitlich mittel- und westeuropäische Elemente auf (dichte Buchen-Stieleichen-Wälder, Heidekrautarten, Stechpalme). Auch die landwirtschaftlichen Kulturen haben viel Ähnlichkeit mit mitteleuropäischen Verhältnissen: Apfelanbau, Kartoffeln, Mais und im Gebirge vor allem Weidewirtschaft (S. 14). Die schwer zu überwindende Küstenkordillere bedingte eine traditionell starke Ausrichtung der Bevölkerung hin zum Meer. Seefahrt und Fischereiwirtschaft spielen eine große Rolle; die Tendenz zur Emigration ist seit Jahrhunderten hier am größten. Mitteleuropäisch erscheint auch die Verteilung der Bevölkerung auf viele kleine Dörfer und Einzelhöfe. Durch Erbteilung sind die Parzellen meist sehr klein. Die Bevölkerungsdichte ist im Baskenland und Westasturien wesentlich höher als im Landesdurchschnitt, da zu den landwirtschaftlichen Ressourcen hier noch eine Bergbau- und Stahlindustrie tritt.

Meseta, Extremadura und Ebro-Becken

Diese 3 Großregionen nehmen das meerferne Zentrum Spaniens ein und weisen wichtige Gemeinsamkeiten auf. In ihnen liegen viele der herausragendsten Naturlandschaften, die bei den Hauptreisezielen näher beschrieben werden.

Das weite kastilische Hochland (»Meseta«) ist jedem Erdkundeschüler bekannt; trotzdem machen sich die meisten eine zu einseitige Vorstellung von dieser Region. Ihre zentrale und dominante Lage, umschlossen von allen anderen spanischen Landschaften, spiegelt sich seit Jahrhunderten auch in der Politik

wider. Die Meseta steigt von etwa 500 m im Süden auf 800 m im Norden an und wird im Süden von der Sierra Morena, im Norden und Nordwesten von der Kantabrischen Küstenkordillere und im Osten vom Iberischen Randgebirge deutlich gegen die Peripherie abgegrenzt. Lediglich im Südwesten geht sie ohne markanten Übergang in die Extremadura über, mit der sie auch geologisch eine Einheit bildet. Die Zentralkordillere teilt die Meseta in das nördliche Altkastilien (heute »Castilla-Leon«) und das südliche Neukastilien (»Castilla-La Mancha«). Außerdem überragen viele kleinere Gebirgszüge das Land, so daß die Vorstellung einer flachen Tischebene unzutreffend ist. An Tischflächen erinnern jedoch die Tafelberge aus Sedimentationsgesteinen (s. S. 97 und S. 99).

Altkastilien wird fast allein vom Duero entwässert. Das Klima verhindert durch Trockenheit den atlantischen und durch winterliche Kälte einen rein mediterranen Waldtyp. Die wenigen Waldstandorte, die der Mensch belassen hat, werden daher von Übergangsformen bestimmt. Charakterart ist die Pyrenäen-Eiche, an besonders trocken-kalten Standorten dominiert der Spanische Wacholder, an milden die Steineiche. Altkastilien ist das Hauptanbaugebiet für Getreide; endlose Flächen sind damit bewachsen, unterbrochen durch Brachflächen und durch wenige, sehr weit auseinanderliegende Dörfer. Die flachgründigen und trockenen Hanglagen dienen wie seit Jahrhunderten auch heute noch der Schafweide (S. 100).

Neukastilien liegt tiefer und südlicher und ist weniger hermetisch von den atlantischen Einflüssen abgeschirmt. Die natürliche Waldvegetation ist hier der Steineichenwald, der in Form der »Dehesas« vor allem im Westen noch auf großen Flächen steht. Der südliche und zentrale Bereich, bekannt als »La Mancha«, ist heute ein riesiges Weinanbaugebiet. Auch der Olivenanbau nimmt beachtliche Flächen ein.

Neukastilien geht im Westen in die **Extremadura** über. Hier ist das Klima bereits mediterran-atlantisch, da die von Westen kommen-

Einführung ———————————————————————————— 13

den Winde nicht mehr durch Gebirge abgehalten werden, sondern ungehindert ins Landesinnere eindringen können; folglich steigen die winterlichen Temperaturen und Niederschläge stark an. Die vorherrschende Besitzform ist hier wie auch in weiten Teilen Andalusiens der Großgrundbesitz. Mehrere hundert bis mehrere tausend ha große Besitzungen (»Fincas«) sind die Regel (vgl. Foto links unten).

Das Gebiet zwischen Zentralkordillere und Sierra Morena wird vom Tajo und Guadiana entwässert; zunehmend werden aber auch die traditionellen Trockenfeldkulturen (Wein, Oliven, Getreide) durch Bewässerung mit dem Wasser dieser Flüsse oder ihrer Nebenflüsse in Mais-, Obst- und Gemüsekulturen verwandelt (s. S. 123).

Das **Ebro-Becken** liegt zwischen den Pyrenäen und dem Iberischen Randgebirge und ist noch arider als Altkastilien; durch den Ebro und seine wasserreichen Zuflüsse aus den Pyrenäen können aber zunehmend bewässerte landwirtschaftliche Flächen angelegt werden.

Auf die 3 vorstehend beschriebenen zentralen Landschaften entfällt fast genau die Hälfte der spanischen Landesfläche, jedoch nur gut 15% der Bevölkerung; dies entspricht einer Bevölkerungsdichte von nur 26 Menschen/km². Fläche und Bevölkerung der Provinz Madrid sind darin nicht enthalten. Die Bevölkerung ist außerdem nicht gleichmäßig verteilt, sondern konzentriert sich auf oft sehr weit auseinanderliegende, große Dörfer. Auffallend ist der Steppencharakter der Großregion. Im Gegensatz etwa zu den Grassteppen Zentralasiens oder Argentiniens, in denen aus klimatischen Gründen kein Baumwuchs möglich ist, ist die heutige Baumarmut ein Resultat menschlicher Einflüsse, wobei viele der zahlreichen an Steppen angepaßten Pflanzen- und Tierarten sich von den wohl immer vorhandenen baumlosen Inseln ausbreiten konnten.

Die küstennahe Mittelmeerregion und Andalusien

Hier dominiert der mediterrane Klima- und Vegetationstyp. Abweichungen entstehen z. B. durch die Überlagerung mit dem Klimaregime des Hochgebirges in der Sierra Nevada oder durch die Lage im Regenschatten dieses Gebirges. Fast die ganze östliche Mittelmeerküste entlang verlaufen in 10–30 km

Extensive Viehhaltung ist eine wichtige Nutzungsform in den Pyrenäen und dem Kantabrischen Küstengebirge.

Typischer Großgrundbesitz (»Finca«) in Andalusien mit weitflächigem Olivenanbau.

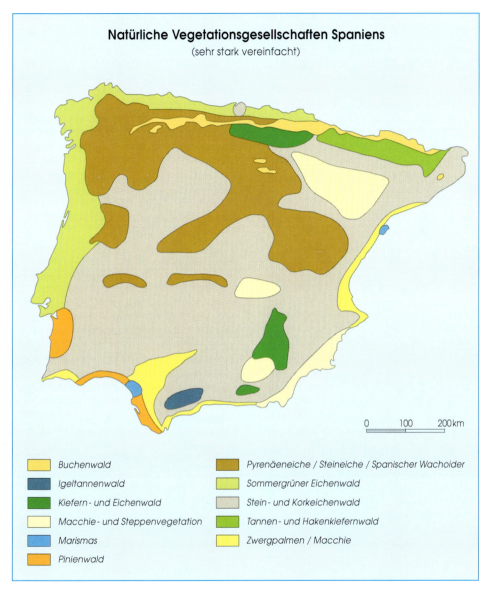

Entfernung Gebirgsketten, die den Küstenstreifen gut gegen von Norden kommende kalte Luftmassen abschirmen. Das gilt auch für die Sierra Morena, die natürliche Begrenzung zur Meseta. Die ins Mittelmeer mündenden Flüsse sind kurz und im Sommer meist ausgetrocknet. Nur der Andalusien von Ost nach West durchfließende Guadalquivir gehört zu den großen Flüssen der Iberischen Halbinsel. Die fast 7 Jahrhunderte dauernde Besiedlung durch die Mauren brachte u. a. ein hochentwickeltes landwirtschaftliches Bewässerungssystem ins Land (z. B. in der Region Valencia).

Einführung ⎯⎯⎯⎯⎯⎯⎯⎯⎯⎯⎯⎯⎯⎯⎯⎯⎯⎯⎯⎯⎯⎯⎯⎯⎯⎯⎯ 15

Die natürlichen Vegetationstypen sind hier, im Bereich intensivster menschlicher Einflußnahme, oft nur noch schwer zu bestimmen. Sicher standen auch hier Kork- und Steineichenwälder, auf den trockensten und felsigen Standorten herrschten wahrscheinlich schüttere Zwergpalmenbestände vor.
Wie die alten und reichen Kulturen rund ums Mittelmeer zeigen, ist das Klima dem Menschen schon immer angenehm gewesen. Auch heute siedelt hier der Großteil der Bevölkerung. Mit dem vor gut 30 Jahren beginnenden spektakulären Touristenboom wurde die Küste als Wirtschaftsraum noch attraktiver und zog viele Menschen aus dem Inland an. Die Bilder endlos langer, bebauter Strandabschnitte sind jedem bekannt.

Vegetation

Artenzusammensetzung und Struktur der natürlichen Vegetation sind nur noch andeutungsweise zu erkennen, da über Jahrtausende der Mensch massiv eingegriffen hat. Eine schematische Übersicht vermitteln die Karte S. 15 und die Anmerkungen unter »Naturräumliche Gliederung«. Bei den Hauptreisezielen wird meist etwas detaillierter auf die natürliche (Baum-)Artenzusammensetzung eingegangen. Unstrittig ist, daß Spanien vor den großen menschlichen Waldrodungen der letzten beiden Jahrtausende bis auf geringe Flächen im Hochgebirge, in Sumpfgebieten und vielleicht auf den trockensten Stellen im Südosten und im Ebro-Becken, weitgehend bewaldet war.
Auf die Baumartenzusammensetzung konkreter Standorte kann vielfach nur indirekt aus heutigen Beobachtungen des Konkurrenzverhaltens der Baumarten untereinander und aus der Kenntnis ihrer Standortansprüche geschlossen werden. Sicher hat die **Steineiche** (S. 128; s. auch S. 132, 173) den größten Flächenanteil aller Baumarten eingenommen; unklar ist aber z. B., wie hoch der Anteil mancher **Kiefernarten** unter natürlichen Bedingungen war. Kiefern sind Pionierpflanzen und bilden meist nur eine Vorstufe zur

Klimax-Waldgesellschaft. Bei häufigen und größeren Waldbränden, zu denen es im mediterranen Klima durchaus auch ohne menschliches Zutun öfters kommt, sind Kiefern einerseits besonders anfällig, andererseits können sie abgebrannte Flächen rasch wieder besiedeln.
Entgegen sich hartnäckig haltenden Vorurteilen hat Spanien auch heute noch bedeutende naturnahe Waldflächen. Der Besucher aus Mitteleuropa, der mit dem Begriff Wald aber etwa nur einen hochstämmigen Buchenwald oder einen dichten Fichtenforst bezeichnet, erfährt hier, daß unter mediterranen Klimabedingungen die Bäume viel weniger hoch wachsen als anderswo.
Eine wichtige Pflanzengesellschaft ist die mediterrane **Macchie** (span. »Matorral« oder »Monte Bajo«). Sie ist ein Sukzessionsstadium auf dem Weg zum ursprünglichen Hochwald, wenn dieser z. B. durch Beweidung (noch) nicht aufwachsen kann. Man findet alle Übergänge vom mehr oder weniger dichten Baumbestand mit üppigem Unterwuchs über stark gelichtete Bestände (»Dehesas«) bis zu völlig baumlosen Macchien. Die meisten Pflanzenarten der Macchie in einem weit entwickelten Sukzessionsstadium kommen auch im jeweiligen Klimaxwaldtyp vor, der sich aus ihr regenerieren kann. So findet man z. B. in vielen Macchien Südwestspaniens Stein- und Kermeseiche, Wilden Ölbaum, Erdbeerbaum, Terpentin-Pistazie und Heckenkirsche. Wird jedoch die Macchie weiter degradiert, so verschwinden viele der genannten anspruchsvolleren Arten und an ihre Stelle treten z. B. Thymian, Lackzistrose, Heidekrautarten, Retama-Ginster, Ginster- und Stechginsterarten. Sie charakterisieren ein früheres Sukzessionsstadium und finden sich auch auf besonders armen und trockenen Standorten. Bei weiter fortschreitender Degradation geht die Macchie in immer anspruchslosere, artenärmere und geringeren Bodendeckungsgrad aufweisende Pflanzengesellschaften über. Sie werden **Garrigue** genannt, in Griechenland Phrygana oder in Israel Batha.

Artenreiche mediterrane Macchie im Frühling (März bis Mai). Zu erkennen sind weiß- und rosablühende Zistrosenarten.

Viele Pflanzen des mediterranen Klimagebietes haben morphologische oder physiologische Anpassungen entwickelt, um die sommerliche Trockenzeit zu überstehen (s. S. 144). Die allermeisten einjährigen Blütenpflanzen entwickeln sich in wenigen Wochen des Jahres nach den winterlichen Regenfällen mit steigenden Temperaturen und vor Einsetzen der sommerlichen Dürre. Höhepunkt der Blütezeit ist Mitte März bis Mitte Mai.

Die Flora Spaniens zählt etwa 8000 Arten und ist mit der griechischen die artenreichste in Europa. Bemerkenswert sind auch die vielen endemischen Pflanzen, die sich in kleinräumig strukturierten, gebirgigen Regionen und ohne Kontakt zu anderen Populationen besonders zahlreich differenzieren konnten (s. z. B. S. 197).

Die natürlichen Pflanzengesellschaften sind durch den Menschen auf praktisch allen wirtschaftlich zu bearbeitenden Flächen durch **landwirtschaftliche Kulturen** ersetzt worden. Altkastilien ist die Getreidekammer Spaniens, in Neukastilien findet man Wein, Getreide und Oliven, das östliche Andalusien wird von riesigen Olivenbaum-Plantagen (S. 14) überzogen, im fruchtbaren Guadalquivir-Tal zwischen Cordoba und Sevilla wachsen auf Feldern mit amerikanischen Ausmaßen Sonnenblumen, Baumwolle und Getreide. Am mittelmeerischen Küstenstreifen, mit künstlicher Bewässerung, können ganzjährig ohne Unterbrechung Gemüsekulturen gezogen werden und es gedeihen Zitronen- und Apfelsinenbäume, bei Malaga auch Zuckerrohr und Avocados. Auf den nicht bewässerten Flächen wachsen Oliven-, Mandel- und Johannisbrotbäume. Spanien hat die größte Rebfläche der Welt und ist deren größter Olivenölproduzent.

Reisanbau erfolgt im Ebro-Delta, in der Albufera von Valencia und im Mündungsgebiet des Guadalquivir.

Einführung

Tierwelt

Säugetiere

Der heutigen Säugetierfauna Spaniens sind glücklicherweise – zumindest in Restpopulationen – die großen Arten Braunbär, Pardelluchs und Wolf erhalten geblieben (s. S. 35 und S. 160). Rotwild, Reh, Wildschwein und Hase kommen in geeigneten Habitaten vor, lassen sich aber nur schwer beobachten. Das gilt natürlich auch für die meisten anderen Säugetiere. Das Kaninchen hingegen ist in vielen Gebieten häufig (s. S. 69). Gemsen leben in den Pyrenäen und der Kantabrischen Küstenkordillere während der Steinbock (s. S. 91) heute wieder in vielen Gebirgsgegenden anzutreffen ist. Iberische »Spezialitäten« sind die Manguste in Südwestspanien, die sich hauptsächlich von Reptilien ernährt, und die Ginsterkatze (S. 140), eine marderverwandte Schleichkatzenart, die nächtlich lebt und daher kaum zu beobachten ist.

Vögel

Die Vögel sind von allen Tiergruppen am besten untersucht. Spanien beteiligt sich am Europäischen Brutvogelatlas und von einigen Arten wie z. B. Weißstorch, Trappen und großen Greifvögeln kennt man auch ihre ungefähren Populationsgrößen (s. z. B. S. 43). Charakterarten wichtiger Lebensräume:
Mediterraner Wald: Kaiser-, Habichts-, Zwerg- und Schlangenadler, Mönchsgeier, Gleitaar, Rotkopf- und Raubwürger, Wiedehopf, Blauracke, Rothuhn, Blauelster, Orpheusgrasmücke, Heidelerche, Turteltaube sowie Millionen nord- und mitteleuropäische Wintergäste.
Steppengebiete: Groß- und Zwergtrappe, Triel, Sand- und Spießflughuhn, mehrere Lerchenarten, Mittelmeer- und Trauersteinschmätzer, Brachpieper.
Gebirge: Gänsegeier, Alpenkrähe, Steinsperling, Steinrötel.
Feuchtgebiete: Obwohl flächenmäßig keine große Rolle spielend, haben sie dennoch für Arten wie Löffler, Purpur-, Kuh- und Seiden-

reiher, Zwergdommel, Marmel- und Ruderente, Purpurhuhn, Zwergseeschwalbe und Stelzenläufer im europäischen Maßstab eine sehr große Bedeutung für die Erhaltung dieser Arten.

Auffällig ist das Fehlen mancher Arten südlich der Pyrenäen; z. B. konnten Klappergrasmücke, Grauspecht oder Waldlaubsänger offenbar aus ihren östlich gelegenen Entstehungszentren (noch?) nicht bis über die Pyrenäen vordringen.

Amphibien und Reptilien

Für Reptilien und Amphibien ist das Überwinden von Landschaftsbarrieren, wie z. B. der Pyrenäen, viel schwieriger als etwa für Vögel. Daher ist – natürlich auch wegen unterschiedlicher Lebensverhältnisse – das Artenspektrum gegenüber Mitteleuropa deutlich verschieden. Auf der Iberischen Halbinsel endemisch sind u. a. Spanischer Rippenmolch, Pyrenäen-Gebirgsmolch, Spanischer Wassermolch, Spanische Kieleidechse, Spanischer Sandläufer, Iberische Gebirgseidechse und Treppennatter.

Im milden Mediterranklima Südwestspaniens, in den offenen und mit zahlreichen Bächen und Flüßchen durchzogenen Wäldern, sind Amphibien hauptsächlich im Winter und Frühling aktiv. In der trockenen Jahreszeit sind sie bis auf die häufigen Seefrösche kaum zu beobachten. Im Norden und in den Gebirgen gleichen sich die Verhältnisse denen in Mitteleuropa an.

Viele südliche Reptilienarten hingegen ruhen im Winter für wenige Wochen und haben ihr Aktivitätsmaximum im späten Frühling. Maurische und Griechische Landschildkröten kommen an der spanischen Mittelmeerküste nur ganz punktuell vor. Vergleicht man dies mit der relativen Häufigkeit der Arten im östlichen Mittelmeergebiet, so steht eine plausible Erklärung für die Seltenheit in Spanien noch aus.

Fische

Die Fischfauna spanischer Binnengewässer ist sehr unzureichend untersucht, obwohl sie von großem Interesse ist, viele endemische Arten – sogar 3 Gattungen – enthält und vielfältigen Bedrohungen ausgesetzt ist. Bemerkenswert ist das Vorhandensein guter Lachsgewässer im Norden (s. S. 31) und das heute wahrscheinlich erloschene Vorkommen des Störs im Guadalquivir. Diese Art wurde noch zu Anfang des Jahrhunderts in riesigen Mengen im Unterlauf bei Sevilla gefischt. In Kleingewässern entlang der Mittelmeerküste kommen der Spanienkärpfling und der Valenciakärpfling als endemische Arten vor.

Der Rötelfalke nistet vor allem in Ortschaften. Sehr helle Flügelunterseite, mittlere Schwanzfedern oft verlängert.

Mensch und Geschichte

Um leben zu können, mußte der Mensch den ursprünglich vorhandenen Wald roden oder so umwandeln, daß die nutzbare Produktivität erhöht wurde (s. S. 132). Bereits in der Römerzeit waren etwa 50% Waldfläche für Weide- und Landwirtschaftsflächen, Schiffbau und Brennmaterial gewichen. Das Mittelalter ist gekennzeichnet durch den ansteigenden Bedarf an Weideflächen für Millionen Merinoschafe (s. S. 127) und die holzverzehrenden Kriege zwischen Mauren und Christen. Im 16. Jh. schwammen riesige Waldflächen auf den Weltmeeren – in Form von Schiffen der spanischen Armada.

Der Mensch hat aber auch durch seine Feld- und Weideflächen die Diversität der Landschaft erhöht – zumindest bis vor wenigen Jahrzehnten, als die Landwirtschaft in Spanien auf den meisten Flächen noch sehr archaisch war; heute ist sie, besonders dort wo Bewässerung möglich ist, einer Intensivlandwirtschaft, teilweise schon auf dem Standard Kaliforniens oder Israels, gewichen.

Von der modernen Landwirtschaft gehen heute die Hauptbedrohungen für die Tier- und Pflanzengesellschaften aus. Bisherige Anbauflächen werden intensiviert und bisher nur als Extensivweide oder gar nicht genutzte Flächen, z. B. in Hanglagen, werden mit schnellwachsenden Baumarten bepflanzt. Neben dem Flächenverbrauch bringt dies heute auch immer den Einsatz von Dünger und Pestiziden mit sich. Auf die vielen weiteren Ursachen die zur Vernichtung von Tier- und Pflanzenarten und zum Verlust an landschaftlicher, kultureller und nicht zuletzt auch menschlicher Identität und Eigenständigkeit führen, braucht hier nicht weiter eingegangen zu werden, da sie leider heute weltweit die gleichen sind.

Naturschutz / Jagd

Der **gesetzliche Artenschutz** in Spanien ist recht befriedigend. So stehen bereits seit 1966 sämtliche Greifvögel, Eulen und viele weitere Tierarten unter ganzjährigem, absolutem Schutz. Unzureichend ist hingegen in vielen Regionen die Überwachung der Gesetze, so daß Jagdwilderei sicher nicht ganz selten ist.

Die Jagdzeiten werden für die einzelnen jagdbaren Tierarten auf regionaler Ebene jedes Jahr neu festgelegt. Bisher brauchen spanische Jäger keine Jagdscheinprüfung zu absolvieren; sie kaufen sich eine Jagdlizenz.

Das **Jagdrecht** ist an Grund und Boden gebunden, der Grundstücksbesitzer muß jedoch seinen Jagdanspruch deutlich machen; auf nicht gekennzeichneten Parzellen kann jeder jagen (im Rahmen der gesetzlichen Bestimmungen). In der Praxis sieht dies so aus, daß überall an Zäunen, Mauern und sonstigen Grundstücksgrenzen das schwarz-weiße (seit kurzem in manchen Gegenden auch grün-weiße) Schild »Coto privado de Caza« (privates Jagdrevier) oder einfach nur ein schwarz-weißes Dreieck hängt. In staatlichen Jagd-

Steineichen-Dehesa mit Kampfstieren (s. S. 145). Dieses Bild ist typisch für weite Teile Südwestspaniens; in den nur extensiv genutzten Steineichenhainen lebt eine artenreiche Tierwelt.

schutzgebieten (»Coto« oder »Reserva Nacional de Caza«) ist die Jagd streng reglementiert, meist handelt es sich um Hochwildjagdreviere.
Eine erst in allerjüngster Zeit verbotene Praxis war das Auslegen von Giftködern gegen Marder, Iltis, Wölfe, Füchse und anderes »Raubzeug«. Dadurch starben nicht nur sie, sondern vergifteten sich auch viele Geier und andere Aasfresser.
Die Belange des **Naturschutzes** sind vor einigen Jahren, im Rahmen der politischen Umstrukturierung Spaniens weg vom zentralistischen und hin zu einem föderalistischen Staatsgebilde, in die Zuständigkeit der Autonomieregionen übergegangen. Dies kann – angesichts jahrzehntelanger Anti-Naturschutzpolitik der Zentralregierung – nur von Vorteil sein. Viele Regionen, besonders positiv ist z. B. Andalusien zu erwähnen, haben seitdem viele neue Schutzgebiete ausgewiesen und entwickeln auch sonst erfreuliche Aktivitäten, u. a. auch in Kooperation mit regionalen privaten Naturschutzgesellschaften. Naturschutzkategorien sind u. a. der **Nationalpark** (»Parque Nacional«), der internationalen Kriterien genügen muß. Auf dem spanischen Festland wurden bisher 5 ausgewiesen. Den deutschen Naturschutzgebieten entspricht die »**Reserva Integral**« oder »Reserva Natural«. Der Begriff »**Parque Natural**« ist relativ neu. Die Schutzbestimmungen scheinen zwar wesentlich strenger zu sein als für die deutschen Naturparks; ob sie allerdings einem Gebiet wie z. B. Monfragüe (s. S. 135) tatsächlich angemessen sind, wird bezweifelt. Kleine, engbegrenzte Flächen erhalten oft den Status eines **Paraje Natural**«. Was dieser Schutzbegriff tatsächlich wert ist scheint unklar. Die wenigsten Schutzgebiete sind im Gelände ausgezeichnet.
Neben der punktuellen Ausweisung von Schutzgebieten besteht in Spanien auch heute noch, anders als in Mitteleuropa, die Chance, große Flächen naturnah zu erhalten, indem man die verbliebenen naturnahen Waldflächen beläßt und die extensiven Bewirtschaftungsformen (z. B. Beweidung) unterstützt. Dies dient sowohl dem Naturschutz als auch den langfristigen Interessen der ländlichen Bevölkerung (s. auch S. 132).
Seit Mitte der 70er Jahre wächst in Spanien das Umwelt- und Naturschutzbewußtsein rasch (s. S. 115) und zahlreiche wichtige Erfolge (s. z. B. S. 136 und S. 221) im Kampf gegen die – leider immer vorauseilende – Naturzerstörung konnten erzielt werden. Das Land wird im Rahmen seiner Mitgliedschaft in der EG zukünftig von allen dort getroffenen Entscheidungen beeinflußt werden.

1 Rias in Galicien

Rias – versunkene Flußtäler; wild zerklüftete Atlantikküsten; nordische Vogelfelsen; starker mariner Vogelzug; Watt- und Überschwemmungsflächen; Eukalypten statt ursprünglicher Eichenwälder; reiche Vorkommen an Fischen und Meerestieren.

Die nordwestlichste Ecke Spaniens weist viele an Irland erinnernde Besonderheiten auf. Das Verbindende und weithin Prägende ist dabei der starke atlantische Klimaeinfluß, der hier durch die südliche Lage (Santiago de Compostela liegt etwas südlicher als Marseille) jedoch abgemildert ist. Von der Punta de la Estaca de Bares bis zur Miño-Mündung an der portugiesischen Grenze zieht sich eine fast 3000 km lange, stark zerklüftete Küstenlinie von herber Schönheit. Die Rias reichen bis zu 30 km ins Land und sind geologisch gesehen absinkende Flußtäler. Während die spanische Ostküste leicht angehoben wird (s. S. 93) kippt die Küste hier ab und das Meer dringt in den Flußtälern vor. Oft ragen noch Inselchen vor der Küste auf. Das im gesamten Gebiet dominante Granitgestein entstand bereits im Präkambrium und frühen Erdaltertum und ist damit der älteste

Die Rias an der nordspanischen Atlantikküste (hier bei San Vicente in Asturien) unterliegen dem Gezeiteneinfluß.

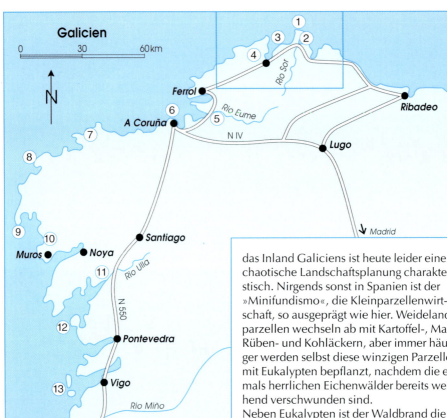

Teil der Iberischen Halbinsel überhaupt. Die Erosion der Inseln und Küsten verlief dabei auf den meerzugewandten Seiten besonders heftig; so bildeten sich steilere Abhänge und Kliffs und charakteristische Höhlenauswaschungen, die brütenden Seevögeln guten Schutz gewähren.

Die Rias nördlich von Kap Finisterre heißen Rias Altas, die südlich davon Rias Baixas. Die Schreibweise der Namen variiert, je nachdem ob die kastilische oder galicische Sprache verwendet wurde. Wir verwenden hier die galicischen Namen. Die Rias Baixas sind weniger sturmumtobt, das Klima ist trockener und wärmer als an den Rias Altas. Für das Inland Galiciens ist heute leider eine chaotische Landschaftsplanung charakteristisch. Nirgends sonst in Spanien ist der »Minifundismo«, die Kleinparzellenwirtschaft, so ausgeprägt wie hier. Weidelandparzellen wechseln ab mit Kartoffel-, Mais-, Rüben- und Kohläckern, aber immer häufiger werden selbst diese winzigen Parzellen mit Eukalypten bepflanzt, nachdem die einstmals herrlichen Eichenwälder bereits weitgehend verschwunden sind.

Neben Eukalypten ist der Waldbrand die Geißel Galiciens. Die einen legen Feuer, um Weideland zu gewinnen, die anderen brennen die Eukalyptenpflanzungen ab, um dagegen zu protestieren oder um das Holz wesentlich billiger kaufen zu können (es wird billiger gehandelt, obwohl der Nutzwert kaum geringer ist), wieder andere wollen ihrem Nachbarn schaden... Es gibt Pläne der EG, die nahezu die gesamten nordspanischen Atlantikprovinzen zur Zellstoffproduktion mißbrauchen wollen (s. S. 27).

Die Zelluloseindustrie trägt außerdem zur Verschmutzung der Rias bei, die durch ihre hohe Produktivität an Meerestieren von großer Bedeutung sind. Fische und Meeresfrüchte »Mariscos« aus Galicien decken einen Großteil des Bedarfs dieser in Spanien so begehrten Produkte. In praktisch allen Fischerorten kann man sich bei den Verstei-

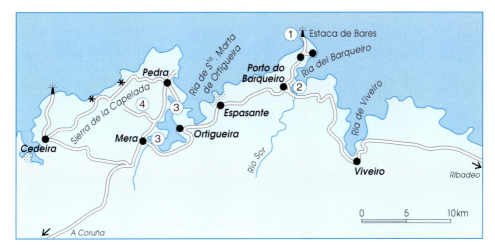

gerungen von dem großen Artenreichtum an Fischen, Muscheln und Krustentieren überzeugen.

Pflanzen und Tiere

Die ursprüngliche Vegetation Nordwestspaniens bestand aus den Baumarten Stiel- und Traubeneiche in Mischung mit Birke, Stechpalme und Haselnuß. Heute gibt es davon nur noch winzige Reste im Gebiet (z. B. am Rio Eume). Weite Flächen mit Stechginster und Heidekraut oder Eukalypten überziehen heute das Land. An den Küsten sind Grasnelken sehr häufig. Eine ehemals verbreitete Art, die nur auf den Azoren und an der iberischen Westküste vorkommt, ist der kleine Busch *Corema album* (»Camariña«) aus der Familie der Krähenbeerengewächse. Die Pflanze erinnert etwas an ein Heidekraut, wächst auf sandigen Böden der Küste, blüht im Frühjahr zartrosa; die kleinen weiß-rosa Beeren sind eßbar und als fiebersenkend bekannt. Zahlreiche Ortsnamen deuten auf die Popularität dieser Pflanze in Galicien hin. Wahrscheinlich durch die intensive Nutzung der Dünengebiete als Erholungsplätze ist die Art stark zurückgegangen.

Die dominanten Vogelarten der Weideland- und Buschlandflächen sind Schwarzkehlchen und Cistensänger. Sein beständiges »dsip ... dsip ... dsip« wird man eher hören als den winzigen Vogel dabei in der Luft auf und ab »hüpfen« zu sehen. Häufig sind auch Zaunammer, Heckenbraunelle und Grünspecht. Dieser dringt sogar in praktisch baumlose Gebiete an der Küste vor, wo Zaunkönig und Provencegrasmücke weitere Charakterarten sind.

Die Meeresvögel Weißkopfmöwe, Heringsmöwe und Krähenscharbe kann man praktisch überall sehen. Erst seit 1971 brütet in Spanien die Dreizehenmöwe (etwa 60 Paare), während die Trottellumme hier, isoliert von den riesigen Kolonien des Nordatlantik, eine eigene Rasse bildet. Die Population war wohl nie besonders groß, aber jetzt steht sie leider vor dem Zusammenbruch. Ursachen könnten in der Überfischung der Küstengewässer liegen. Zur Zugzeit finden sich entlang der Küste zahlreiche Limikolen-, Seeschwalben- und Raubmöwenarten sowie Dunkler, Schwarzschnabel- und Großer Sturmtaucher.

Die Reptilien sind vertreten u. a. mit Iberischer Smaragdeidechse, Spanischer Mauereidechse und Bocages Mauereidechse.

Im Gebiet unterwegs

Aufgrund der Ausdehnung der Gesamtregion werden nachfolgend nur einige konkrete und

1 Rias in Galicien

Das Schwarzkehlchen ist in weiten Teilen Spaniens ein ganzjährig häufiger Vogel. Im Foto das Männchen; das Weibchen ist wesentlich blasser gefärbt.

Corema album ist ein kleiner Strauch in Küstennähe.

Die Spanische Mauereidechse ist im Gebiet recht häufig und weitverbreitet.

besonders interessante Gebiete auf dem Weg von Norden nach Süden herausgegriffen.

Estaca de Bares: Die nördlichste Spitze Spaniens ① schiebt sich zwischen der Ria del Barqueiro ② (Mündung des Sor) und der Ria de Ortigueira hinaus. Der Fluß Sor ist einer der saubersten in Galicien und im Frühjahr wandern Lachse zum Laichen flußaufwärts. Bei Ebbe fallen in der Ria de Ortigueira große Wattflächen frei ③ und sind dann sehr attraktiv für Limikolen, Enten, Möwen und Seeschwalben. Die Landspitze Estaca de Bares ① ist im Spätsommer und Herbst ein idealer Punkt, um den marinen Vogelzug zu beobachten. Neben unzähligen Möwen (auch Dreizehenmöwen), Seeschwalben, Raubmöwen und Limikolen lassen sich dann hier auch Baßtölpel, mehrere Sturmtaucherarten, Tordalken und Trottellummen beobachten. Von Ortigueira aus kann man auf der immer nahe der Küste verlaufenden Straße über Espasante und Porto do Baqueiro zum Leuchtturm Estaca de Bares fahren. Eindrucksvolle Steilküsten findet man auch entlang der Westseite der Ria, die **Sierra de la Capelada** ④ umrundend (Ortiguera–Mera–Pedra–Cedeira). Diese Sierra ist eine große, unbewohnte Hochfläche, die dann abrupt zum Meer hin abfällt (Cabo Ortegal). Hier leben noch Rehe und Wölfe. Die Ria wird intensiv zur Zucht von Muscheln genutzt, daher die vielen Gestelle im Wasser.

Rio Eume: Etwa 20 km südlich der Stadt Ferrol mündet der Rio Eume ⑤. Entlang seinem Unterlauf, besonders im Bereich des ehemaligen Klosters Caaveiro, hat sich ein schöner Waldrest mit ursprünglicher Baumartenzusammensetzung erhalten können.

A Coruña: Schön gelegene Provinzhauptstadt. Der Leuchtturm Torre de Hercules ⑥ aus dem 2. Jh. ist der älteste funktionierende Leuchtturm überhaupt. Von hier hat man nicht nur einen schönen Blick auf die Stadt,

Die sturmumtosten Klippen von Cabo Ortegal an den Rias Altas, nördlich Cabo Finisterre.

sondern auch auf die Wattflächen am Fuß des Turms, die zur Zugzeit auch Rastplatz für Regenbrachvogel, Pfuhlschnepfe sowie andere Limikolen- und auch Seeschwalbenarten sind.

Felsklippen von Corme und Malpica: Westlich von A Coruña, am Cabo de San Adrián ⑦, fallen Steilklippen ins Meer, die Brutplatz sind für Krähenscharbe, Heringsmöwe und Dreizehenmöwe. Eventuell noch einzelne Brutpaare der Trottellumme. Von Malpica führt eine kleine Straße zur Kapelle (Ermita) de San Adrian. Von hier kann man auch die vorgelagerten Sisargas-Inseln sehen. Von Malpica über Cores, Niñons nach Corme-Porto und weiter zum Leuchtturm, von wo aus man wieder einen guten Ausblick hat.

Cabo Vilán: Über kleine Straßen entlang der Küste; nördlich des Ortes Camariñas steht der Leuchtturm von Cabo Vilán ⑧ über der Felsküste. Hier und auf den vorgelagerten,

Pflanzungen von Eukalypten und abgebrannte Flächen bestimmen weithin das Landschaftsbild in Galicien.

1 Rias in Galicien 25

unzugänglichen Felseilanden siedeln die z. Z. größte Trottellummen-Kolonie (nur noch etwa 30 Paare) sowie Krähenscharben und Möwen.

Cabo Finisterre ⑨: Hier, glaubte man vor Entdeckung der Neuen Welt, sei die Welt zu Ende. Zumindest für viele Schiffe traf und trifft dies immer noch zu. Der makabre Name dieses windumtosten Küstenabschnitts zwischen Cabo Finisterre und Cabo Vilán ist denn auch »Costa de la Muerte« (Todesküste). Die Ausblicke sind schon gewaltig, aber wer von Norden kommt und Cabo Vilán gesehen hat, braucht nicht auch unbedingt die beschwerlichen Sträßchen bis hierher zu fahren.

Ézaro-Muros: Diese Straße führt an einigen sehr schönen und einsamen, blendendweißen Sandstränden vorbei. Besonders schön ist die Playa de Carnota ⑩. Durch die beiden Flüßchen Valdebois und Louredo bilden sich auch versumpfte Flächen, die durch zwei Zufahrten von der Küstenstraße jeweils nördlich und südlich des Dorfes Pedrafigueira erreicht werden können. Der Lagunensee an der Straße westlich von Louro ist von großem landschaftlichem Reiz und als Rastplatz für Enten im Winterhalbjahr von Interesse.

Ria de Arousa ⑪: Der Ulla-Fluß unterhalb der Orte Padron bzw. Enfasta bildet hier eines der größten Schilfgebiete Galiciens (Beobachtungen z. B. beim Ort Dodro im Norden und an den Torres de Catoira im Süden). Guter Winterrastplatz für Enten, Taucher, Säger und Limikolen. An der engsten Stelle südlich der bekannten Halbinsel La Toja ⑫ und auf der Straße nach O Grove kann man auf den bei Ebbe sich bildenden Wattflächen zur Zugzeit große Limikolenansammlungen beobachten (häufig sind Regenbrachvogel, Pfuhlschnepfe und Kiebitzregenpfeifer).

Islas Cies ⑬: Die Inselgruppe vor der Ria de Vigo ist ein Naturpark und kann nur von etwa Mitte Juni bis Mitte September vom Hafen von Vigo aus erreicht werden. Eine der größten iberischen Weißkopfmöwenko-

lonien; auch Krähenscharben und Heringsmöwen brüten hier. Vorkommen der Pflanze *Corema album.*

Praktische Tips

Anreise
Die Anreise nach Galicien erfolgt entweder entlang der kantabrischen Küste über Bilbao, Oviedo nach A Coruña oder von Madrid auf der N VI über Lugo.

Klima/Reisezeit
Das Gebiet ist entsprechend seiner Lage stark atlantisch geprägt, obwohl dieser Einfluß nach Südosten rasch zugunsten einer stärkeren Kontinentalität abnimmt. Es gibt keine ausgesprochenen Trockenmonate, die relativ hohen Niederschläge fallen recht gleichmäßig verteilt. Die Sommertemperaturen sind weniger hoch als am Mittelmeer, während die durchschnittlichen Wintertemperaturen im Küstenbereich mit 9,5°C (A Coruña) erstaunlich hoch liegen. Alle Monate des Jahres sind daher für naturkundliche Beobachtungen geeignet, besonders interessant für den Vogelzug sind die Monate August bis Oktober und, mit geringerer Ausprägung, März bis Mai.

Adressen
Die Fährverbindung von Vigo auf die Islas Cies erfolgt lediglich von Mitte Juni bis Mitte September und in der Karwoche. Zur Absicherung hier die Telefonnummer der Estación Maritima: (986) 437777.

Unterkunft
In allen größeren Orten gibt es Hotels, in vielen kleineren auch Pensionen.

Blick in die Umgebung

Santiago de Compostela, Ziel des berühmten Pilgerweges »Camino de Santiago«, ist die Hauptstadt Galiciens und mit seiner Kathedrale, der Altstadt und Universität eine sehr sehenswerte Stadt.

Forstpolitik in Spanien

Im Jahre 1939/40 wurde der »Plan Nacional de Repoblación Forestal« ausgearbeitet, mit dem Ziel, innerhalb von 100 Jahren 6 Mio. ha Wald aufzuforsten bzw. bestehende Wälder in einen besseren Zustand zu bringen. Bereits 1982 waren 3,5 Mio. ha Aufforstungsfläche erreicht, doch wurde der Pflege der bestehenden naturnahen Waldflächen so gut wie keine Aufmerksamkeit zuteil. Ebenfalls ignoriert wurde die Harmonisierung der Interessen von Weide- und Forstwirtschaft.

Am schlimmsten, zumindest am augenfälligsten, wirkte sich die völlige Mißachtung der ursprünglichen Baumartenempfehlungen aus (z. B. in Galicien Stieleiche, in Andalusien und Extremadura Kork- und Steineiche). Für bestimmte Standorte wurden auch die einheimischen Kiefernarten als vorübergehende Sukzessionsstadien empfohlen, bis die Standorte von den Klimaxbaumarten (vorwiegend Steineiche) besiedelt werden könnten. Auch die Bedeutung der Macchia (»Matorral«, S. 17) für die Bodenerhaltung und als Ausgangsstadium für die natürliche Wiederbewaldung wurde betont. Die Zielsetzungen des Planes waren Bodenerhaltung, Vorbeugen der Waldbrandgefahren, Holzerzeugung (nicht nur Masse, sondern vor allem Qualität), Förderung forstlicher Produkte (neben Holz z. B. Kork und Holzkohle), Sicherung der Einkommen der ländlichen Bevölkerung aus Weide- und Forstwirtschaft.

Kaum einer dieser Gesichtspunkte wurde in der Ausführung berücksichtigt, sondern 95% der 3,5 Mio. ha mit Kiefernarten und Eukalypten bepflanzt! Das letztlich einzige und verbissen verfolgte Ziel war die Belieferung der Zellulose- und Spanplattenindustrie mit billigem Industrieholz. Durch die Nichtbeachtung der ursprünglichen Ziele vergrößerte sich die Arbeitslosigkeit der ländlichen Bevölkerung und ihre Abwanderung; allein zwischen 1970 und 1983 brannten über 1 Mio. ha Kiefern- und Eukalyptenbestände ab; die Bodenerosion nahm zu; Zehntausende ha ökologisch wertvoller naturnaher Waldflächen wurden terrassiert und durch ökologisch sterile Eukalypten- und Kiefernplantagen ersetzt; die Folgen für das Landschaftsbild und für viele Tierarten waren katastrophal (s. z. B. S. 136).

Kritisiert wird nicht, daß auch Eukalypten- und Kiefernplantagen angelegt werden; unsere heutige Gesellschaft hat einen großen Bedarf an billigem Industrieholz. Kritisiert wird die ökologische und auch ökonomische Kurzsichtigkeit. Wenn neben die ökologische Zerstörung vieler Standorte auch noch wirtschaftliche Unrentabilität tritt, maskiert durch staatliche Subventionen, dann kann dies nicht akzeptiert werden.

In Zukunft treten an die Stelle nationaler Behörden und Gesetze die viel mächtigeren Organe der EG. Es steht zu befürchten, daß das atlantische Nordspanien zu einer gewaltigen Eukalyptenplantage und zum Versorger Europas mit Zellulose degradiert werden soll. Es müssen langfristig optimale und nicht kurzfristig maximale Lösungen realisiert werden.

Anlaß zur Hoffnung auf zukünftig bessere Handlungsweisen gibt die 1989 verabschiedete Waldplanung der Region Andalusien, die viele der o. g. Gesichtspunkte berücksichtigt und jetzt auch – im Gegensatz zum früheren »Nationalplan« – von einer kritischen Öffentlichkeit auf ihre Umsetzung hin kontrolliert werden kann.

1 Rias in Galicien

2 Nationalpark Covadonga und Picos de Europa

> Großartiges Hochgebirge mit reicher Tier- und Pflanzenwelt; vielfältige Karstphänomene; grandiose Schluchten; wichtige historische Stätte; traditionsreiche bäuerliche Kultur; beeindruckende Wandermöglichkeiten.

Zweimal in der Geschichte Spaniens markierte Covadonga einen bedeutenden Wendepunkt: Als zu Beginn des 8. Jh. die maurischen Invasoren in wenigen Jahren fast die ganze Iberische Halbinsel überrollt hatten, gewann Pelayo, einer der letzten Westgotenführer, in den Bergen von Covadonga im Jahr 718 erstmals eine entscheidende Schlacht gegen die Mauren. Das war der Beginn der christlichen Wiedereroberung (Reconquista), deren Vollendung noch fast 800 Jahre dauern sollte. Den Beginn einer neuen Einstellung der Natur gegenüber markierte dann exakt 1200 Jahre später im Jahr 1918 die Ausweisung des ersten Nationalparks in Spanien auf einer Fläche von 16 925 ha.

Der Nationalpark gliedert sich ein in das Massiv der Picos de Europa und dieses wiederum ist ein Teil der großen Kantabrischen Küstenkordillere. Den Namen erhielten die Picos (Spitzen) von heimkehrenden Seeleuten, da sie das erste Landzeichen waren, das schon aus Hunderten von Kilometern vom Meer aus zu sehen war.

Blick auf die Gipfel der Picos de Europa mit dem legendären Naranjo de Bulnes im Vordergrund.

28

Wintereinstände für das Vieh bei Sotres in den Picos de Europa.

Die Entstehungsgeschichte der Picos reicht zurück ins Paläozoikum, als sich im flachen Meer, das weite Teile des heutigen Europa bedeckte, mächtige marine Sedimente ablagerten. Diese wurden dann in den folgenden Jahrmillionen angehoben, gefaltet und während der alpinen Gebirgsbildung einem von Süden nach Norden gerichteten enormen Druck ausgesetzt. Daraufhin bildeten sich Verwerfungen und Brüche, die vom abfließenden Wasser ausgefüllt wurden. In den Eiszeiten gestalteten die vorrückenden und zurückweichenden Eismassen die Oberflächen ganz neu, sie formten die Täler in der typischen U-Form und schufen Vertiefungen, in denen Seen zurückblieben (z. B. die Seen Enol und Ercina). Ursprünglich müssen weit mehr Seen als heute vorhanden gewesen sein (etwa wie in den Pyrenäen), aber im Kalkgestein setzten Verkarstungsprozesse ein, die das Wasser immer tiefer durchsickern ließen, bis das Oberflächenwasser ganz in unterirdischen Flüssen, Gängen und Höhlen verschwunden war. Tausende solcher Höhlen und Gangsysteme existieren, die z. B. von den Bären als Unterschlupf und von den Bauern zum Reifen ihrer Käse genutzt werden.

Der oberirdische Abfluß ist geringer als es die Niederschlagsmenge vermuten ließe; dies ist ebenfalls auf die Verkarstung und dadurch bedingte Versickerung zurückzuführen. Das westlichste Massiv (»Macizo occidental«), in dem auch der Nationalpark Covadonga liegt, wird vom Sella und Dobra entwässert. Der Cares trennt das westliche vom mittleren Massiv (»Macizo central«) und bildet hier die spektakulärste Schlucht Spaniens, in der Felswände von über 1000 m aufragen und stellenweise Breiten von nur 30 m erreicht werden. Der Duje schließlich trennt das mittlere vom östlichen Massiv (»Macizo oriental«), und der Deva fließt auf dessen östlichster Seite ab.

Horreos sind Getreidespeicher, die durch große Steinplatten auf den Stützen vor Nagern sicher sind.

Die Weidewirtschaft ist die ökonomische Basis der lokalen Bevölkerung, wobei aus der Milch der Kühe und Schafe hervorragende Käsesorten hergestellt werden. Viele reifen mehrere Monate in Karsthöhlen heran.

Die Picos haben neben der großartigen Landschaftsszenerie und der reichen Tier- und Pflanzenwelt auch zahlreiche soziale und kulturelle Besonderheiten bewahrt, die sich in jahrhunderterlanger weitgehender Isolation herausgebildet haben. Dies zeigt sich z. B. in der Architektur der Häuser und Getreidespeicher (»Horreos«), in Sprachdialekten, Tänzen, Legenden und typischen Formen der Holzbearbeitung – etwa die auf feuchtem Boden sehr nützlichen, aus einem Stück gefertigten Holzschuhe (»Madreñas«).

Die höchsten Gipfel ragen im Zentralmassiv auf: Torrecerredo 2643 m und Peñavieja 2613 m. Der Symbolberg der Picos und des spanischen Alpinismus ist jedoch der Naranjo de Bulnes, mit seinem weithin frei sichtbaren und 400 m senkrecht abfallenden Gipfel.

Pflanzen und Tiere

Der Reichtum an Pflanzenarten ist sehr hoch, da sich hier atlantische, mediterrane und alpine Arten begegnen. Repräsentanten atlantisch-mitteleuropäischer Pflanzengesellschaften sind Buche und Stieleiche, Esche,

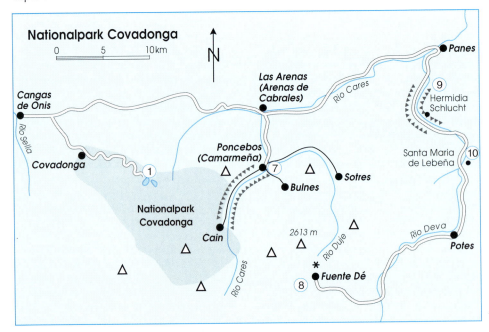

2 Nationalpark Covadonga und Picos de Europa

Linde, Bergahorn, Eibe und Stechpalme, während Steineiche (S. 128), Terpentin-Pistazie (S. 70) und Erdbeerbaum (S. 146) in trocken-warmen Tälern, besonders im Osten des Gebietes, die südliche Lage in Erinnerung rufen. Über 1800 m Höhe finden sich nur noch alpine Weiden bzw. Stechginster- und Heidekrautbestände.

Mehr als 35 Orchideenarten wachsen in den Picos, u. a. Bienenragwurz, Zungenstendel *(Serapias, S. 195)*, Pyramidenorchis, Puppenorchis, Brand-, Dreizähniges-, Helm- und Salepknabenkraut, die durch das Kalksubstrat sehr begünstigt werden. Die häufigsten Narcissenarten sind Reifrock-Narzisse, *Narcissus triandrus, N. asturiensis* und Gelbe Narzisse. Gelbe Pyrenäenlilie (S. 51), mehrere Steinbrecharten, Pyrenäen-Schachblume (S. 50), Irische Heide, Lorbeerseidelbast, Frühlingsenzian, Westlicher Enzian und Pyrenäen-Meerzwiebel sind nur einige der unzähligen Blumenarten, die von April bis September in allen Höhenstufen blühen. Das Maximum der Blütenpracht in den Höhenlagen liegt um die Monatswende Juni/Juli, in tieferen Lagen im April/Mai.

Die Picos sind Lebensraum für etwa 5000 Gemsen (S. 53), während der Steinbock vor Jahrzehnten ausgerottet wurde. Sowohl der Wolf als auch der Braunbär durchziehen auch heute noch das Kantabrische Küstengebirge. Große und aufwendige Steinwälle in ovaler Form schützen die Bienenstöcke der Bauern und weisen auf das Vorkommen von Bären hin. Relativ gute Bestände des Auerhuhns leben noch in den großen Laubwäldern; ihre Hauptnahrung im Winter sind die Früchte der Stechpalme. Leichter zu beobachten sind kreisende Gänsegeier (S. 36), Alpendohlen, Alpenkrähen (S. 51), Felsenschwalben, gelegentlich ein Steinadler oder ein Mauerläufer.

Reptilien und Amphibienarten wie Blindschleiche, Kreuzotter, Smaragdeidechse, Marmormolch (S. 62) und Feuersalamander zeigen den atlantisch-montanen Einfluß an. Die kurzen, im Frühjahr aber reißenden und klaren Flüsse, die zum Atlantik hin entwäs-

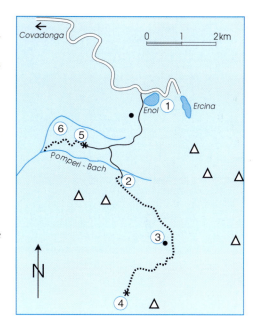

sern, sind fast alle noch gute Lachsgewässer. Im April/Mai können an Wehren und Brücken die flußaufwärts ziehenden Fische beobachtet werden.

Im Gebiet unterwegs

Am Eingang des Nationalparks liegt die berühmte Basilika. Daran vorbei führt die schmale Straße noch etwa 15 km weiter in den Park hinein, bis zu den Seen Enol und Ercina ①.

Eine etwa 4stündige Wanderung (nur Hinweg) führt vom ersten der beiden Seen (Enol) zum **Mirador de Ordiales**. Man geht auf der rechten Seite des Sees entlang einer Piste, bis zum Bach Pomperi. Ab hier ② führt nur noch ein Fußweg weiter, an einigen Hütten vorbei und über Wiesenflächen. Man überquert dann einen kleinen Bergrücken und kommt an der Schutzhütte von Vegaredonda ③ vorbei. Hier und auch schon vorher kann man an kristallklaren Quellen seinen Wasservorrat auffüllen. Der Weg führt dann weiter bis zur Wiesenfläche von Ordiales, vorbei an einer alten Schutzhütte und noch einige Me-

Die Irische Heide blüht bis in den Spätherbst im Kantabrischen Küstengebirge.

ter weiter bis zum Aussichtspunkt (»Mirador«) de Ordiales ④, sicher einem der schönsten Orte im gesamten Gebiet. Wie von einem gigantischen Balkon, der mehrere hundert Meter abfällt, überblickt man bei klarem Wetter ein riesiges Gebiet. Hier liegt Pedro Pidal begraben, der Erstbesteiger des legendären Naranjo de Bulnes (1904) und einer der Initiatoren der Nationalparkgründung. Die Strecke ist relativ einfach zu bege-

Der Enol-See im Nationalpark Covadonga ist Ausgangspunkt für schöne Wanderungen.

hen, man muß aber die Zeit für Hin- und Rückweg ausreichend bemessen.

Eine andere Wandermöglichkeit besteht vom Enol-See zum **Mirador del Rey** ⑤. Die Piste geht man vom See aus ohne links abzubiegen und erreicht so den Aussichtspunkt, unterhalb dessen das Waldgebiet von Pome liegt ⑥.

Eine der schönsten Wanderungen überhaupt in den Picos führt durch die **Cares-Schlucht** von Poncebos ⑦ (auch Camarmeña genannt) nach Cain. Der Weg ist einfach und fast ohne Steigung (mit Ausnahme des ersten Wegstücks bei Poncebos) zu begehen. Die knapp 12 km können in 4 Stunden zurückgelegt werden; der Rückweg muß wie der Hinweg erfolgen, es sei denn, man läßt sich an der anderen Seite abholen.

In den südöstlichen Teil der Picos gelangt man über Potes nach Fuente Dé ⑧. Von hier trägt die einzige Seilbahn des Gebietes zum knapp 2000 m hohen **Mirador del Cable**, von wo aus man, gutes Wetter vorausgesetzt, einen schönen Blick hat, besonders wenn man einige hundert Meter von der Seilbahnstation nach Norden geht. Hier findet man sogar Abdrücke von Ammoniten im Fels. Versorgt mit guten Karten und entsprechender Ausrüstung kann man auch auf guten Wegen die Picos nach Norden hin überqueren (über Sotres).

Die Anfahrt nach Fuente Dé, immer entlang des Deva-Flusses, führt durch die Hermidia-Schlucht ⑨ mit herrlichen Steineichenbeständen, und ein kurzer Abstecher zur einzigen mozarabischen Kirche Asturiens, Santa Maria de Lebeña ⑩ mit einer mächtigen Eibe davor, ist ebenfalls sehr lohnend.

Praktische Tips

Anreise

Von der Straße N 634, die Santander mit Oviedo verbindet, folgt man in Arriondas der Straße nach Cangas de Onis bis Covadonga im Nationalpark. Arriondas hat auch eine Bahnstation und im Sommer fahren Busse von hier nach Covadonga.

Ein herrlicher Bestand der Dichter-Narzisse im atlantischen Nordspanien (oben).

Die blaßgelbe *Narcissus triandrus* (rechts). Die Vielzahl der in Spanien vorkommenden Narzissenarten macht die Bestimmung oft schwer.

Die kleine Reifrock-Narzisse (unten links) gehört zu den schönsten und häufigsten Arten.

Die weitverbreitete Gelbe Narzisse (unten rechts) ist die Wildform vieler Gartenformen.

2 Nationalpark Covadonga und Picos de Europa

Freilandbeobachtungen von Wolf oder Braunbär bleiben auch für erfahrene Tierbeobachter seltene und zufällige Glückstreffer.

Den nördlichen Ausgangspunkt der Cares-Schlucht bei Poncebos erreicht man von Cangas de Onis auf der Straße 6312 über Las Arenas (auch Arenas de Cabrales genannt) und dort Richtung Poncebos abzweigend. Am Wasserkraftwerk von Poncebos beginnt der Weg durch die Cares-Schlucht. Zum südlichen Ausgangspunkt bei Cain fährt man von Cangas de Onis auf der Straße 637 bis zum Paß Puerto del Ponton. Dort ab nach Posada de Valdeon, von wo aus eine sehr schmale und schlecht ausgebaute Straße nach Cain führt. Wenn immer möglich, sollte dem Ausgangsort Poncebos der Vorzug gegeben werden.
Die Seilbahn Fuente Dé erreicht man von der N 634 bei Unquera auf die N 621 abzweigend über Panes und Potes.

Klima/Reisezeit

Das Klima ist, der Lage entsprechend, atlantisch-alpin. In den Hochlagen liegt bis Ende Mai Schnee; in den Juni und Juli fällt die Hauptblühzeit, allerdings sind Nebeltage jetzt nicht selten. Auch im Juli/August kann es regnen, und dann sind auch die meisten Besucher unterwegs. Besonders klar und niederschlagsarm sind die Monate September bis Mitte November; für Tierbeobachtungen, Fotografie und Wandern ist dies die schönste Jahreszeit. Schneeniederschläge beginnen normalerweise erst Mitte/Ende Dezember.

Adressen

Wanderungen in den Picos werden von Potes aus angeboten: Escuela-Taller de Liebana, Potes, Tel. 942-730946 oder 730820.
In Llanes, einem schönen Ort an der kantabrischen Küste, ist die Firma Rutastur ansässig; sie ist spezialisiert auf Ausflüge in die Picos mit geländegängigen Fahrzeugen, wobei eine Standardroute eingehalten wird und die Störungen im Gelände minimal gehalten sind. Rutastur, Tel. 98-5401458.
Ebenfalls bei Llanes ist die Naturschutzorganisation FAPAS ansässig, deren Bemühungen vor allem auf den Schutz der Gänsegeier und Braunbären in Asturien gerichtet sind. FAPAS in Poó de Llanes, Tel. 98-5401264.

Unterkunft

Hotels und Pensionen findet man u. a. in Poó de Cabrales, Arenas de Cabrales (hier auch ein Campingplatz), Poncebos, Covadonga, Cangas de Onis und Potes. Besonders im August sind die Übernachtungsmöglichkeiten ohne Vorabreservierung oft schon weit im voraus ausgebucht.

Blick in die Umgebung

Basilika, Museum und Grotte von Covadonga; die Atlantikküste, z. B. bei Llanes, mit Steilfelsen, Stränden und Fischerdörfern ist nicht verbaut; Laguna de Santoña (s. S. 212); große Tropfsteinhöhle Tito Bustillo in Ribadesella (s. S. 210).

Braunbär und Wolf

Die Situation des **Braunbären** ist sehr kritisch: In den Pyrenäen leben wahrscheinlich nur noch 10–20 Tiere. Die einzige weitere noch lebensfähige Bärenpopulation findet man in der Kantabrischen Kordillere (Asturien/Leon) mit etwa 100 Tieren. Moderne radiotelemetrische Untersuchungen haben gezeigt, daß die kantabrischen Bären enorme Strecken zurücklegen müssen, um sich zu jeder Jahreszeit die jeweils besten Nahrungsquellen zu erschließen. Die optimalen Lebensräume für den Braunbären sind die großen Eichen-Buchen-Wälder; da sie jedoch an Fläche verloren haben, zudem mosaikartig in der Landschaft verteilt liegen und zunehmend Störungen ausgesetzt werden, sind die Bären zu weiten Wanderungen gezwungen.

Um Schäden in der Landwirtschaft zu vermeiden und das Nahrungsangebot für die Bären zu verbessern, hat z. B. die Naturschutzorganisation FAPAS an günstige Stellen Obstbäume gepflanzt. Gelegentlich schlägt ein Bär auch Schafe oder sogar Kühe. Heute können solche Schäden gemeldet werden und in berechtigten Fällen werden sie erstattet. Um den tiefsitzenden Haß gegenüber den großen Raubtieren abzubauen, wird auch in Schulen informiert und das Gespräch mit Bauern und Hirten gesucht.

Besser sieht gegenwärtig die Situation des **Wolfes** aus. 1987 und 1988 durchgeführte Untersuchungen zeigten, daß die Hauptverbreitungsgebiete im Nordwesten liegen und von der kantabrischen Küste bis etwa zum Duero reichen. Die Population zeigt Ausbreitungstendenzen und profitiert von der heute geringeren Besiedlung des ländlichen Raumes (mit der damit verbundenen Regeneration des Waldes und dem Ansteigen der Wildschwein- und Rehbestände), von der nachlassenden Mortalität durch Strychninköder und von dem gesetzlichen Schutz. Die mediterranen Populationen in Extremadura und Sierre Morena sind hingegen sehr klein, völlig isoliert und daher kritisch zu beurteilen. Gelegentlich werden wandernde Wölfe auch weitab von ihren Hauptverbreitungsgebieten angetroffen.

Gegenwärtig schätzt man 1500–2000 Wölfe in Spanien, von denen etwa 90% in den Regionen Castilla-Leon und Galicien leben. Für Portugal werden gut 100 Tiere geschätzt, so daß die iberische Population mit Abstand die beste in Europa ist.

Der Wolf besiedelt in Spanien abgelegene Gebirgsgegenden wie auch stark vom Menschen geprägte Landschaften in unmittelbarer Umgebung der Dörfer (z. B. in Galicien).

Gegenwärtig entsteht in der spanischen Extensiv-Weidetierwirtschaft ein jährlicher Schaden durch Wölfe von etwa 1,5 Mio DM. Die Schadenanalyse hat aber gezeigt, daß der Verlust an Weidetieren regional sehr unterschiedlich ist und keinesfalls mit der Wolfsdichte korreliert. So sind die Schäden im Gebirge, wo die Herden schwerer zu kontrollieren sind als im Flachland, am größten. Bisher wird nur etwa ein Viertel der Schäden von den Regionalverwaltungen als Entschädigung ausgezahlt. Die durch den Wolf verursachten Schäden sind vergleichsweise sehr gering. Es ist zu hoffen, daß in Kürze alle spanischen Regionen die (berechtigt) gemeldeten Schäden durch Wölfe und Braunbären voll ersetzen. Hier wäre auch ein sinnvoller Einsatz von EG-Geldern gegeben, denn die Erhaltung von Wolf und Braunbär liegt im gesamteuropäischen Interesse.

2 Nationalpark Covadonga und Picos de Europa

3 Täler von Hecho, Ansó, Roncal und Salazar

Eines der greifvogelreichsten Gebiete Europas; einsame, spektakuläre Landschaften vom Pyrenäen-Hochgebirge bis ins mediterran getönte Aragon-Tal; den unterschiedlichen Lebensräumen entsprechende Vielfalt an Pflanzen- und Tierarten; eindrucksvolle Schluchten; bequeme Beobachtungsmöglichkeiten, z. T. aus sehr geringer Distanz.

Das hier beschriebene Gebiet gehört nach übereinstimmender Meinung zu den greifvogelreichsten Gebieten Spaniens und damit Europas!
Die Täler verlaufen in Nord-Süd-Richtung, sind ohne Orientierungsprobleme befahr- oder begehbar und bieten durch ihren augenfälligen Greifvogelreichtum gerade auch dem interessierten Nicht-Spezialisten überaus faszinierende Eindrücke. Neben dem Schwerpunkt Greifvögel erwartet den Besucher aber auch eine herrliche Landschaft und eine von mikroklimatischen Einflüssen geprägte Vegetationszonierung.
Die Hauptstraße von Jaca nach Pamplona verläuft im Tal des Rio Aragon, in dem die 4 beschriebenen Täler enden. Jedes Tal kann von hier aus einzeln befahren werden, durch Querverbindungen gelangt man jedoch auch weiter oberhalb von Tal zu Tal.
Das Gebiet gehört zu den am dünnsten besiedelten Zonen Spaniens (15 Bewohner/km^2) und ist bisher von negativen menschlichen Einflüssen fast verschont geblieben. Steile, unzugängliche Felswände und Schluchten bieten unzählige Nistmöglichkeiten für Greifvögel. Auch die klimatischen Gegebenheiten begünstigen durch ihren Übergangscharakter vom Pyrenäen-Hochgebirge zu den trockenen, steppenartigen Gebieten südlich des Rio Aragon eine artenreiche Tier- und Pflanzenwelt. Die südlichen

Gänsegeier sind sehr wärmeliebend und sonnen sich oft auf Felsspitzen.

Hochlagen im Hecho-Tal. Erosion und Verwitterungserscheinungen im Sedimentationsgestein sind gut zu erkennen.

Talenden liegen auf etwa 600–800 m Höhe, und auf befahrbaren Wegen gelangt man bis etwa 1800 m Höhe. Das beschriebene Gebiet ist regenärmer und sonnenreicher als die viel stärker unter dem Einfluß der Atlantikwolken stehenden weiter westlich gelegenen Täler. Das Nahrungsangebot für die großen Greifvögel ist vor allem durch die extensiv betriebene Schaf- und Ziegenhaltung sehr gut. Gerade in den höheren Lagen verbringen die Herden den Sommer meist ohne Hirten, und im Winter folgen viele Greifvögel den Herden in die Trockengebiete des Ebro-Tals. Lokale Naturschutzorganisationen koordinieren darüber hinaus die Bestückung abgelegener Futterstellen mit Tierkadavern aus Schlachthöfen und Milchviehzuchten. Das Gebiet mit seiner enormen ökologischen Bedeutung sollte unbedingt so erhalten werden. Bedrohungen entstehen u. a. aus Plänen für eine Gas-Pipeline aus Frankreich durch das Hecho-Tal und verschiedenen Kleinkraftwerken an den Flüssen. Bei Embún, ebenfalls im Hecho-Tal, wird über ein Staudamm-Projekt diskutiert. Der Europarat hat Spanien, Frankreich und Andorra empfohlen, ein großes internationales Pyrenäen-Schutzgebiet auszuweisen, um Skisportanlagen, Straßen- und Wasserbaumaßnahmen usw. von bestimmten Zonen auszuschließen. Das hier behandelte Gebiet müßte auf jeden Fall darin eingeschlossen sein.

Pflanzen und Tiere

Besonders die beiden östlichen Täler Ansó und Hecho zeigen in ihrem untersten Teil in der Vegetationsausbildung deutlich mediterrane Klimaeinflüsse, die aber mehr oder weniger stark von montanen Elementen überlagert sind. Zweigt man bei Berdun in das Ansó-Tal ab und fährt etwa 3 km, so sieht man vor sich steil aufragende Felsen, durch die sich der Rio Veral eingeschnitten hat. Hier sollte man aussteigen und die wenig befahrene Straße entlanglaufen. Typische mediterrane Elemente sind die Steineiche (S. 128), der Erdbeerbaum (S. 146) und die Terpentin-Pistazie (S. 70), die sich hier mit Sommerlinde, Esche, Französischem und Schneeball-Ahorn und etwas weiter oberhalb sogar mit der Buche mischen. Interessant ist das Inversionsphänomen: Während normalerweise die Steineiche als wärmeliebende Art die unterste Höhenstufe besiedelt und die Buche die oberen Höhenlagen, ist es in den engen Schluchten dieses Gebietes meist umgekehrt. Hier steht die Buche an den tiefsten Talstellen, an denen sich die schwerere Kaltluft sammelt, während die Steineiche an den steilen, besonnten und trockenen Felswänden konkurrenzstärker ist.

An den Steilwänden blühen im Mai/Juni der Pyrenäen-Steinbrech (S. 49) und die Ramondia (S. 48). Binsenlilie (S. 110), Blauer Lein, Spornblume (S. 63), Affodil (S. 127) und Pyramidenorchis in den tieferen Lagen werden am Ende des Tales u. a. vom Alpen-Leinkraut, verschiedenen Blaustern- und Enzianarten, Holunder-Knabenkraut und Pyrenäen-Schachblume (S. 50) abgelöst. Zwischen April/Mai und September/Oktober blühen Hunderte von Pflanzenarten, oft direkt am Weg. Am bequemsten und mit den geringsten Störungen verbunden ist es, die Straßen entlangzugehen. Die Verkehrsdichte ist gering, und man hat gute Beobachtungsmöglichkeiten. Dies gilt auch für Tiere.

Im Unterlauf der Flüsse schwimmen Hundsbarben; Wasseramsel und Gebirgsstelze sind häufig. Aber die Aufmerksamkeit fällt wohl immer wieder auf die vielen Greifvögel. Bemerkenswert ist die Häufigkeit von Rot- und Schwarzmilan entlang des Rio Aragon. Sobald man aber dieses breite Flußtal verläßt, sieht man praktisch keine Milane mehr. Am häufigsten ist nun der Gänsegeier, auch der kleinere Schmutzgeier ist regelmäßig zu sehen. Um die anderen Arten zu beobachten, braucht es etwas mehr Glück und Erfahrung. Im oberen Talverlauf ist der Steinadler gut vertreten, und der Bartgeier überfliegt regelmäßig sein riesiges Territorium. Ebenfalls häufig in der Vorpyrenäenzone ist der Schlangenadler (S. 175), den man oft beim minutenlagen Auf-der-Stelle-Rütteln beobachten kann. In den Felswänden leben zahlreiche Alpenkrähen (S. 51), die man schon nach kurzer »Übungszeit« an ihrem typischen Ruf und der akrobatischen Flugweise erkennt. Aus der Nähe ist der gebogene rote Schnabel sichtbar.

Die 4 Täler des Gebietes sind das letzte Rückzugsgebiet des Braunbären (s. S. 35) auf der spanischen Seite der Pyrenäen. Wohl weniger als 10 Tiere leben noch in den dichten Wäldern, und es ist fraglich, ob es gelingt diese Tierart hier zu erhalten.

Eine gegenwärtig noch seltene und sehr lokal verbreitete Art ist das Alpenmurmeltier. 1948 wurde es erstmalig auf der französischen Pyrenäenseite ausgesetzt und hat sich seither stetig ausgebreitet. 1968 fand man erstmals Murmeltiere in Ober-Aragon, und heute erstreckt sich ihr Verbreitungsgebiet etwa vom hier behandelten Gebiet bis in die Ostpyrenäen.

Der Französische Ahorn ähnelt dem Feldahorn, seine Blätter sind aber nur dreispitzig.

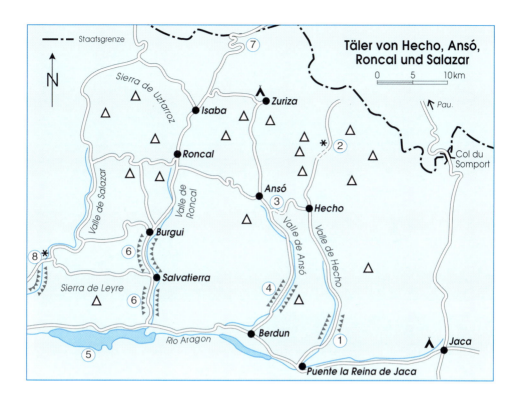

Im Gebiet unterwegs

Mit einer guten Straßenkarte fällt die Orientierung sehr leicht. Es empfiehlt sich aus Gründen der eigenen Sicherheit, aus Mangel an ausgeschilderten Wegen und um Störungen auf ein Minimum zu reduzieren, die Straßen nicht zu verlassen. Sie sind sehr wenig befahren (im Juli/August etwas stärker) und bieten bequeme Beobachtungsmöglichkeiten.

Von Ost nach West erreicht man zuerst das **Hecho-Tal**: Schon auf den ersten Felsen bei Javierregay ① sitzen meist Gänse- und Schmutzgeier. Die Fahrt entlang des Flüßchens Aragon Subordan führt durch eine malerische Landschaft. Nördlich des Hauptortes Hecho gelangt man zur »Boca del Infierno« ② (= Höllenschlund), wo sich ein grandioser Blick auf die Hochgebirgsgipfel auftut. Im Ort Hecho geht eine Verbindungsstraße zum Ansó-Tal ab. Vor erreichen des Flusses Veral passiert man ein Tunnel ③, beiderseits dessen man wieder gute Greifvogel-Beobachtungsmöglichkeiten hat. Im Tunnel selbst brüten Felsenschwalben.

Der nahe Ort **Ansó** ist mit seinen Steinhäusern einen Rundgang wert. Etwa 6 km vor dem südlichen Talende erheben sich hohe Felswände beiderseits des Flusses. Die **Binies-Schlucht** ④ sollte man unbedingt zu Fuß durchlaufen; es ist beeindruckend, den vielen Geiern beim Überflug und Landen in den Felswänden zuzuschauen. Am Vormittag und etwa 2 Stunden vor Sonnenuntergang herrscht die meiste Aktivität. Im Frühling kann man auch die Blaumerle (S. 166) bei ihren Balzflügen beobachten.

Wenn man Hecho und Ansó wie vorgeschlagen erkundet, benötigt man einen Tag. Einen zweiten Tag sollte man für die Täler Roncal und Salazar veranschlagen.

Der Rio Aragon Subordán durchfließt das Hecho-Tal. Ähnlich ist auch der Charakter vieler anderer Pyrenäenflüsse in ihrem Oberlauf.

Der Blaue Lein blüht je nach Höhenlage von April bis Juni und ist in Spanien weitverbreitet (links).

Der große Yesa-Stausee ⑤ südlich der Nationalstraße 240 ist lediglich im Winter (Wasservögel) von ornithologischem Interesse. Von der Abzweigung ins **Roncal-Tal** bis nach Burgui erheben sich wieder Steilwände ⑥ beiderseits des Rio Esca. Die Eindrücke hier sind ähnlich wie in der Binies-Schlucht. Vielleicht ist hier die Beobachtung eines Bartgeiers noch eher möglich. Die Straße im Roncal-Tal hat im Sommer Verbindung mit der französischen Pyrenäenseite. Das Gebiet um Belagua ⑦ weist herrliche Buchen-Tannen-Wälder auf, die praktisch von menschlicher Nutzung verschont blieben. Vom Roncal-Tal gibt es 2 Querverbindungen ins **Salazar-Tal**, bei Isaba und bei Roncal. Beide Täler gehö-

Die Wilde Tulpe ist ebenfalls weitverbreitet, jedoch an den meisten Standorten selten.

Blick in die 385 m tiefe Schlucht von Arbayun (s. S. 42). Auf den Felsbändern brüten Gänsegeier, und in der Schlucht steht ein sehr artenreicher Mischwald. Am Grunde fließt der Rio Salazar.

ren bereits zu Navarra; erkennen kann man dies unschwer am veränderten Baustil der Häuser.

Praktische Tips

Anreise
Von Frankreich kommend ist die schnellste Verbindung über Pau–Col de Somport nach Jaca. Aber auch von Bordeaux–Bayonne–Irun–Pamplona aus ist die Anreise gut möglich. Das Gebiet ist mit öffentlichen Verkehrsmitteln sehr schlecht zu erkunden; von Jaca aus gibt es zwar Linienbusse nach Hecho und Ansó, über deren Fahrzeiten sollte man sich aber in Jaca Gewißheit verschaffen.

Herrlicher Bestand des rot- und gelbblühenden Holunderknabenkrautes. Je nach Höhenlage blüht es im Mai/Juni.

3 Täler von Hecho, Ansó, Roncal und Salazar

Der seltene Bartgeier ist an seinem langen keilförmigen Schwanz und den langen schmalen Flügeln zu erkennen.

Klima/Reisezeit

Das Gebiet ist ganzjährig hochinteressant. Gänse- und Bartgeier beginnen mit Ihrer Brut bereits im Dezember/Januar; die Beobachtungsmöglichkeiten sind gerade dann, wegen der hohen Aktivität der Vögel, sehr gut. Behinderungen durch Schnee im Südteil der Täler sind kaum zu befürchten. Natürlich sind Frühling und Sommer durch die Blumenpracht sicher die attraktivsten Jahreszeiten. Besonders die beiden östlichen Täler Hecho und Ansó sind relativ regenarm und warm, die Vegetation zeigt dies durch viele mediterrane Elemente an. In den Hochlagen ab etwa 1500 m muß bis in den Mai/Juni hinein mit Schnee gerechnet werden.

Unterkunft

Hotels aller Kategorien gibt es in Jaca. Bei einem Aufenthalt in Jaca können die Kathedrale und die große Zitadelle besucht werden.
Campingsplätze gibt es ebenfalls bei Jaca, ein Zeltplatz liegt auch bei Zuriza im oberen Ansó-Tal (nur im Sommer geöffnet).

Adressen

▷ Instituto Pirenaico de Ecologia; Avda. Regimiento de Galicia, s/n; Apartado 64; 22700 Jaca (Huesca).

Blick in die Umgebung

Nördlich von Jaca gelangt man schnell in die Hochgebirgszone, in südlicher Richtung lockt der Kontrast der trockenen Vorpyrenäenzone. Einen phantastischen Blick auf die Weite des Ebro-Beckens und die Gipfel der Hochpyrenäen hat man von der Burg Loarre, südwestlich der Mallos de Riglos (s. S. 212) gelegen. Die Burg selbst ist sehr gut erhalten und hat eine große historische Bedeutung für Aragon.

Foz de Arbayun

Die Schlucht (»Foz«) von Arbayun ⑧ – vom Rio Salazar durchflossen – ist mit 385 m Tiefe und einer Länge von 6 km die größte Schlucht in Navarra. Direkt an der Straße ist eine Plattform gebaut worden, von der aus man einen optimalen Rundblick genießt. Mit dem Fernglas kann man aus geringer Entfernung in die Horste der Gänsegeier blicken und deren Landemanöver studieren. Mit etwas Geduld wird man auch Bart- und Schmutzgeier, Stein- und Habichtsadler und andere Vogelarten beobachten können.
Die Beobachtungsplattform erreicht man auf der Straße von Lumbier nach Biguezal, etwa 12 km nordöstlich von Lumbier. Der Parkplatz rechts der Straße ist nicht zu übersehen.

Der Schmutzgeier hat ebenfalls einen keilförmigen Schwanz, wirkt aber im Flug schwarzweiß.

Geier in Spanien

Alle 4 europäischen Geierarten kommen auch in Spanien vor; in mehreren Gebieten können oft sogar 3 Arten gleichzeitig beobachtet werden. Obwohl sie nicht intensiv verfolgt und gejagt wurden, nahmen ihre Bestände bis Anfang der 70er Jahre ab, besonders drastisch Mönchs- und Schmutzgeier. Ursachen dafür waren die im ganzen Land ausgelegten Strychnin-Köder gegen »Raubzeug« wie Wölfe, Füchse, Marder usw. Tausende von Geiern, aber auch viele andere Tiere, kamen so direkt und indirekt durch die Giftköder um. Seit einigen Jahren ist dies endlich verboten, doch wird es teilweise immer noch praktiziert. Gänse- und Mönchsgeier haben in Spanien wahrscheinlich ihre größten Populationen weltweit.

Am häufigsten und am weitesten verbreitet in Spanien ist der **Gänsegeier**. Seine Brutkolonien in Felsen sind praktisch alle bekannt und 1989 wurde der Bestand zum dritten Mal erfaßt. Innerhalb von 10 Jahren verdoppelte sich die Zahl der Gänsegeier auf nunmehr über 20000 Vögel. Die Vögel sind sehr gesellig und suchen gemeinsam das offene Gelände nach Aas ab.

Der **Mönchsgeier** (S. 137 und S. 147) ist auf das Gebiet des mediterranen Eichenwaldes beschränkt und besiedelt etwa das gleiche Areal wie der Kaiseradler (s. S. 160). Ihn bedrohen daher auch die gleichen Faktoren, wie etwa Vernichtung des Eichenwaldes und Anpflanzung von Eukalypten. Die Art war in den 60er und 70er Jahren das größte Sorgenkind unter den spanischen Geiern; glücklicherweise hat auch er seinen Bestand in den letzten 15 Jahren auf etwa 700 Paare verdoppeln können. Der Mönchsgeier baut gewaltige Horste auf Bäumen und bildet lockere Kolonien. Am Aas ist er gegenüber Gänse-geiern meist dominant, schlägt aber auch noch lebende Tiere.

Am wenigsten untersucht in Spanien ist der kleine **Schmutzgeier**, von dem etwa 1500 Paare geschätzt werden. Er ernährt sich ebenfalls von Aas, besucht aber regelmäßig auch Müllkippen. Meist brüten einzelne Paare zwischen Gänse-geiern, mit denen sie auch am Aas auftreten. Er zieht als einziger Geier im Winter nach Afrika.

Der **Bartgeier** ist heute auf die Pyrenäen beschränkt. Noch vor wenigen Jahrzehnten kam er auch in den meisten anderen spanischen Hochgebirgen vor. Bedingt durch die riesigen Reviere scheint die Pyrenäenpopulation mit etwa 45 Paaren auf der spanischen und 15 Paaren auf der französischen Seite gesättigt zu sein. Der Bartgeier ist ein Nahrungsspezialist (»Quebrantahuesos« = Knochenbrecher). Der Bruterfolg wird durch Störungen bei Forst- und Straßenbaumaßnahmen und durch Kletterer und Gleitflieger beeinträchtigt, so daß durch Horstbewachungen zur Brutzeit die Situation verbessert werden soll.

Woher nehmen die großen Gänsegeier-konzentrationen ihre Nahrung? Bei extensiver Weidewirtschaft bleiben die veren-deten Tiere im Gelände liegen. Früher wurden tote Pferde und Esel an bestimmten Stellen im Gelände abgelegt; da sie auch in Spanien kaum noch vorkommen, werden von Naturschutzorganisationen in Schlachthöfen und Milchviehzuchten verendete Tiere teilweise zu Geierfutter-plätzen gebracht. Die Beseitigung der Kadaver durch die fliegende »Gesund-heitspolizei« ist hygienischer und das Grundwasser weniger gefährdend als Verbrennen oder Vergraben. In den großen Hochwildjagdgebieten bilden auch angeschossene und später veren-dende Huftiere eine unregelmäßige Nahrungsquelle.

3 Täler von Hecho, Ansó, Roncal und Salazar

4 Nationalpark Ordesa und Monte Perdido

> Wilde Gebirgslandschaft von 1000 m bis 3350 m Höhe; intakte natürliche Vegetationszonierung in allen Höhenstufen; großer Reichtum an Fließgewässern mit Kaskaden und Wasserfällen; gute, relativ bequeme Beobachtungsmöglichkeiten der Tier- und Pflanzenwelt; Spaziergänge und Wanderungen für alle Konditionen.

Ordesa und Covadonga wurden als erste spanische Nationalparks praktisch zeitgleich im Jahr 1918 gegründet. Ziele waren die Würdigung der grandiosen Gebirgslandschaften und in Ordesa die Erhaltung des Pyrenäen-Steinbocks. Bis zu seiner Erweiterung 1982 umfaßte der Nationalpark lediglich das Tal des Arazas (bekannter als Ordesa-Tal) mit 2166 ha. Heute umschließen seine Grenzen mit 15709 ha das ganze Monte-Perdido-Massiv und leiten an der Staatsgrenze in den französischen Pyrenäen-Nationalpark über. Ordesa ist bezüglich seiner Landschaftsbilder, den geologischen Gegebenheiten und der Tier- und Pflanzenwelt ein besonders schöner Teil der Zentralpyrenäen. Nur das weiter östlich gelegene Maladeta-Massiv mit dem Aneto-Gipfel (3404 m) übertrifft das Gebiet geringfügig an Höhe.

Die Pyrenäen erstrecken sich über etwa 450 km zwischen Atlantik und Mittelmeer, mit den höchsten Gipfeln im Zentrum. Der geologische Aufbau zeigt einen älteren Hauptkamm aus Urgestein, vorwiegend Granit, Gneis und silurische Schiefer, zu dem beiderseits parallel jüngere Gebirgsketten aus Kalk- und Sandgesteinen verlaufen. Die Zentralachse hat ein geologisches Alter von über 200 Mio. Jahren und war über lange Zeiträume von einem Meer umgeben, dessen marine Sedimente Ablagerungen von enormer Stärke schufen. Etwa zur Mitte des Tertiär vor 60–20 Mio. Jahren wurde eine stabile geologische Phase durch gebirgsbildende Kräfte in Europa abgelöst. In dieser Zeit entstanden auch die Alpen. Heute können stark gefaltete Vorpyrenäen-Gebirgsstöcke aus Kalkgestein und zentrale, angehobene Granit- und Schieferstöcke unterschie-

Das Ende des Ordesa-Tales. Im Hintergrund das Monte-Perdido-Massiv, im Vordergrund Hakenkiefern.

den werden. Durch enorme Auffaltungen und Erosionsablagerungen wird dieses Prinzip jedoch oft in komplizierter Weise durchbrochen. Die das Ordesa-Tal begrenzenden, fast senkrechten Felswände, gestatteten den Geologen Einblicke in die Entstehungsgeschichte. An den Sedimentablagerungen konnte festgestellt werden, daß die gleichen Schichten viermal jeweils spiegelbildlich aufeinanderfolgen, also zwei Faltungen um 180 Grad erfolgt sein müssen.

Auch die Eiszeiten hinterließen ihre Spuren, vor allem sichtbar in der U-förmigen Ausprägung der Täler durch die Gletscherströme. Das Ordesa-Tal zeigt dies deutlich. Auf der Nordseite der Pyrenäen reichten die Gletscherzungen bis fast auf Meereshöhe hinab, auf der Südseite schmolzen sie etwa auf 1000 m Höhe. Die einzigen heutigen Gletscher auf spanischem Gebiet finden sich im Monte-Perdido-Massiv sowie westlich und östlich davon, alle in über 3000 m Höhe.

Die Entwässerung des Monte-Perdido-Massivs erfolgt über die drei Haupttäler Ordesa (Rio Arazas), Añisclo (Rio Vellos) und Pineta (Rio Cinca). Die beiden erstgenannten Flüsse münden in den Cinca, einem wichtigen Zufluß des Ebro.

Durch extensive Weidehaltung von Schafen und Rindern, geringe forstwirtschaftliche

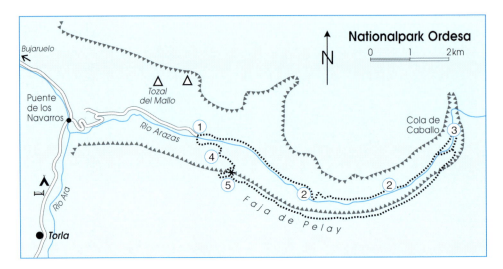

Nutzung sowie durch Wandern und Bergsteigen beeinflußt der Mensch das Gebiet. Es gibt Pläne zur stärkeren hydroelektrischen Nutzung der Gebirgsbäche- und Flüsse im gesamten Pyrenäenraum. Mit Sicherheit würde sich dies auf die betroffenen Täler sehr negativ auswirken.

Die Dörfer der Pyrenäen haben in den vergangenen Jahrzehnten stark unter der Landflucht gelitten. Neben den sozialen Problemen brachte dies auch die Aufgabe vieler ehemaliger Weidegebiete mit sich. In Dörfern wie z. B. Torla konnte durch den sich entwickelnden Tourismus eine Landflucht vermieden werden.

Pflanzen und Tiere

Man geht davon aus, daß die Pyrenäen etwa 30 000 Jahre vor den Alpen entstanden sind. Zudem war die Vergletscherung zu keiner Zeit so ausgedehnt wie in den Alpen. Daher konnten sich in den Pyrenäen mehrere vorglaziale Pflanzenarten erhalten.

Im engen Tal des Rio Arazas fällt die Vegetationszonierung besonders gut ins Auge. In der Umgebung des Ortes Torla (1000 m Höhe) finden sich noch vereinzelt Steineichen, ein Charakteranzeiger des mediterranen Klimabereiches. Zwischen Torla und dem Ende der befahrbaren Straße am Parkplatz des Nationalparks (auf etwa 1200 m Höhe) ist das Tal enger geworden, das Mikroklima feuchter. Die Vegetation mit Buche, Waldkiefer, Buchsbaum, Esche, Bergahorn und Birke zeigt dies deutlich an. Mit zunehmender Höhe nehmen die Niederschläge zu, was Kiefern und Buchen begünstigt; außerdem gesellt sich nun die Weißtanne dazu. Die Buchen in den Pyrenäen sind meist relativ kurzstämmig und dicht mit weißlichen Flechten überzogen. Der Buchen-Weißtannen-Wald, mit reichem Unterwuchs an Buchsbaum, ist charakteristisch für die Höhenstufe von etwa 1200–1700 m, darüber dominiert bis zur Baumgrenze auf etwa 2300 m die Hakenkiefer (S. 59). Der Name nimmt Bezug auf die charakteristisch gekrümmten Zapfenschuppen. Diese Kiefernart ersetzt in den Pyrenäen die Bergkiefer (Latsche), wächst aber – im Gegensatz zu jener – auch zu stattlichen Bäumen heran und erinnert dann im Habitus an die Arve. Die Flora der Buchenwaldregion ist ähnlich der montaner Buchenwälder Mitteleuropas, der Unterwuchs der Hakenkiefernstufe wird dominiert von Alpenrose und Heidelbeere. Oberhalb des geschlossenen Waldes beginnt dann die Region alpiner Wiesen und Weiden, mit Frühlingsblühern wie Küchenschel-

Der immergrüne Buchsbaum wächst in den Pyrenäen sowohl bestandsbildend auf relativ trockenen Hängen als auch im schattigen Unterwuchs von Buchen-Tannen-Wäldern.

Der Pyrenäen-Desman lebt sehr heimlich am Wasser; er kommt auch in anderen Regionen Spaniens vor.

Der Pyrenäen-Hahnenfuß blüht unmittelbar nach der Schneeschmelze im Hochgebirge.

4 Nationalpark Ordesa und Monte Perdido — 47

Auf den klebrigen Blättern des Großblütigen Fettkrautes finden sich meist Reste kleiner Insekten, die die Pflanze »verdaut«.

Die Ramondia kommt ausschließlich an schattigen Felsspalten in den Pyrenäen vor; sie blüht von April bis Juni.

len, Alpenglöckchen, Mehlprimel, Krokus, Pyrenäen-Hahnenfuß (S. 47), die nach der Schneeschmelze im Mai/Juni erscheinen. Etwas später blühen gelbe und blaue Enzianarten, mehrere weiß- und gelbblühende Narzissenarten (S. 33), violette Schwertlilien sowie im August die Alpenrosen.

Als Vertreter der endemischen Pyrenäenflora seien zwei auffällige und schöne Arten genannt. Der Pyrenäen-Steinbrech mit seinen über einen halben Meter lang werdenden weißen Blütenrispen wächst ausschließlich an steilen Felswänden, die Ramondia wächst in schattigen und feuchten Felsspalten. Beide Arten blühen je nach Höhenlage von Mai bis Juli. An feuchten Felsen, aber auch auf

Der Pyrenäen-Gebirgsmolch lebt in kalten Bächen und Seen; die gelbe Rückenzeichnung ist variabel.

Die Blattrosetten des Pyrenäen-Steinbrech stehen fast immer an Steilwänden.

feuchten Wiesen, gedeiht das Großblütige Fettkraut oft in großen Mengen. Auf den klebrigen Blättern finden sich Reste kleiner Insekten, die die Pflanze auf den mageren Standorten »verdaut«.

Auch die Tierwelt weist pyrenäenspezifische Arten neben solchen auf, die auch in anderen europäischen Hochgebirgen vorkommen. Extrem selten ist der Pyrenäen-Steinbock (s. S. 91), eine Unterart des Alpen-Steinbocks. Weniger als hundert Tiere leben auf der Nordseite des Ordesa-Tales. Häufiger zu beobachten sind Gemsen (S. 53).

In den Zentralpyrenäen bilden etwa 40 Bartgeierpaare (S. 42) eine stabile Population. In den Tälern des Nationalparks wird man mit etwas Glück öfter einen entdecken, meist entlang steiler Felsen gleitend. Steinadler und Gänsegeier (S. 36) sind dagegen leichter zu beobachten. Alpendohlen und die in den Alpen kaum mehr vorkommenden Alpenkrähen sind hier häufig. Besonders die rotschnäbligen Alpenkrähen faszinieren durch ihre Kunstflüge, und auf den Hochalmen kann man sie oft bei der Nahrungssuche beobachten. Im Bereich der Baumgrenze lebt der Zitronengirlitz, und auf den Felsbrocken der Flüßchen sieht man immer wieder Wasseramseln sitzen.

In den kältesten Fließgewässern lebt auch der Pyrenäen-Gebirgsmolch, ein endemischer Lurch. Die sehr dunklen Molche findet man beim vorsichtigen Umdrehen größerer Steine. Die Tiere sollten aber gleich wieder ins Wasser zurückgesetzt werden, da sie höhere Temperaturen nicht vertragen. Ebenfalls immer in Wassernähe und meist nachts aktiv lebt der Pyrenäen-Desman. Diese mit dem Maulwurf verwandte Art kommt ausschließlich im Nordteil der Iberischen Halbinsel vor. Das Tier verbringt den Tag in Höhlen der Uferböschung und jagt nachts vor allem im Wasser. Eine Beobachtung dieses kuriosen Tieres wird aber ein zufälliger Glückstreffer bleiben.

Im Gebiet unterwegs

Obwohl Ordesa ein lange bestehender und vielbesuchter Nationalpark ist, vermißt der Besucher bisher noch eine adäquate Informationsstelle vor Ort. Erhältlich ist aber gutes Kartenmaterial in den Ausgangsorten zum Nationalpark, vor allem in Torla. Am bekanntesten ist das Tal des Rio Arazas. Es empfiehlt sich für alle, die nur etwa 2 Tage Zeit für das Gebiet haben, sich auf dieses zu beschränken. Hier ist der Ausgangsort Torla, von der Bauweise der Häuser her ein typisches Pyrenäendorf, mit einer guten Infrastruktur an kleineren Hotels und minimalen Anfahrtswegen.

Ordesa- (Arazas-) Tal

Etwa 9 km oberhalb von Torla endet die Straße am Parkplatz ① des Nationalparks, unterhalb der spektakulären, 400 m senkrecht abfallenden Wand »Tozal de Mallo«, dem Wahrzeichen von Ordesa.

<u>Zum Wasserfall »Cola de Caballo« am Talende (knapp 8 km):</u> Eine leichte Wanderung mit konstanter, mäßiger Steigung. Der ausge-

4 Nationalpark Ordesa und Monte Perdido

Die Felswand Tozal de Mallo (oberhalb des Parkplatzes) ist das Wahrzeichen von Ordesa.

schilderte und bequeme Weg führt zuerst durch den Buchen-Tannen-Wald mit mächtigem Buchsbaum- und Stechpalmen-Unterwuchs. Über weite Strecken verläuft der Weg in Sichtweite des Flusses, wo mit etwas Geduld Wasseramseln beobachtet werden können. Der Rio Arazas fällt in Kaskaden stufenweise herab, die schönsten erreicht man nach etwa ⅔ der Wegstrecke ②, schon außerhalb des Waldes im Bereich der subalpinen Weiden. Hier sieht man fast immer Gemsen und Alpenkrähen bei der Nahrungssuche.

Das Talende wird durch den »Pferdeschwanz-Wasserfall« (span. »Cola de Caballo«) ③ markiert. Nun geht man entweder

Die attraktive Pyrenäen-Schachblume (ein Liliengewächs) blüht im Frühling. Sie wächst zerstreut und selten, kommt aber in vielen Regionen der Pyrenäen vor.

50 ─────────────────────────── 4 Nationalpark Ordesa und Monte Perdido

Der Arazas-Fluß fällt streckenweise auf Stufen (»Gradas«) ab. Hier die Gradas de Soaso im oberen Ordesa-Tal.

den gleichen Weg zurück oder überquert den Fluß und wandert auf der anderen Talseite zurück. Wenn man allerdings von vornherein beabsichtigt das Tal zu umrunden, wird dringend empfohlen es in umgekehrter Reihenfolge zu tun. Andernfalls erwartet Sie ein konstanter Anstieg von 16 km und ein steiler Abstieg.

<u>Rundwanderung im Ordesa-Tal (19 km):</u> Am Parkplatz überquert eine Brücke den Arazas und man folgt dem ausgeschilderten Pfad »Senda de los Cazadores« (Jägersteig) ④. Dieser schlängelt sich durch den Buchen-Tannen-Wald in steilen Windungen nach oben. Dieser Aufstieg dauert knapp 2 Stun-

Die Gelbe Pyrenäen-Lilie blüht je nach Höhenlage zwischen Mai und Juli und ist eine attraktive und auffällige Pflanze (Mitte rechts).

Alpenkrähen sind akrobatische Flieger felsiger Gebirge. In Spanien sind sie weitverbreitet.

4 Nationalpark Ordesa und Monte Perdido — 51

den, man kann immer wieder Pausen einlegen und hat herrliche Ausblicke auf die gegenüberliegende Talseite. Am Ende des Aufstiegs sieht man von einer verfallenen Schutzhütte ⑤ fast senkrecht unter sich den Parkplatz und vor sich die imposante Felswand »Tozal de Mallo«. Die oft urigen Baumgestalten oberhalb des Buchen-Tannen-Waldes sind Hakenkiefern (S. 59).

Der weitere Weg verläuft ohne Mühen, fast parallel zu den Höhenschichtlinien auf der »Faja de Pelay« genannten Felswand, die das Ordesa-Tal nach Süden begrenzt. Schon beim Aufstieg sollte man die gegenüberliegende Felswand öfter mit dem Fernglas absuchen. Mit hoher Wahrscheinlichkeit kann man den Bartgeier (S. 42) entdecken. Auch während des weiteren Verlaufs der Wanderung besteht hierzu eine gute Chance. Weiterhin kann man folgende alpine Vogelarten erwarten: Zitronengirlitz, Alpenbraunelle, Wasserpieper, Steinschmätzer sowie eventuell Steinrötel (S. 198), Steinadler, Wanderfalke und Gänsegeier (S. 36). Der Rückweg ab dem Pferdeschwanz-Wasserfall ③ erfolgt wie oben beschrieben.

Mehrtagestouren: Für Bergsteiger sind attraktive Touren in das Monte-Perdido-Massiv möglich, Berghütten sind vorhanden. Alle gangbaren Routen sind in der Spezialkarte »Ordesa« eingezeichnet.

Praktische Tips

Anreise

Torla, den Ausgangsort für das Ordesa-Tal, erreicht man von Huesca über Sabiñanigo und Biescas oder von Lerida über Barbastro, Ainsa und Broto. Eine neue Planung sieht vor, die Zufahrtsstraße zum Nationalpark für Pkw zukünftig zu sperren. Es würden dann Zubringerbusse zum bisherigen Parkplatz pendeln. Parallel dazu soll im ehemaligen Parador ein Informationszentrum eingerichtet werden. Voraussichtlich dürften diese Änderungen jedoch frühestens 1992 zum Tragen kommen.

Um in die beiden östlich gelegenen Täler von Pineta und Añisclo zu gelangen, muß man von Torla nach Ainsa fahren (etwa 45 km), auf der Straße 640 nach Norden bis nach Bielsa (34 km) und dort in das Pineta-Tal abzweigen. Die Abzweigung in das Añisclo-Tal erfolgt bei Escalona (11 km nördlich Ainsa). Die nächsten Straßenpässe über die Pyrenäen sind Pourtalet und Somport (letzterer ganzjährig befahrbar).

Klima/Reisezeit

Die zentralen Pyrenäen kennen keine sommerlichen Trockenmonate, die Niederschläge (1350 mm/Jahr) sind gleichmäßig über das Jahr verteilt. Bis Anfang Juni muß oberhalb 1900 m Höhe mit Schnee gerechnet werden, vorher sollte auf die Rundwanderung im Ordesa-Tal von Ungeübten verzichtet werden. Die besten Monate für Tier- und Pflanzenbeobachtungen sind (Mai)/Juni bis September/Oktober.

Unterkunft

In Torla gibt es mehrere Hotels sowie einen Campingplatz. Am Ende des Pineta-Tals steht ein Parador (gutes staatl. Hotel). Besonders für Reisen im August sollte man frühzeitig vorreservieren.

Blick in die Umgebung

Bei der Fahrt durch das Städtchen Ainsa lohnt sich ein Rundgang in dem sehr sehenswerten mittelalterlichen Ort mit Burg und kleiner Kirche.

Bujaruelo: Knapp 2 km oberhalb von Torla fließen die Flüsse Arazas und Ara an der Brücke »Puente de los Navarros« zusammen. Links biegt ein befahrbarer Weg ab, schöner ist es natürlich die 3 km bis zum Weiler Bujaruelo zu laufen. An ständig feuchten Felswänden blühen Tausende violette Blüten des Großblütigen Fettkrautes und auch die beiden Pyrenäen-Endemismen Ramondia und Pyrenäen-Steinbrech lassen sich hier gut fotografieren. Um Bujaruelo blühen im Juni schöne Orchideenbestände.

52   4 Nationalpark Ordesa und Monte Perdido

5 Nationalpark Aigues Tortes, San-Mauricio-See

Stark von den Eiszeiten beeinflußte Hochgebirgslandschaft; gute Wandermöglichkeiten bis über 2400 m Höhe; sehr artenreiche Pflanzenwelt; Hochgebirgsseen, Bäche und Wasserfälle.

Der Nationalpark liegt in den katalanischen Hochpyrenäen und umfaßt 2 Täler, die sich in west-östlicher Richtung erstrecken und durch den 2423 m hohen Paß Portarró d'Espot getrennt werden. Die höchsten Erhebungen sind Peguera mit 2982 m und Els Encantats, zwei eindrucksvolle Gipfel mit 2747 m Höhe und Symbol des Nationalparks. Seine untere Höhengrenze liegt bei 1600 m. Als das Gebiet 1955 auf 10 230 ha Fläche seinen heutigen Schutzstatus erhielt, waren dafür neben der hochalpinen Vegetation und Tierwelt vor allem die eiszeitlichen Formen ausschlaggebend.

Im Norden und Süden erheben sich hohe Bergketten, so daß ein relativ bequemer Zugang nur vom westlichen und östlichen Talausgang möglich ist.

Geologisch gesehen liegen die beiden Täler auf der Pyrenäen-Zentralachse. Granit dominiert im östlichen Teil, während am San-Mauricio-See und den Gipfeln Els Encantats metamorphe Schiefer zutage treten. Die für das Auge schöneren Gesteinsformationen finden sich vor allem im vom Granit geprägten Teil. Überall erkennt man eiszeitliche Spuren, die Täler sind U-förmig abgerundet durch die enormen Gletscher, die sich in ihnen schoben; der obere Talansatz ist wie ein Halbrund geformt. Am auffälligsten sind natürlich die vielen Seen. Auch sie sind während der eiszeitlichen Vergletscherung ent-

Gemsen lassen sich in den Pyrenäen und dem Kantabrischen Küstengebirge beobachten.

Äigues Tortes bedeutet »gewundene Wasser«. Es sind ehemalige Seen, deren Verlandung weit fortgeschritten ist.

standen und weisen untereinander große Unterschiede in Gestalt, Farbton und Tiefe auf. Manche sind durch Wasserfälle miteinander verbunden, andere völlig isoliert. Durch die ungeheuren Kräfte, die bei der Wanderung der Gletscher auftreten, wurden gerade beim Übergang der Gletscherzunge zum flacheren Talboden die Täler tief ausgehöhlt. Als die Eismassen schmolzen, füllten sich diese Vertiefungen mit Wasser, natürlich auch zunehmend mit Erosionsmaterial. Die tiefsten Seen wurden mit 50 m ausgelotet, manche flacheren sind bereits völlig verlandet.

So wie das Wasser in seinen stehenden und fließenden Formen den Schutzgedanken inspirierte, so verführte es auch zu seiner Nutzung in Form von hydroelektrischen Kleinkraftwerken. Stauwehre, Strom- und Wasserleitungen beeinträchtigen das Gesamtbild teilweise erheblich und führten zur Aberkennung des Nationalpark-Status durch die Internationale Naturschutzorganisation IUCN.

Ein weiterer schwerwiegender Mangel ist das praktisch völlige Fehlen einer adäquaten Infrastruktur. Im Sommer wird das Gebiet von Tausenden besucht, es gibt jedoch kein Informationszentrum und kein befriedigend markiertes Wegesystem. Folglich ist auch keine Besucherlenkung möglich, wie sie aus Gründen des Naturschutzes dringend erforderlich wäre. Hintergrund der Misere sind Streitigkeiten zwischen der spanischen Zentralregierung und den katalanischen Autonomiebehörden. Es ist auch noch offen, ob der Nationalpark erweitert oder seine Fläche sogar reduziert wird, so wie dies die Skiliftbetreiber gerne sehen würden.

Pflanzen und Tiere

Die west-östliche Ausrichtung der Täler bedingt Unterschiede in der Vegetation zwischen den sonnigen Südhängen und den schattigeren Nordhängen. So dominiert auf den Südhängen im Escrita-Tal bis fast 2000 m Höhe die Waldkiefer, während sich auf den Nordhängen Tannen-Buchen-Wälder finden. Allerdings tritt die Buche hinter der Tanne deutlich zurück; eine mögliche Ursache sind sehr viel tiefere Wintertemperaturen als weiter westlich, z. B. im Ordesa-Nationalpark. Im Unterwuchs finden sich hier Heidelbeere, Alpenrose, Buchsbaum (S. 47), die saprophytische Vogelnestorchis und das Kriechende Netzblatt. Malerischer Behang mit Bartflechten unterstreicht den kühl-feuchten Eindruck. Von 1800 m bis etwa 2200 m (an manchen Stellen bis 2700 m) wächst die Hakenkiefer sowie vereinzelt Wacholder mit Alpenrose, Bärentraube und Heidekraut im Unterwuchs. Darüber stehen alpine Wiesen im Sommer in Blüte.

Von der Vielzahl an Blumen können hier nur wenige besonders auffällige genannt werden. Unmittelbar nach der Schneeschmelze blühen Krokusse und Pyrenäen-Hahnenfuß (S. 47) sowie das Heideröschen (ein Seidelbastgewächs). Oft dichtgedrängt stehen die weißen Dichter-Narzissen (S. 33); die in den Alpen so seltene Hundszahnlilie ist hier noch weit verbreitet. Verschiedene Mauerpfeffer-, Steinbrech- (S. 49), Primel- und Enzianarten sind auch für die alpine Stufe der Pyrenäen charakteristisch. Mehrere Orchideenarten finden sich; am auffälligsten und schönsten sind die mit Tausenden blühender Holunderorchis (S. 41) überzogenen Wiesen, in denen gelbe und violette Exemplare nebeneinander vorkommen.

Verglichen mit den westlichen Zentralpyrenäen (z. B. Ordesa oder die Täler von Hecho und Ansó) wird der Besucher das Gebiet vielleicht als tierarm empfinden. Das Hochgebirge ist ein extremer Lebensraum und nur wenige Spezialisten können sich ihm anpassen. Auch die vielen kleinen Seen bergen

Typischer See im Nationalpark mit Hakenkiefern am Ufer.

5 Nationalpark Aigues Tortes, San-Mauricio-See

wenig Leben: Es sind tiefe, kalte und nährstoffarme Gewässer, die eine ausreichende Wasserpflanzenentwicklung nicht zulassen. Eine der wenigen hier angepaßten Lurcharten, der Pyrenäen-Gebirgsmolch (S. 48), wurde zudem durch das Aussetzen von Forellen in den größeren Seen stark dezimiert. In den unteren Lagen ist die Gelbgrüne Zornnatter verbreitet, in höheren Lagen die Aspisviper. Die häufigste Eidechse ist die Mauereidechse. Bei Wanderungen, vor allem in höheren Lagen, trifft man meist auf Gemsen und mit Glück auf das Auerhuhn im Tannen-Hakenkiefern-Wald. Die Beobachtung des nicht seltenen, aber sehr heimlichen Pyrenäen-Desman (S. 47), der sich immer in und am Wasser aufhält, darf man als ausgesprochenen Glückstreffer verbuchen.

Für die Hochgebirgslandschaft charakteristische Vogelarten sind Steinadler, Bart- und Gänsegeier (S. 42, S. 36), Schneehuhn, Ringdrossel, Mauerläufer, Wasseramsel, Zitronengirlitz, Fichtenkreuzschnabel, Zippammer (S. 113), Felsenschwalbe, Wasserpieper, Alpenbraunelle . . .

Im Gebiet unterwegs

Der Nationalpark umfaßt 2 Täler, die sich nach Westen bzw. Osten öffnen, durch einen Bergriegel (Wasserscheide) getrennt und von Norden und Süden kaum zugänglich sind. Für das westliche Tal San Nicolau ist Boí der Ausgangsort, für das östliche Tal Espot.

San-Nicolau-Tal: Mit gleichem Hin- und Rückweg etwa 22 km Gesamtstrecke; Ausgangshöhe 1300 m, höchster Punkt 2000 m. 2 km oberhalb Boí biegt rechterhand ein ausgeschilderter Weg in das San-Nicolau-Tal ab. Nach einigen hundert Metern erweitert sich der (sehr schlecht zu fahrende) Weg zu einem Parkplatz mit Wasserquelle ①. Ab hier sollte man zu Fuß gehen, obwohl es bis zum offiziellen Beginn des Nationalparks noch 4 km sind und die Straße anschließend wieder in gutem Zustand ist. Der Weg führt zu-

nächst durch Wiesen- und Buschgelände. Nach Überschreiten der Nationalparkgrenze geht es entlang des Llebreta-Sees. Linker Hand ist ein steiler Abhang mit vereinzelten Wald- und Hakenkiefern, Hundsrosen und Buchsbaum (S. 47). Hier brütet der Neuntöter, der in den Pyrenäen bis auf mindestens 1700 m Höhe vorkommt. Am Felsabhang bieten sich auch gute Chancen, Gänse- und Bartgeier sowie Felsenschwalben zu beobachten ②.

Beim Weitergehen entdeckt man rechter Hand die Wasserfälle »Toll del Mas« ③. Nach gut einem weiteren Kilometer erreicht man eine der schönsten Stellen des Nationalparks, die auch namensgebend war: die Hochfläche von Aigues Tortes ④. Der katalanische Name bedeutet »windungsreiche Wasser«. Die Ebene ist ein durch Erosionsmaterial aufgefüllter ehemaliger Glazialsee; der Flußlauf teilt sich in viele Arme auf. Blumenübersäte Wiesen, Tannen und Hakenkiefern stehen auf den Inselchen. In alten Birken- und Tannenstämmen brütet der Schwarzspecht, ein in Spanien sehr seltener und lokaler Vogel. Mit zunehmender Höhe wird der Hakenkiefernbestand immer lichter, auf etwa 1800 m Höhe erstreckt sich eine weitere Ebene mit Flußverästelungen, der »Prat d'Aigues d'Aci« ⑤. Kolkraben und Steinadler lassen sich hier regelmäßig beobachten. Den Endpunkt der Wanderung markiert der Llong-See ⑥ auf 1980 m Höhe. Die Schutzhütte dort ist allerdings nicht bewirtschaftet.

Escrita-Tal (San-Mauricio-See): Ausgangsort für die Wanderungen im östlichen Teil des Nationalparks ist Espot. Die Straße von Espot bis zum San-Mauricio-See ist mit dem Auto gut befahrbar (8 km), aber auch eine schöne Wanderstrecke (im Juli/August jedoch recht stark befahren).

Nach 3 km erreicht man ein Waldstück, das zu den schönsten und artenreichsten Waldgebieten im Nationalpark zählt. Hauptbaumart ist die Tanne, im Unterwuchs wachsen Heidelbeere und Alpenrose. Mit dem Errei-

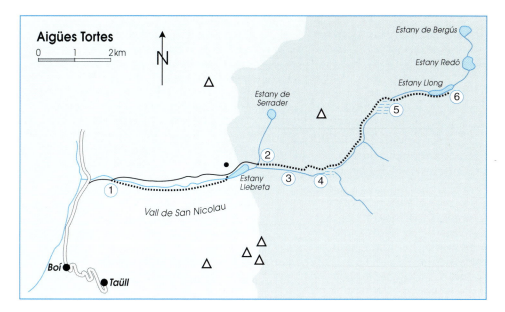

chen des San-Mauricio-Sees ist der Endpunkt der Fahrstraße erreicht. Linker Hand erheben sich die gewaltigen Felsen der Encantats. Um den Parkplatz herum sind meist Hausrotschwanz und Zippammern zu sehen. Rechter Hand, am Massiv Pui Pla ist die Chance gut, Gänse- und Bartgeier sowie Steinadler zu sehen. Für eine 3- bis 4stündige Wanderung durch sehr schöne Hochgebirgslandschaft bietet sich der Weg zum Amitges-See an. Beginn der Wanderung rechts vom Parkplatz. Besonders im Frühsommer sind die Wege aufgrund der Schneeschmelze sehr naß, richtiges Schuhwerk ist für den vollen Genuß Voraussetzung.

Der Weg führt zunächst durch einen Wald, der sich mit zunehmender Höhe lichtet. Aus der reichen Pflanzenwelt sei nur die auffallende Gelbe Pyrenäen-Lilie erwähnt, der Apollo-Falter kommt hier vor, und der Zitronengirlitz läßt sich beim fledermausartigen Balzflug beobachten. Der Weg kreuzt den Ratera-Bach und kurz danach erreicht man den gleichnamigen See. Die zahlreichen Kleinvögel sind vor allem Tannenmeisen, Fichtenkreuzschnäbel und Zaunkönige. Auch das Auerhuhn lebt zurückgezogen in den umliegenden Waldgebieten. Der Weg gabelt sich kurz hinter dem See: Der rechte führt zum Amitges-See. Die Steigung wird nun recht beträchtlich, die Landschaft hochalpin. Der häufigste Kleinvogel ist hier in den Alpenrosenbeständen die schnell verschwindende Heckenbraunelle. Auf 2400 m Höhe ist eine bewirtschaftete Hütte, in der man sogar übernachten kann. Der Blick auf die umliegenden Berge, die urigen Hakenkiefern und die zahlreichen Zitronengirlitze rechtfertigen den Aufstieg bis hierher. Selten ist die sehr vertraute Alpenbraunelle.

Vom Amitges-See führen Pfade weiter hinauf, die jedoch dem erfahrenen Hochgebirgswanderer vorbehalten sein sollten.

Praktische Tips

Anreise
Ausschlaggebend für die Wahl des Anreiseweges ist die Entscheidung, welches der beiden Nationalparktäler besucht werden soll. Sind Wanderungen in beiden Tälern geplant, muß das Massiv im Norden oder Süden umfahren werden, da es keine Straßenverbindung zwischen beiden Tälern gibt.

Die Hundszahnlilie blüht nach der Schneeschmelze.

Um das westliche San-Nicolau-Tal zu erreichen, fährt man auf der N 230 (diese Straße verbindet Lleida mit Viella bzw. Tarbes in Frankreich) bis 2 km nördlich Pont de Suert, wo man nach Boí abzweigt.
Plant man lediglich den Besuch des östlichen Tals, so erreicht man Espot von Norden kommend durch das Aran-Tal über den Bonaigua-Paß und von Süden über Lleida–Balaguer–Tremp–Pobla de Segur–Sort.

Klima/Reisezeit

Wie kaum anders zu erwarten, hat der Nationalpark ein ausgesprochen alpines Klima mit sehr kalten, schneereichen Wintern. Um die beschriebenen Wege bis über 2000 m Höhe bequem gehen zu können, empfehlen sich nur die Monate Mai bis Oktober. Die prachtvollste Blumenentwicklung ist Ende Juni/Juli. Der Nationalpark ist in Spanien sehr bekannt und beliebt. Im Juli und August darf man daher keine große Einsamkeit erwarten.

Unterkunft

Die Ausgangsorte Boí (und die anderen kleinen Orte im Boí-Tal) und Espot verfügen über eine gute Infrastruktur kleinerer Hotels und Pensionen. Bei Espot gibt es auch 2 Campingplätze. Im Park selbst ist die Hütte »Ernest Mallafré« am San-Mauricio-See die einzige ganzjährig bewirtschaftete. Die Schutzhütte beim Amitges-See ist nur im Sommer geöffnet. Im Juli und August sollte man nicht ohne Vorreservierung ankommen; es wird kaum freie Plätze geben.

Die ungiftige Gelbgrüne Zornnatter ist in den Pyrenäen stellenweise häufig.

Adressen

Wie erwähnt hat dieser Nationalpark von allen spanischen Parks die schlechteste Infrastruktur. Die einzige offizielle Informationsstelle befindet sich in einem der letzten Häuser in Espot, Richtung San-Mauricio-See. Aber auch sie ist nur im Juli und August geöffnet. Informationen sowie gutes Kartenmaterial erhält man am besten in Espot im Laden »Esports Roya«.

Blick in die Umgebung

Um das San-Nicolau-Tal zu erreichen führt der Weg zwangsläufig durch das Tal des **Rio Noguera de Tor**. In diesem Tal, auch Boí-Tal genannt, stehen einige der schönsten romanischen Kirchen der Pyrenäen, so in Durro, Coll, Erill-la-Vall und Tahull.
Die nördliche Verbindungsstrecke (etwa 110 km) beider Nationalparktäler führt über den 2072 m hohen Bonaigua-Paß und ist entsprechend alpin geprägt. Zwischen Valencia de Aneu und Sorpe erstreckt sich einer der größten Tannenwälder der Pyrenäen. Das **Aran-Tal**, mit dem Hauptort Viella, ist heute ein bedeutendes Skigebiet. Vor dem Bau des Viella-Tunnels war es fast weltabgeschieden. Die spanisch-französische Staatsgrenze verläuft streng entlang der Wasserscheide – einzige Ausnahme ist das spanische Aran-Tal, wo die Garonne entspringt, die bei Bordeaux in den Atlantik mündet.
Die südliche Verbindungsstrecke (etwa 120 km) führt durch mediterran getönte Landschaften. Von Espot aus auf der Straße 147 nach Süden fahrend, steht bei **Escaló** auf der anderen Flußseite ein westgotisches Kloster aus dem 9. Jh.: Sant Pere de Burgal. Fährt man auf der Straße 147 weiter, erreicht man nach Sort die Schlucht **Congost de Collegats**. Es empfiehlt sich einige hundert Meter vor der Schlucht zu parken und rechter Hand einen Weg zu gehen. Gänse- und Schmutzgeier (S. 36, S. 42) sowie Schlangenadler (S. 175) sind meist zu beobachten. Auch Felsenschwalben, Blaumerlen (S. 166) und Zaunammern kommen hier vor.

Die Hakenkiefer bildet die obere Baumgrenze in den Pyrenäen. Alte Bäume sind oft sehr urig.

Das Heideröschen (ein Seidelbastgewächs) kommt auch in den Alpen vor.

5 Nationalpark Aigues Tortes, San-Mauricio-See — 59

6 Cadí-Moixeró

> Kalkmassiv mit schönen Wandermöglichkeiten und Gebirgsausblicken; alpine und mediterrane Klimaeinflüsse sowie Floren- und Faunenelemente; steile Felswände bieten Nistmöglichkeiten für zahlreiche Greif- und Singvogelarten; gut erhaltene Waldformationen; traditionelle Weidewirtschaft.

Südlich von Andorra erstrecken sich parallel zum Hauptkamm der Pyrenäen geologisch jüngere Kalkgebirge (s. S. 44), von denen 1983 unter dem Namen »Parc Natural del Cadí-Moixeró« 41 342 ha unter Schutz gestellt wurden. Das Gebiet wird im Norden und Westen vom Rio Segre, im Osten vom Llobregat begrenzt. Zwischen Hauptkamm und den südlichen Parallelgebirgen des Gebietes liegt ein tektonischer Graben, die heutige Region Cerdeña zwischen den Orten La Seo d'Urgell und Font Romeu. Er entstand durch die Gebirgsanhebung der Umgebung und war ursprünglich ein riesiger See, der durch Erosionseintrag und Durchbruch der Flüsse verschwand. Das Gebiet umfaßt Höhen zwischen 900 m und 2647 m (Puig de la Canal Baridana). Auffallend ist die enorme Disparität zwischen der steilabfallenden Nordseite mit senkrechten Felswänden bis zu 500 m und den nach Süden hin relativ flach geneigten Hängen. Entsprechend war und ist die traditionelle menschliche Nutzung auf der Südseite auf die Weidewirtschaft und auf der Nordseite mehr auf die forstwirtschaftliche Nutzung ausgerichtet.

Die Attraktivität dieses und anderer Gebiete der Pyrenäen, in Verbindung mit der leichten Erreichbarkeit von Barcelona aus, haben zur Einrichtung von Skigebieten und ganz allgemein zur »Entdeckung« des Gebirges durch die Stadtbevölkerung geführt. Zumindest im Naturpark versucht man die negativen Auswirkungen so gering wie möglich zu halten und die lokale Bevölkerung am Einkommen durch den Tourismus zu beteiligen, indem diese z. B. sowieso vorhandene Zimmer vermietet. Dies ist in Spanien sonst praktisch unbekannt. Ein totales Abschneiden der Dörfer im Naturpark vom wirtschaftlichen Einkommen aus dem Tourismus würde bedeuten, daß in der Umgebung um so wildere Hotelneubauten entstünden und die lokale Bevölkerung gegen den Naturschutz aufgebracht würde. Hier kann zusammen mit einer geregelten Jagdausübung, der Unterstützung der traditionellen Weidewirtschaft und einer ökologisch orientierten Forstwirtschaft (mit der Schaffung von Vollnaturschutzgebieten) ein an Natur und landestypischer Kultur interessierter »selektiver« Tourismus positiv sein. Ein zu starkes Gefälle zwischen den reichen Küstenregionen und der Bergregion führt ansonsten zu Abwanderungsbewegungen bzw. zu den aufgezeigten gewaltsamen Erschließungsmaßnahmen.

Pflanzen und Tiere

In den unteren Lagen dominiert vor allem Waldkiefer, die sich auf dem Südabfall mit Buche und einer nahen Verwandten der Flaumeiche, *Quercus humilis*, mischt. Eingestreut findet man auch Feldahorn und Zitterpappel. Die Nordhänge werden in den mittleren Lagen von der Tanne dominiert, und ab etwa 1600 m gehen diese in die Stufe des Hakenkiefernwaldes über (S. 59). Auf der Nordseite wird die Baumgrenze bei etwa 2100 m, auf der Südseite bei etwa 2400 m erreicht. Der Tannen-Hakenkiefern-Wald ist aufgrund der schweren Erreichbarkeit noch weitgehend gut erhalten geblieben und die Naturpark-Verordnung nimmt diese Bestände ausdrücklich von der Holznutzung aus. In den Pyrenäen fehlen Fichte und Lärche, zwei für die Alpen so charakteristische

Baumarten, deren Herkunft und eiszeitliche Rückzugsgebiete im Osten lagen und die die Flachlandgebiete zwischen den beiden Gebirgen nicht überschreiten konnten.

Die Vegetation der Hochlagen entspricht weitgehend der auf S. 48 und S. 55 beschriebenen der Nationalparks Ordesa und Sant Maurici. Charakteristisch für die mittleren und unteren Lagen sind ausgedehnte Gebüsche mit Buchsbaum auf dem trockenen Kalkgestein. An schattigen und feuchten Stellen wächst die in den Pyrenäen endemische Art Ramondia (S. 48).

Im Kalkgestein versickert ein Großteil der Niederschläge, so daß erst in den mittleren und unteren Lagen ganzjährig wasserführende Bachläufe auftreten. Hier leben Hundsbarben und Forellen. Grasfrosch, Pyrenäen-Gebirgsmolch (S. 48), Fadenmolch und Erdkröte sind die häufigsten Amphibien, während es bei den Reptilien Gelbgrüne Zornnatter (S. 58), Smaragdeidechse, Mauereidechse und die in Spanien nur hier und an wenigen benachbarten Stellen vorkommende Zauneidechse sind. In den untersten Lagen leben Kaninchen (s. S. 69), während der Hase viel weiter im Gebirge hochsteigt. Die wirklich zahlreichen Gemsen (S. 53) lassen sich fast immer gut beobachten, im Sommer auf den alpinen Weiden, im Winter mehr im Hakenkiefernwald. Auch das Reh kommt vor, ist jedoch, wie in allen spanischen Rehpopulationen und im Gegensatz zu den mitteleuropäischen, selten und nur äußerst schwer zu beobachten.

Aufgrund der Vielfalt an gut erhaltenen natürlichen und naturnahen Landschaftstypen, wie unterschiedlichste Waldformationen, alpine und anthropogene Wiesen, Felsen und Steilwände sowie große Höhenunterschiede und Einflüsse mediterraner und alpiner Klimaelemente, ist es möglich hier eine entsprechend breitgefächerte Palette an Vogelarten zu entdecken. Herausragende Arten

Der unverwechselbare, zweigipflige Pedraforca-Berg.

Der Marmormolch ist in Spanien weitverbreitet. Er lebt in ruhigen, wasserpflanzenreichen Tümpeln.

Viele Rassen des Apollofalters bewohnen die europäischen Gebirge. Hier die lokale Unterart.

sind sicherlich Bart- und Gänsegeier (S. 42, S. 36), Stein- und Schlangenadler (S. 175), Wanderfalke, Auerhuhn, Rebhuhn, Rauhfußkauz, Schwarzspecht (die letztgenannten 3 Arten sind sonst in Spanien sehr selten), Mauerläufer, Steinrötel (S. 198), Wasseramsel, Ringdrossel, Zitronengirlitz, Alpenkrähe (S. 51) und Alpendohle.

Im Gebiet unterwegs

Nachfolgend werden 3 Routen vorgeschlagen; Route A verläuft auf der Nordseite des Gebirges und beansprucht einen ganzen Wandertag; Route B erfolgt teils mit dem Auto, teils zu Fuß und kann – je nach Interesse – von einem halben bis zu einem ganzen Tag ausgedehnt werden; Route C führt in einem halben Wandertag zum einzeln stehenden, zweigipfligen Pedraforca-Berg. Es ist auf jeden Fall empfehlenswert, sich vor Ort mit Detailkarten zu versorgen, die darüber hinaus noch weitere Wandermöglichkeiten aufzeigen. Vorsicht besonders bei Nebeltagen!

Blick auf die Sierra del Cadí, im Vordergrund das Dorf Arseguel.

Die Spornblume blüht auffällig vom Frühling bis in den Sommer.

Route A: Die gesamte Wanderstrecke ist nur zwischen Mitte Mai und Mitte Oktober schneefrei zu begehen. Die Anfahrt erfolgt von der Straße C 1313 vom Dorf Montellà über eine befahrbare Piste zur Hütte (»Refugio«) C. A. Torres ① auf dem Prat Aguiló (»Prat« = Wiese, Weide). Hier kann man auch am Tag zuvor ankommen und übernachten. Von der Hütte aus geht es auf dem Weg »Camí dels Collets« am Talgrund zwischen Felsen durch herrliche Tannen-Hakenkiefern-Wälder nach Westen. Der Weg ist größtenteils durch kleine aufgeschichtete Steinhäufchen markiert. Unübersichtlich wird es etwas auf den Bergrücken, wo der Weg sich vielfach aufsplittet. Auf dem Weg kann man mit Glück Auerhühner sehen und hört sicherlich den Schwarzspecht. Nach etwa 3 Stunden gelangt man auf die im Sommer blumenübersäte alpine Wiese Prat del Cadí ②. Oft überfliegen die großen Greifvögel das Gebiet. An der südwestlichsten Ecke der Wiesenfläche führt ein Weg weiter hinauf in die lichte Hakenkiefernstufe, in der Ringdrossel und Zitronengirlitz vorkommen. An den steilen Felswänden der Umgebung ist

6 Cadí-Moixeró

mit Geduld und Glück der Mauerläufer zu entdecken. Vom Prat del Cadí kann man auch in nördlicher Richtung nach Estana wandern und von dort zurück zur Straße C 1313.

Ohne Auto benötigt man dann für die gesamte Wanderstrecke Montellà–Prat Aguiló––Prat del Cadí–Estana–Montellà mindestens 3 Tage. Bei der Anfahrt mit dem Auto nach Prat Aguiló läuft man jedoch den gleichen Weg zur Hütte zurück. Dort angekommen lohnt es sich in südlicher Richtung noch etwa 45 Minuten bis zum Hauptkamm des Gebirges ③ zu laufen (Paß »Pas dels Gosolans«). Dieser Weg führt durch offene Wiesen- und Felsflächen mit vielen Blumen und guten Chancen, Gemsen zu beobachten.

Route B: Ausgangspunkt für die Erkundung des Südabfalls des Gebirges ist der Ort Bagà, einige Kilometer südlich des Cadí-Tunnels ④ an der C 1411. Hier zweigt eine kleine Straße Richtung Coll de Pal ab, die wenige Kilometer parallel zur C 1411 nach Norden verläuft, aber dann das Dorf Greixer und die C 1411 links liegen läßt. Nach 7,5 km von Bagà zweigt vor einer kleinen Bachbrücke und einer scharfen Rechtskurve ein Weg nach links zum Gehöft l'Hospitalet ⑤ ab. Hier verläßt man das Auto und geht zu Fuß entlang des Baches (Wasseramsel!). Nach etwa 1,5 km führt eine Brücke über den Bach. Hier verläßt man die Piste und steigt linkerhand eine Wiese hinauf. Von dort führt ein Viehpfad weiter hinauf zu einer zweiten Wiesenfläche, dem Camp del Teixó. Hier hat man herrliche Ausblicke auf die nach Süden orientierten Felswände, die allen im Gebiet vorkommenden Greifvögeln, aber auch Mauerläufern, Alpenkrähen und -dohlen, Alpenseglern und Felsenschwalben optimale Nistgelegenheiten bieten. In den Wiesen- und Buschflächen, die man auf dem Rückweg wieder durchläuft, brüten u. a. Neuntöter, Zaun- und Zippammer (S. 113), Ortolan, Steinschmätzer und Baumpieper. Zurück am Auto führt die Straße bis zum Coll de Pal ⑥ durch einsame Landschaft, in der

immer wieder angehalten und beobachtet werden kann. Etwa 12 km von Bagà hat man einen weiteren herrlichen Ausblick auf die Gebirgslandschaft. Nach gut 8 weiteren Kilometern gelangt man zum angezeigten Straßenpaß Coll de Pal auf 2080 m, wo man den Wagen abstellt und einen Weg nach links in westlicher Richtung nimmt. Nach etwa 300 m erreicht man wieder eine kleine Paßhöhe, eine weitere nach abermals 1 km (»Coma Floriu«). Hier sind im Sommer Wasserpieper, Steinschmätzer, Alpenbraunelle, Steinrötel, Hausrotschwanz und im Winter sogar Schneefinken zu beobachten. Auch die Flora zeichnet sich durch entsprechend alpine Wiesenblumen aus. Vom Paß Coma Floriu führen nur noch schlechte Pfade in nördlicher Richtung weiter.

Route C: Der Pedraforca-Berg bietet mit seinen 2 Gipfeln von der Südseite her einen der schönsten Bergblicke der Iberischen Halbinsel. Die Anfahrt erfolgt etwa 6 km südlich von Bagà auf der B 400 in westlicher Richtung bis Saldes. Bereits bei der Anfahrt hat man einen eindrucksvollen Ausblick. In Saldes führt nach Norden ein beschilderter Weg zur Hütte »Refugio Estasen« ⑦. Etwa 10 Gehminuten unterhalb der Hütte ist ein Parkplatz, von dem aus man einen schönen Blick genießt. Vom »Refugio Estasen« aus führt ein klassischer Rundwanderweg in einem halben Tag durch das Gebiet. Er führt über den Bergrücken Collada de Verdet, Pollegó Superior, Enforcadura (Einschnitt zwischen den beiden Gipfeln) und Abstieg über ein Geröllfeld (El Escote) zurück zum Refugio. Gemsen, Steinadler und Bartgeier sind hier zu beobachten.

Praktische Tips

Anreise
Von Barcelona erreicht man das Gebiet über die Autobahn nach Sabadell, Tarrasa und weiter über die C 1411 über Manresa, Berga nach Bagà (Route B), bzw. weiter durch den »Tunel del Cadí« und über die C 1313 Richtung La Seo d'Urgell bis Montellà (Route A).

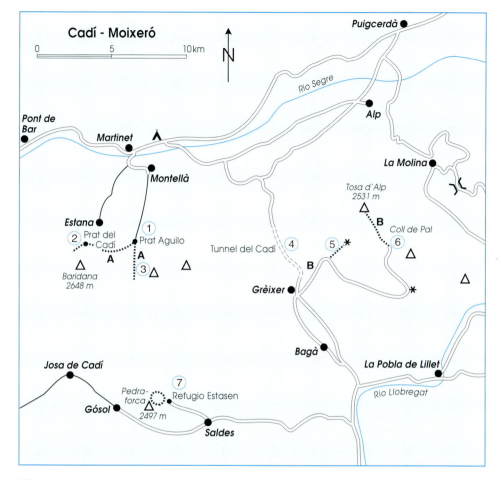

Klima/Reisezeit

Typisches Hochgebirgsklima, mit kalten und schneereichen Wintern, regenreichen Frühlings- und Herbstmonaten und warmen, mediterran beeinflußten Sommern. Beste Reisezeit von Ende Mai bis Ende Oktober. Im August starkes Besucheraufkommen.

Adressen

Informationszentren befinden sich am Cadí-Tunnel, in den Rathäusern von Bellver de Cerdanya und Tuixen. In Bagà wird z. Z. das Hauptinformationszentrum des Naturparks errichtet. Detailkarten sind in den größeren Orten des Gebietes erhältlich.

Unterkunft

Alle größeren Orte im Gebiet haben Pensionen, Hotels und in vielen werden Privatzimmer vermietet. Auch mehrere Campingplätze sind im Sommer geöffnet, z. B. bei Prullans und Tuixen. Neben den o. g. gibt es noch weitere Berghütten.

Blick in die Umgebung

Weitere Wandermöglichkeiten können den Detailkarten entnommen werden. Fast alle Dörfer im Gebiet sind aus architektonischer Sicht sehr sehenswert, ebenso die Klöster und Kirchen.

7 Cap de Creus

Wilde Felsküstenlandschaft; gute Beobachtungsmöglichkeiten der mediterranen Singvogelwelt und der »Matorral«-Vegetation; sehr guter Ort zur Beobachtung des Vogelzuges.

Der Name Cap de Creus bezeichnet auf Karten zum einen den östlichsten Gebirgszug der Pyrenäen zwischen den Orten Llansá und Roses mit einer Vielzahl an Buchten und Vorsprüngen (»Cales« und »Caps«) und zum anderen nur den vorspringenden östlichsten Punkt dieses Gebirgszuges und damit der Iberischen Halbinsel. In dieser Beschreibung wird vom umfassenderen Begriff ausgegangen. Die ins Meer vorragende Halbinsel umfaßt etwa 15 000 ha und ist Teil der Pyrenäen-Zentralachse aus paläozoischen Urgesteinen, vor allem Granit und Schiefer (s. S. 44). Kalkgesteine fehlen völlig. Aufgrund der strategischen Lage des Gebietes ist es nicht verwunderlich, daß es intensive Spuren menschlicher Besiedelung seit mindestens der Steinzeit aufweist, die durch mehrere Dolmen und andere megalithische Monumente nachweisbar sind. Das rauhe Küsten- und Oberflächenrelief verdankt seine Formen der Erosion durch Wasser und Wind. Die bizarren Felsen und Steine vielerorts wurden für Gartendekorationen oft rücksichtslos abgebaut, was heute streng verboten ist. Bis ins Mittelalter hinein war das Gebiet dicht bewaldet mit Kork- und Steineichen, dies belegen auch Namen wie Port de la Selva und Selva de Mar. Zur Gewinnung von Schiffs- und Bauholz sowie Weideland und später zum Rebanbau wurde es jedoch praktisch völlig entwaldet. Die dann einsetzende Bodenerosion und der oft sehr starke Nordwind sowie die auch heute noch meist intentionierten Waldbrände verhinderten eine Wiederbewaldung.

Das Gebiet ist sehr dünn besiedelt und der Tourismusboom der letzten Jahrzehnte hinterließ hier relativ geringe Spuren. Die Felsküste des Cap de Creus zeichnet sich durch eine außerordentlich reiche Unterwasserlebewelt aus, sehr ähnlich den Medes-Inseln (s. S. 77). Eine adäquate Unterschutzstellung des Gebietes ist offiziell noch nicht erfolgt, wird aber angestrebt.

Pflanzen und Tiere

Von den dichten ursprünglichen Wäldern ist kaum noch etwas vorhanden, die weiten Macchia-Flächen (»Matorral«) werden durch Wind und Feuer am Emporwachsen gehindert. Nur stellenweise finden sich Aleppokiefern und kleine Korkeichenwäldchen. Entlang der Felsküste wachsen 2 im Gebiet und der nächsten Umgebung endemische Arten: die Grasnelke *Armeria ruscinonensis* und der Marseille-Tragant. Die weiten »Matorral«-Flächen bestehen aus Rosmarin (S. 199), Mastixstrauch, Schopflavendel (S. 146), mehreren Thymian- und Zistrosenarten, Herbst-Seidelbast (S. 198), Baumheide (S. 161), Ginster- *(Genista, Calicotome)* und Stechginsterarten.

Die Griechische Landschildkröte scheint jetzt leider ausgestorben zu sein. Beim Beobachten des Vogelzuges konnten immer wieder im klaren Wasser unterhalb des Cap de Norfeu Unechte Karettschildkröten und Lederschildkröten beobachtet werden. Spanische Mauereidechse (S. 24), Perleidechse (S. 138) sowie Spanischer und Algerischer Sandläufer (S. 154) sind neben der Eidechsennatter die häufigsten Reptilien. Kaninchen sind recht zahlreich. Gelegentlich ergeben sich auch unerwartete Beobachtungen von Großtümmlern in Küstennähe; sogar Finnwale wurden in größerer Küstenentfernung schon mehrfach beobachtet.

Die Felsküste ist Brutgebiet für Gelb- und

Die reizvolle Landschaft am Cap de Creus, dem östlichsten Punkt Spaniens.

Schwarzschnabelsturmtaucher, Alpen- und Fahlsegler, Wanderfalke und Habichtsadler, Trauer- (S. 90) und Mittelmeersteinschmätzer (S. 175), Blaumerle (S. 166), Felsen- und Rötelschwalbe, Theklalerche (S. 98), Zippammer (S. 113), Orpheus-, Samtkopf- (S. 165), Weißbart- (S. 166), Brillen-, Provence- und Sardengrasmücke sind für den mitteleuropäischen Beobachter die besonders attraktiven Brutvogelarten.

Daneben ist das Gebiet von Februar bis Mai und von August bis November auch ein hervorragender Platz um das Vogelzuggeschehen zu beobachten. Dies betrifft sowohl Küstenvögel wie Möwen, Seeschwalben, Baßtölpel als auch Flamingos und vor allem Singvögel.

Im Gebiet unterwegs

Route A: Ausgangspunkt ist die Tankstelle ① an der Ortseinfahrt nach Cadaques. Von hier zum Leuchtturm am Cap de Creus sind es 9 km. Nach 5,5 km zweigt links ein Erdweg ② ab. Nach 200 m am Gehöft (und Restaurant) Mas Rabasser de Baix kann man parken (die Umgebung ist gut zum Beobachten des Trauersteinschmätzers) und erreicht auf dem weiß-rot markierten Weg, vorbei am Gehöft La Birba, nach knapp 2 Stunden die Bucht Cala Tavallera. Bei La Birba sind im Winter und Frühling einige Wiesen überschwemmt und daher attraktiv für Vögel. Zur Zugzeit rasten hier meist verschiedene Singvogelarten wie Ortolan, Braunkehlchen, Pieper.

67

Wieder zurück auf der Asphaltstraße fährt man die letzten Kilometer bis zum Leuchtturm (bei einer Weggabelung rechts halten). Hier sieht man in östlicher Richtung einen Turm, der als Nebelhorn zur Warnung der Schiffe eingesetzt wird. In diese Richtung muß man die letzten Meter gehen (wiederum rot-weiß markiert), um wirklich bis an die Spitze des Cap de Creus zu gelangen. Praktisch alle vermeintlichen Haubenlerchen, die man bisher im Gebiet gesehen hat, sind die sehr ähnlichen Theklalerchen (Stimme und Aufenthalt sind jedoch verschieden). Im Sommer brütet hier auch der Steinrötel (S. 198), und das Rothuhn (S. 180) ist recht häufig. Die Gesteinsformationen sind sehr attraktiv. Zur Beobachtung des Vogelzuges gehört Geduld und etwas Glück. Eine gute Voraussetzung ist Ostwind, und die beste Tages-

zeit ist der frühe Vormittag. An guten Zugtagen sieht man oft unablässig Trupps von Möwen, Seeschwalben, Schwalben, Stelzen, Piepern, Greifvögeln und anderen vorbeiziehen.

Route B: Von Roses führt in östlicher Richtung eine Straße nach Cala Montjoi und Joncols (schlecht ausgeschildert, man muß in Roses bis zum Ende der Straße Gran Via Pau Casals fahren). Nach 1,5 km kommt ein Hinweisschild auf den bedeutenden steinzeitlichen Dolmen Creu d'en Cobertella ③, dessen Besuch sich lohnt. An der Bucht Cala Montjoi hört der Asphalt auf und eine Erdpiste führt weiter. Nach insgesamt etwa 10 km Fahrt führt in einer Kurve ein Weg geradeaus weiter. Hier parkt man ④ und geht diesen Weg zu Fuß nach Südosten. Bald ist es nur noch ein schmaler Pfad, der entlang einiger steinerner Schafställe bis zur Spitze Cap de Norfeu führt. Der Turm ist eine gute Orientierungshilfe. Den eindrucksvollsten Blick hat man an der Ostwand (Vorsicht!). Hier brütete bis 1974 der Fischadler und bis 1985 war hier die letzte katalanische Kolonie des Rötelfalken (S. 19). Die meisten der auf S. 67 genannten Vogelarten können hier beobachtet werden. Auch Cap de Norfeu ist, ähnlich wie Cap de Creus, ein guter Ort zur Vogelzugbeobachtung. Ein Weg führt auch von Cadaques hierher, er erfordert allerdings eine gute Orientierung und viel Zeit.

Praktische Tips

Anreise
Roses und Cadaques erreicht man von der A 7 und der N II über Figueres auf der C 260.

Klima/Reisezeit
Wie Aiguamolls (s. S. 76). Bei starkem Nordwind (»Tramuntana«) kann der Aufenthalt im Gebirge sehr unangenehm sein, während bei Ostwinden zur Zugzeit besonders gute Beobachtungen zu erwarten sind.

Unterkunft
Gute Infrastruktur in den Küstenorten.

Cap de Creus

Kaninchen

Es wird überliefert, daß die Phönizier bei ihren ersten Kontakten mit der Iberischen Halbinsel überrascht waren über die vielen kleinen, höhlengrabenden Tiere, die sie an die Klippschliefer ihrer Heimat erinnerten und die sie Shaphan nannten. Dem neu entdeckten Land gaben sie den Namen »I-Shaphanim«, womit Spanien zum »Klippschlieferland« wurde, obwohl es sich bei den Tieren um Kaninchen handelte. Die Römer latinisierten den Namen in »Hispania«, woraus dann España wurde. Spanien also das Land der Kaninchen!

Tatsächlich haben Kaninchen von hier aus durch natürliche und menschliche Ausbreitung Mitteleuropa, Australien, Südamerika und andere Länder besiedelt. In vielen dieser Länder richten die Tiere immense wirtschaftliche und ökologische Schäden an, in ihrer Urheimat nehmen sie jedoch eine überragende ökologische Schlüsselposition ein.

Kaninchen sind, wie die Steineiche, eines der charakteristischsten Lebewesen für Spanien. In der Nahrungskette hat die Art hier die gleiche immense Bedeutung wie z. B. Mäuse in Mitteleuropa, Lemminge in Skandinavien oder Ziesel in den östlichen Steppengebieten. Viele Greifvogelarten, Schlangen, Luchs und andere Raubtiere sind ausgesprochene Kaninchenspezialisten. Selbst die jagende Landbevölkerung hat, zumindest in der Vergangenheit, das Kaninchen höher geschätzt als Rothuhn oder Hochwild.

Als Ende der 50er Jahre die Viruskrankheit Myxomatose Spanien erreichte, dezimierte sie radikal die Kaninchenpopulationen und damit auch die vieler Beutegreifer. Seitdem hat sich die Lage etwas entspannt, aber die Myxomatose ist nach wie vor virulent und die Bestände haben ihre ursprüngliche Dichte nicht wieder erreicht. Seit 1989 ist zudem eine neue Krankheit bei europäischen Haus- und Wildkaninchen aufgetreten, die offensichtlich eine noch größere Mortalität als die Myxomatose verursacht.

Kaninchen haben keine genau festgelegte Fortpflanzungszeit, sondern vermehren sich immer dann, wenn Temperatur und Feuchtigkeit für die Vegetationsentwicklung ein Optimum erreichen. Dies ist im mediterranen Klimagebiet meist von Herbst bis Frühjahr der Fall, während im Sommer die Bestände ein Minimum erreichen.

Die Terpentin-Pistazie (oben) leuchtet beim Blattaustrieb im Frühjahr auffällig rot; ihre Fiederblätter sind unpaarig; die Pflanze enthält Harze und riecht aromatisch-unangenehm. Der Mastixstrauch (unten) hat immergrüne derbe Fiederblättchen (Endfieder meist verkümmert). Aus der Pflanze gewinnt man das gummiähnliche Mastix.

Die reinweißen Blütenblätter der Salbeiblättrigen Zistrose sind charakteristisch für die mediterrane Macchie im Frühling. Durch ihre Blätter ist sie von ähnlichen Arten zu unterscheiden.

Blick in die Umgebung

Ein hervorragendes Ziel ist das Kloster von Sant Pere de Roda im romanischen Stil zwischen Vilajuiga und Port de la Selva. Vom Kloster aus führt in 20 Minuten ein Weg zur **Burgruine Sant Salvador**. An klaren Tagen hat man von hier einen herrlichen Blick auf die Pyrenäengipfel, die Halbinsel Cap de Creus und die Küstenebene mit den Aiguamolls de L'Empordà (s. S. 71). Viele typisch mediterrane Singvogelarten brüten hier, und zur Zugzeit ist es ein guter Ort, um ziehende Greifvögel zu beobachten. Im Winter halten sich fast immer Alpenbraunellen hier auf. Etwas nördlich von Cadaques, in der Bucht von Port Lligat, steht das Privathaus des Surrealisten Salvador Dali, leicht kenntlich an den Eiern auf dem Dach.

8 Aiguamolls de L'Empordà

Bedeutendes Feuchtgebiet an der katalanischen Mittelmeerküste; besonders hoher Vogelartenreichtum mit vielen seltenen Arten; auf ausgedehnten Rundwanderungen erhält man einen kompletten Eindruck der Gliederung einer mediterranen Küstensumpflandschaft; informatives Besucherzentrum; vorbildliche Naturschutzarbeit.

Der katalanische Begriff »Aiguamolls« (wörtlich »seichte Wasser«) entspricht dem kastilischen »Marismas« und bezeichnet hier ein typisches küstennahes Feuchtgebiet, das aus der Interaktion des Meeres mit der Dynamik einmündender Flüsse entstand (s. auch »Doñana«, S. 149). Die Bucht von Roses, im Norden durch das Cap de Creus (s. S. 66) und im Süden durch das Montgri-Massiv (s. S. 77) begrenzt, ist mit der Zeit durch eingetragene Sedimente der Flüsse Muga und Fluvià küstennah aufgefüllt worden (die heutige Region L'Empordà). Als im 6. Jh. v. Chr. in Empuries der wohl erste Kontakt der griechischen Kultur mit der Iberischen Halbinsel durch eine dauerhafte Siedlung begründet wurde, lag Empuries noch auf einer Insel. Durch natürliche Sedimentationsvorgänge haben die Flüsse immer wieder den Ausfluß zum Meer ändern müssen, es entstanden abgeschnittene Flußschleifen (»Lagunas«), Sanddünen und Übergangszonen mit stark wechselnden Gradienten an Feuchtigkeit und Salzgehalt.

Durch die intensive Besiedlung seit mindestens 2500 Jahren hat außerdem der Mensch einen starken Gestaltungseinfluß gehabt. So entstanden durch Trockenlegung zahlreicher Lagunen Weideflächen, die mit Bäumen umpflanzt wurden. Diese »Closes« (»closa« = geschlossen) sind heute noch sehr prägend im Gebiet. Ab dem 17. Jh. nahm der Reisanbau zu; in diesem Jahrhundert erfolgten dann weitere landwirtschaftliche Intensivierungen,

Die Meer-Narzisse blüht im Herbst auf Sanddünen der Küste.

71

die zur völligen Trockenlegung vieler Feuchtgebiete führten. Ab Mitte der 50er Jahre drohte durch den Tourismusboom an der Costa Brava die totale Trockenlegung, bis etwa Mitte der 70er Jahre die dann in ganz Spanien rasch wachsende Naturschutzbewegung sich für den Schutz des Gebietes einsetzte.

Der Erfolg der Bemühungen stellte sich 1983 ein, als die Regionalregierung 4780 ha zum Naturpark erklärte, 867 davon zum Vollnaturschutzgebiet, und den Initiator der Schutzbemühungen, Jordi Sargatal, als Direktor des Naturparks einsetzte. Die Schutzflächen sind auf 3 Teilflächen (»Polygone«) verteilt, die durch große touristische Ansiedlungen unterbrochen sind. Trotz reduzierter Fläche und intensiver menschlicher Einflußnahme können hier heute noch alle landschaftlichen Elemente der mediterranen Marismas wie Dünen, überschwemmte Wiesenflächen, Brackwasserlagunen und landeinwärts gelegene Süßwasserseen angetroffen werden. Die Tier- und Pflanzenwelt hat sich seit der Unterschutzstellung außerordentlich positiv entwickelt, so daß heute die Aiguamolls neben dem Ebro-Delta (s. S. 81) das wichtigste Feuchtgebiet in Katalonien sind.

Pflanzen und Tiere

Die Vegetation der – wenig ausgeprägten – Sanddünen und der Salzböden entspricht weitestgehend der des Ebro-Deltas (s. S. 83): Stranddistel, Strandhafer, Meer-Narzisse, Strand-Wolfsmilch und Queller (S. 103). Die ersten Baumarten auf dem Weg vom Strand ins Landesinnere sind Tamarisken. Im Bereich der Süßwasserlagunen und Kanäle bedecken die weißen Blüten des Wasserhahnenfußes (S. 131) im Frühling große Flächen. Schilf und Rohrkolben, Gelbe Schwertlilie, Simsen, Binsen und Seggen begleiten die Wasserflächen. Die Weidegebiete (»Closes«) sind eingefaßt mit Feldulme, Schmalblättriger Esche, Weiden und Erlen, der flaumeichenverwandten *Quercus humilis* und Steineiche. Viele Bäume sind bis in die Kronen von Efeu umrankt.

Der vielleicht interessanteste Fisch ist der kleine Spanienkärpfling (s. S. 95) des Brackwassers, der in den Aiguamolls seine nördlichste Verbreitungsgrenze hat. Viel häufiger ist aber die eingeführte Gambusie (S. 96). Die Amphibien sind vertreten u. a. durch Marmor- (S. 62) und Fadenmolch, den allgegenwärtigen Seefrosch, Gemalten Scheibenzüngler und Mittelmeer-Laubfrosch. Am Wasser kann man sowohl Ringel- und Vipernnatter als auch Europäische Sumpfschildkröte und Kaspische Wasserschildkröte (S. 131) nebeneinander finden. Seit 1987 wird versucht das ehemals hier verbreitete Damwild wieder auszubürgern.

Die Vogelwelt ist im Gebiet am besten untersucht und trug auch zu seiner Bekanntheit bei. Über 320 Vogelarten sind bisher hier

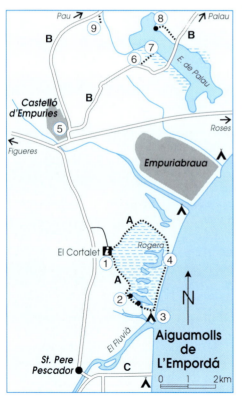

Die Strand-Wolfsmilch ist eine der wenigen Pflanzenarten der Strand- und Dünenzone.

nachgewiesen worden, 80 Arten brüten regelmäßig im Gebiet. Der Symbolvogel, der auch das Emblem des Naturparkes schmückt, ist die Knäkente, die von hier aus auch das Llobregat-Delta (s. S. 216) und das Ebro-Delta (s. S. 81) besiedelt hat. Weitere besonders interessante oder seltene Brutvogelarten sind u. a. Rohrdommel, Purpurreiher (S. 85), Purpurhuhn (S. 154; wurde nach der Ausrottung in den 20er Jahren jetzt erfolgreich wiedereingebürgert), Rohrweihe, Triel (S. 179), Blauracke, Schwarzstirnwürger, Bartmeise, Mariskensänger. Ein Anliegen des Naturparks ist auch die Wiedereinbürgerung des ehemals hier brütenden Weißstorchs. Das Projekt läuft seit 1986; seitdem haben mehrere erfolgreiche Bruten stattgefunden, bei denen zufällig jeweils ein »wilder« Partner mit einem »ausgewilderten« ein Paar bildete. Bei dieser Aktion geht es auch um den Erziehungseffekt bei den das Gebiet besuchenden Schülergruppen.

Zu den Zugzeiten von März bis Mai und August bis Oktober sind ständig neue Überraschungen hinsichtlich der Anzahl mancher Arten oder auch besonderer Seltenheiten zu erwarten. Besonders groß können die Vogelzahlen im Frühjahr werden, wenn mehrere Tage lang der heftige Nordwind »Tramuntana« von den Pyrenäen bläst und einen Zug-

stau auslöst. Den Winter verbringen sowohl im Gebiet als auch auf dem Meer mehrere Entenarten, Graureiher, Kormorane, Baßtölpel, Tordalken, Kornweihen, Goldregenpfeifer, Kiebitze.

Im Gebiet unterwegs

Wichtigste Referenz ist das Informationszentrum »El Cortalet« ①. Hier erhält der Besucher weiteres Informations- und Kartenmaterial und Angaben über die aktuell anwesenden Vogelarten, die täglich neu auf einer Tafel zusammengestellt werden.

Rundwanderweg A: Auf einer etwa 4stündigen Wanderung erlebt man den repräsentativen Bereich einiger Brackwasserlagunen und der Küste und hat aus gedeckten Hütten ② heraus gute Beobachtungsmöglichkeiten. Beginn des Weges am Info-Zentrum in östlicher Richtung; der Weg ist im Gelände teilweise auch markiert. Man passiert das Gehege mit Damwild und den auszubürgernden Weißstörchen und hat dann im Bereich der Lagunen (ehemalige Flußschleifen) gute Chancen verschiedene Reiherarten zu sehen und im Frühling auch die Rohrdommel zu hören. Beim Überqueren eines Kanals sollte man besonders auf die Bartmeise und den Maris-

8 Aiguamolls de L'Empordà — 73

Die herrliche Blauracke kommt in Spanien von Mai bis September im Nordosten und im Südwesten vor.

kensänger achten. Der Weg führt dann durch Reisfelder, und zur Zugzeit kann man einen Abstecher zur Kläranlage des Campingplatzes ③ auf der gegenüberliegenden Seite der Reisfelder machen, wo meist Limikolen rasten.

Der Weg führt dann bis zum Strand, wo man nach links abbiegt und Ausblicke sowohl aufs Meer (besonders interessant sind hier die Winterbeobachtungen) als auch auf die Marismas hat. Nach knapp 1 km erreicht man die Laguna Rogera ④, wo fast immer Flamingos, Enten und auch Limikolen zu beobachten sind. Ein kurzes Stück weiter führt ein Weg wieder ins Landesinnere nach links; man durchquert jetzt ein Stück mit auffallen-

Meist auf salzhaltigen Böden kommen die beiden Tamariskenarten *Tamarix gallica* (großes Foto) und *Tamarix africana* (kleines Foto) vor.

8 Aiguamolls de L'Empordà

Blick im Winter über eine Lagune der Aiguamolls (Laguna de la Massona); im Hintergrund die Pyrenäen.

der Salzvegetation, wo u. a. Kurzzehenlerche und Triel (S. 179) brüten. Das Verlassen des Weges ist aus Schutzgründen untersagt. Man erreicht dann Weideland, wo in der Busch- und Baumvegetation am Rande ganz wenige Paare Schwarzstirnwürger brüten (die Art erreicht hier ihre südwestlichste Verbreitungsgrenze). Im September ist dies auch ein traditioneller Rastplatz des Mornellregenpfeifers. Bei einer Wegkreuzung hält man sich links, passiert eine Hausruine und erreicht bald wieder den Ausgangspunkt. Auf diesem letzten Wegstück hört man im Frühling und Sommer meist Wachteln und sieht Rothühner (S. 180) und Kaninchen.

<u>Rundweg B:</u> Dieser Weg muß mit dem Auto oder Fahrrad zurückgelegt werden, wobei kleine Abstecher zu Fuß erfolgen (Dauer mit dem Auto 4–5 Stunden). Diese Tour bringt besonders schöne Aspekte der Süßwasserlagunen und einiger höhergelegener Weide- und Brachlandflächen. Beginn des Weges ist der Ortsausgang von Castelló d'Empuries ⑤ in Richtung Palau-Saverdera. Nach etwa 3 km erreicht man eine Pappelanpflanzung ⑥, wo man parken kann. Der zweite der links abgehenden Wege führt zu den im Frühjahr überschwemmten Weiden »Closes d'en Mornau« ⑦, die dann hervorragende Beobachtungsmöglichkeiten für Limikolen bieten.

Bei der Weiterfahrt auf der Asphaltstraße überquert man über 3 Brücken frühere Reisfelder. In den Kanälen kann man Enten und Rallen beobachten, rechterhand in den großen Schilfbeständen »Estany de Palau« brüten Rohrdommel, Rohrweihe, Purpurreiher und Bartmeisen. Nach der letzten Brücke fällt bald ein roter Metallzaun auf. Hier geht man einen links abzweigenden Weg, der zu einer Beobachtungshütte ⑧ an der Lagune Vilahut führt. Er ist meist sehr ergiebig; im Sommer sind Bienenfresser (S. 166), Blau-

8 Aiguamolls de L'Empordà — 75

racke und Schwarzstirnwürger herausragende Arten; fast jedes Jahr Ende Mai ziehen hier einzelne Rotfußfalken durch und im Sommer jagen Schlangenadler. Auf dem See selbst sind je nach Jahreszeit vor allem Enten und Taucherarten zu beobachten.
Zurück am Wagen setzt man die Fahrt fort bis Palau, biegt dort links ab in Richtung Pau, und dort wiederum nimmt man die erste Abzweigung nach links, Richtung Castelló d'Empuries. 2 km nach Pau steht ein Hinweisschild auf den Naturpark, man überquert einen Bach, hinter dem links ein Fußweg ⑨ abgeht. Zur Brutzeit können hier wiederum meist Blauracken und Schwanzstirnwürger beobachtet werden. Die Asphaltstraße führt dann zurück nach Castelló d'Empuries.

Route C: Diese Strecke ist besonders interessant für die Winterbeobachtung von Meeresvögeln. Zu anderen Jahreszeiten ist das Gebiet touristisch übervölkert und relativ unergiebig. Vom Ort San Pere Pescador fährt man zunächst Richtung L'Armentera, überquert den Fluß Fluviá und zweigt dann etwa 600 m hinter der Brücke links ab und fährt bis zum Strand. Hier kann man nach Norden bis zur Mündung des Fluviá laufen und von den Dünenkämmen aus das Meer absuchen.

Seeregenpfeifer brüten an Sandküsten und an Salzseen des Binnenlandes.

Praktische Tips

Anreise
Von der Autobahn französische Grenze–Girona bzw. von der N II fährt man nach Figueres und dort auf der C 260 Richtung Roses. Vor Castelló d'Empuries zweigt links eine Straße nach Sant Pere Pescador ab. Wiederum nach 3 km, hinter einer Tankstelle, geht links ein beschilderter Erdweg zum Informationszentrum »El Cortalet« ab.

Klima/Reisezeit
Gemäßigtes Mediterranklima. Besonders im Winter kann der Nordwind »Tramuntana« sehr störend sein. Hauptniederschlagszeiten sind Frühling und Spätherbst. Interessante Beobachtungen sind ganzjährig möglich. Der Sommer ist durch ein starkes Touristenaufkommen in der gesamten Küstenzone geprägt.

Adressen
Die Naturschutzgesellschaft IAEDEN hat wesentlich zur Unterschutzstellung des Gebietes beigetragen. Für spezielle Naturschutzfragen hier die Adresse: c/ Ample 17, 17 600 Figueres, Tel. (9 27) 67 05 31. Ansonsten ist für Auskünfte das Info-Zentrum gut ausgestattet.

Unterkunft
Die gesamte Costa Brava verfügt über eine komplette Infrastruktur an Hotels und Campingplätzen. 3 Campingplätze befinden sich im Bereich des Gebietes.
Im Sommer sind Vorab-Reservierungen zu empfehlen.

Blick in die Umgebung

Die gesamte Gemarkung L'Empordá ist von herausragender Bedeutung hinsichtlich ihrer kulturellen Zeugnisse der iberischen, griechischen und römischen Vergangenheit.
Der Künstler Salvador Dalí hat in seiner Heimatstadt Figueres ein eigenhändig gestaltetes Museum hinterlassen.

9 Medes-Inseln

> Eines der reichsten Tauch- und Schnorchelgebiete im Mittelmeer; Glasbodenboote ermöglichen auch für Nichttaucher bequeme Einblicke in die Unterwasserwelt; Korallenvorkommen; große Weißkopfmöwenkolonie.

Die nur gut einen Kilometer vor der Costa Brava liegende Inselgruppe besteht aus 2 größeren (Meda Gran und Meda Petita) und 5 Kleinstinseln mit zusammen nur 21 ha. Es ist die östlichste Erhebung des Montgri-Massivs, mit dem die Inseln durch einen unter Wasser verlaufenden Rücken verbunden sind und auch den gleichen geologischen Aufbau teilen.

Meda Gran erreicht eine Höhe von 80 m und Meda Petita 65 m, wobei die Ostseite der Inseln steil ins Meer abfällt. Montgri und Medes-Inseln sind ein Kalkmassiv aus dem Erdmittelalter (Mesozoikum), dessen Schichten sich im damaligen flachen Meer in der Trias-, Jura- und Kreidezeit ablagerten. Durch die einsetzende Verkarstung entstanden viele Höhlen und Tunnels in den Felsen, die den Reichtum der Unterwasserlebewelt entscheidend mitbedingen. Weitere Faktoren für den großen Artenreichtum sind die Küstennähe (Flachwasserzonen), die durch die Meeresströmungen aus den Flußmündungen (vor allem des Ter und auch der Rhone) herangetragenen Nährstoffe sowie die Vielfalt der felsigen und sandigen Substrate.

Die Medes-Inseln sind eines von nur 2 spanischen Unterwasser-Schutzgebieten (das andere gehört zum Naturpark Cabo de Gata, s. S. 202) und gehören zu den besten Tauchgründen des Mittelmeeres.

Dieser Reichtum wurde bereits von den Römern und Griechen genutzt, sie bauten hier Kalk ab und fischten. Später hausten hier Piraten; Franzosen bauten militärische Befestigungen, wovon Reste und ein Leuchtturm heute noch vorhanden sind. Seit dem 18. Jh. suchten Korallenfischer das Gebiet ab und brachten zusammen mit dem unkontrollierten Zuwachs des Tourismus seit den 50er Jahren den Bestand der Roten Edelkoralle in Gefahr.

Seit 1983 sind die Inseln und ein 75 m breiter Wassergürtel ein gut kontrolliertes Schutzgebiet und ermöglichen allen an der Unterwasserwelt des Mittelmeeres Interessierten herrliche Einblicke und relativ bequeme Zugangsmöglichkeiten.

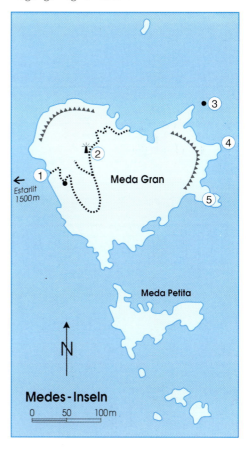

Um die Medes-Inseln ragen auch einige isolierte Felsen aus dem Meer. Ihre Basis ist Lebensraum einer reichen marinen Lebewelt.

In den Tauchgebieten um die Medes-Inseln gibt es noch gute Korallenbestände.

Pflanzen und Tiere

Die Vegetation auf den Inseln ist, bedingt durch salzhaltige Winde und Trockenheit, spärlich. Hier wachsen Arten wie der Strandflieder *Limonium minutum* und vom Menschen eingebrachte Feigenkakteen und Mittagsblumen. Auf den Inseln hat sich eine seit Jahren wachsende Kolonie der Weißkopfmöwe mit über 8000 Paaren angesiedelt. Auch Krähenscharben, Mauer-, Fahl- und Alpensegler sowie Blaumerle (S. 166) brüten, während Seiden- (S. 83), Nacht- (S. 94) und Graureiher hier oft rasten. Zur Brutzeit von März bis Juni dürfen die Inseln nicht betreten werden. Im Winter rasten hier Stern- und Prachttaucher.
Die besondere Attraktion der Inseln erwächst aber aus ihrer Unterwasserflora und -fauna. Im felsigen Übergangsbereich vom Land zum Meer, wo extreme Lebensverhältnisse bezüglich Temperatur, Strömung, Wellenschlag und zeitweisem Trockenfallen herrschen,

bilden Kalkalgen *(Lithophyllum)* einen Überzug. Turbanschnecken, Miesmuscheln, Napfschnecken, Felsenkrabben, Pferdeaktinien, Meergrundeln und Schleimfische besiedeln die Flachwasserzonen. Je nach täglicher Sonneneinstrahldauer variiert die Breite des dicht mit über 100 Algenarten bewachsenen Flachwasserstreifens von 5–6 m an den nach Norden abfallenden Steilhängen bis 15 m an den süd- und südwestlich flach auslaufenden Hängen. In den Algenrasen ernähren sich u. a. mehrere Schnecken- und Muschelarten, Krebse, Einsiedlerkrebse (deren Hinterleib geschützt in einem Schneckenhaus steckt), Seeigel, Schwämme und Seescheiden. Typische Fischarten hier sind Meeräsche und Goldbrasse.

An sandigen, wellenschlaggeschützten Bereichen dehnen sich die Bestände des Neptunsgrases aus. Es ist jedoch kein Gras, sondern einer der ganz wenigen Blütenpflanzen des Meeres, die kleine Büsche bildet. Die linealen Blätter werden bis zu 1 m lang. Im

Auf den Inseln brüten im Frühling Tausende Weißkopfmöwen.

Die Rote Edelkoralle ist eine der Kostbarkeiten der Unterwasserfauna.

Herbst sterben sie ab und die Zellulosefasern werden von der Brandung zu bis faustgroßen Kugeln geformt, die dann an den Stränden angespült werden. Die untermeerischen Wiesen beherbergen eine Vielzahl an Kleinstlebewesen, die wiederum besonders der Fischbrut ideale Nahrungs- und Schutzmöglichkeiten bieten.

Die tieferen Gebiete sind für den Schnorchler kaum mehr zugänglich, lediglich bei sehr ruhigem Meer entlang der Felswände entdeckt man dann in Aushöhlungen mit etwas Glück Langusten, Zackenbarsche, Meersau, Schriftbarsch oder sogar den Seeaal. Ab etwa 10 m Tiefe finden sich herrliche Bestände der großen fächerartigen Hornkorallen (Gorgonien) und der bis 30 cm hohen Stöcke der Roten Edelkoralle.

Im Gebiet unterwegs

Vom Hafen von L'Estartit fahren zwischen April und Oktober regelmäßig Fährboote an die Anlegestelle L'Embarcador ① auf der Westseite von Meda Gran. Bei der Anfahrt mit eigenen Booten dürfen keine anderen Anlegestellen benutzt werden, das Ankern ist verboten. Von der Anlegestelle führt ein Pfad über die Insel bis zum Leuchtturm ② (zur Brutzeit gesperrt!). Von der Anlegestelle aus kann auch geschnorchelt werden. Gute Tauchgründe finden sich außerdem am Felsen Pedra de Deu ③, an der Spitze Pota de Llop ④ (Hornkorallen und Rote Edelkoralle) und entlang der Halbinsel Cova de la Vaca ⑤.

Praktische Tips

Anreise

Der Ausgangshafen L'Estartit liegt östlich der Autobahn Figueres – Girona. Von der Ausfahrt 5 fährt man über L'Escala und Torroella de Montgri nach L'Estartit. Hier verkehren regelmäßig Fährboote zwischen April und Oktober zur Meda Gran. Viele dieser Boote haben einen Glasboden, so daß auch Nicht-

taucher die Unterwasserwelt bequem vom Schiff aus erleben können.

Klima/Reisezeit

Typisches Mediterranklima. Die Wassertemperaturen sind an der Oberfläche im Juli/ August mit etwa 22 °C am höchsten, während sie in einer Tiefe von 35 m erst im September mit knapp 18 °C ihr Maximum erreichen.

Tauchen

In L'Estartit gibt es eine komplette Infrastruktur für alle Belange des Tauchsports: Boote für die Anfahrt, Materialausleihe und Füllstationen für Sauerstoffflaschen, Tauchlehrer und -führer, Erledigung der Formalitäten für die Taucherlaubnis von Ausländern.

Unterkunft

Die gesamte Costa Brava verfügt über ein komplettes Angebot an Unterkünften aller Art. Auf den Inseln ist das Übernachten streng verboten.

Schutzbestimmungen

Bei allen Ausübungen des Tauchsports müssen die Schutzbestimmungen strikt eingehalten werden. Es dürfen keinerlei Tiere oder Pflanzen unter Wasser berührt oder gar entnommen werden. Auf den Inseln müssen Hunde an der Leine gehalten werden (in der Brutzeit von März bis Juni ist das Betreten ganz verboten). Angeln, Ankern und der nächtliche Aufenthalt im Bereich der Inseln ist verboten. Ein Schiff kreuzt regelmäßig vor den Inseln und kontrolliert die Einhaltung der Schutzbestimmungen.

Blick in die Umgebung

Im Nachbarot Torroella de Montgri, in der calle Mayor 31, Telefon (972) 757301, befindet sich das Museum »Museu del Montgri i del Baix Ter«, in dem ein eigener Saal ganz den Medes-Inseln gewidmet ist. Im Norden des Gebietes sind die Hauptreiseziele 7 und 8 besuchenswert.

10 Ebro-Delta

> Größtes Feuchtgebiet an der spanischen Mittelmeerküste; trotz starker menschlicher Beeinflussung (z. B. Reisanbau) sehr viele Vogelarten zu allen Jahreszeiten; interessante Geomorphologie.

Bei seiner Mündung ins Mittelmeer trägt der wasserreichste Fluß Spaniens (er entwässert einen Großteil der Pyrenäen-Südflanke) auch Erosionsmaterialien mit, die sich bei der geringeren Fließgeschwindigkeit an der Mündung absetzen und ein ins Meer ragendes Dreieck (gegenwärtig etwa 320 km^2) aufbauen. Aufbauende Kräfte und die erosiven Kräfte des Meeres sind nicht immer gleich stark ausgeprägt. Arabische Geographen zeichneten im 12. Jh. die damaligen Deltagrenzen auf. Daher weiß man, daß danach das Delta infolge zunehmender Waldrodung im Einzugsgebiet des Ebro sehr viel schneller zu wachsen begann, während sich der Zuwachs in den letzten Jahrzehnten durch den Bau großer Stauseen wieder verlangsamt hat. In früheren Jahrhunderten mündete der Fluß zeitweise in mehreren Armen, die sich immer wieder neue Wege suchten und dabei teilweise abgeschnitten wurden. Dadurch bildeten sich Lagunen (Teiche), die dann einem sekundären Verlandungsprozeß unterworfen sind. Winde und Meeresströmungen verursachen Abtragungen und Ablagerungen an anderer Stelle, so daß die Gestalt des Del-

Die Laguna La Tancada im Ebro-Delta zeigt das typische Landschaftsbild dieser Region.

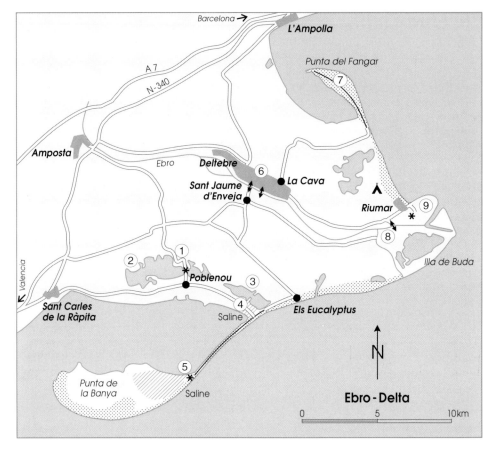

tas ständig wechselt. An der nördlichsten und südlichsten Spitze (Punta del Fangar und Punta de la Banya) bildeten sich kleinere Dünen.
Bis etwa 1850 war der Einfluß des Menschen im Delta unbedeutend; lediglich einige Fischer und Könige zur Jagdausübung kamen hierher. Danach wurden Kanalisierungsarbeiten begonnen, um den Ebro schiffbar zu machen. Dies scheiterte zwar, aber die angelegten Seitenkanäle dienten wenig später zur Bewässerung neu angelegter Kulturen im Deltabereich. Damals lebten etwa 700 Menschen im Delta, heute sind es fast 30000, und 75 % der Fläche sind in landwirtschaftliche Nutzfläche (vor allem Reis, S. 17) verwandelt worden.

Um die verbleibenden Naturflächen als solche zu bewahren, wies 1983 die Regierung Kataloniens im Nordteil einige Flächen zum Naturpark aus. Da die wichtigsten Gebiete im Süden damit immer noch ungeschützt waren, wurde den Forderungen des Naturschutzes 1986 schließlich stattgegeben und der Naturpark um diese Zonen erweitert.
Die Gefahren, die dem Gebiet langfristig drohen, sind Eintrag an Pestiziden und Düngemitteln aus der Intensiv-Landwirtschaft, der ungeheure Druck auf die Behörden zur Freigabe weiterer Flächen für touristische Bebauung sowie Jagdwilderei. Die Salinen auf der Punta de la Banya sind dabei eher als eine Bereicherung anzusehen, solange ihr Betrieb nicht intensiviert wird.

Pflanzen und Tiere

Verschiedenartigste Lebensräume – Sanddünen, Salzböden, Süßwasserteiche, Flußufer – bedingen eine artenreiche Flora. Auf den Dünen wächst Strandhafer, an salzbeeinflußten Stellen findet man die Strand-Wolfsmilch, die im Herbst weißblühende Meer-Narzisse (S. 71) und Queller (S. 103). Die Ufervegetation an den Teichen und Kanälen setzt sich aus Schilfrohr, Rohrkolben und Schneide (S. 126) zusammen, während das Ebro-Ufer ursprünglich mit Silberpappeln, Weiden, Erlen und Ulmen bestanden war. Der einzige noch recht gut erhaltene Uferwald dieser Art steht auf der Illa de Gracia im Zentrum des Deltas. Gepflanzte bzw. verwilderte Eukalypten stehen dagegen überall und ein kleiner Tamariskenbestand (S. 74) hat sich am äußersten Ostzipfel, auf der Illa de San Antoni, erhalten. Der Fläche nach dominieren die Reisfelder. Die Reispflanzen werden im Mai gesteckt, ständig geflutet und im September geerntet.

Am auffälligsten repräsentiert und auch besten untersucht ist im Ebro-Delta die Vogelwelt. Durch seine Lage auf den Zugwegen dient es vielen Arten als Rastplatz, aber auch als Brut- und Winterquartier. Das Gebiet hat besonders für brütende Limikolen, Seeschwalben und Möwen eine enorme Bedeutung, die u. a. durch folgende Zahlen belegt wird (aus ICBP »Important Bird areas in Europe«): etwa 1000 Paare Stelzenläufer, 400 P. Säbelschnäbler, 100 P. Brachschwalben, 1000 P. Seeregenpfeifer (S. 76), 250 P. Dünnschnabelmöwen, 2200 P. Korallenmöwen, 100 P. Lach- (S. 105), 250 P. Brand-, 2300 P. Fluß-, 650 P. Zwerg- und 600 P. Weißbartseeschwalben. Daneben brüten über 150 P. Zwergdommeln, 190 P. Rallen-, 1700 P. Kuh- (S. 158), 560 P. Seiden- und 290 P. Purpurreiher. Ähnlich beeindruckend ist die Liste der hier überwinternden Entenarten und -zahlen und der ganzjährig anwesenden Flamingos. Stummel- und Kurzzehenlerchen sind Brutvögel der vegetationsarmen Brachflächen. Seit einigen Jahren brüten im Ebro-Delta sogar einige Paare Rüppellseeschwalben, und das in früheren Jahrzehnten durch die Jagd ausgerottete Purpurhuhn (S. 154) wird wieder angesiedelt.

Von den Amphibienarten wird man am ehesten den Seefrosch und den Mittelmeer-Laubfrosch antreffen, der häufigste Fisch im Brackwasser ist die Meeräsche. Die Unechte Karettschildkröte wurde schon oft an den Stränden beobachtet, eine Eiablage ist jedoch nicht belegt.

Eine für den Menschen unliebsame Tierart sind die im Sommer auftretenden Stechmücken, gegen die immer wieder mit Insektiziden vorgegangen wird. Dadurch hat die Zahl der früher häufigen Fledermäuse (vor allem Zwergfledermaus) schon abgenommen.

Im Gebiet unterwegs

Die wichtigste Empfehlung ist: das Informationszentrum in Deltebre aufsuchen; denn ohne gutes Kartenmaterial ist die Orientierung bei der Vielzahl der Wege kaum möglich.

Der Seidenreiher ist an Flüssen, Sümpfen und leicht salzhaltigen Gewässern zu finden.

Die beiden nachfolgend beschriebenen Touren geben einen guten Eindruck des Gebietes zu allen Jahreszeiten. Fahrzeit mit dem Auto und Beobachtungszeit zusammen je etwa 4–5 Stunden (möglichst am Vormittag).

Südlicher Deltabereich: Am Info-Zentrum La Fusta ① am Nordrand der Lagune L'Encanyissada ② kann man von einer Erhöhung aus einen Teil der Lagune einsehen (Enten, Reiher). Vom Info-Zentrum aus nach Osten fahrend und danach rechts abbiegend (Richtung Poblenou) überquert man nach etwa 300 m eine Brücke, von der aus man wiederum gute Ausblicke hat. In Poblenou sich links haltend geht es zur Laguna La Tancada ③. Man fährt an Reisfeldern vorbei, die vor allem im Frühjahr viele Vögel anziehen. Bevor man den Strand erreicht, quert die Straße ein kleines Salinengebiet ④ mit guten Chancen Limikolen und – besonders im Frühjahr – auch Dünnschnabelmöwen zu sehen. Am Strand fährt man rechts ab und entlang der Landzunge zur Punta de la Banya ⑤. Die flachen Meerwasserbereiche rechterhand sollten auf rastende Vögel hin angeschaut werden. Hier sind auch recht nah die flinken Seeregenpfeifer zu beobachten. Am Ende der Landzunge steht ein Beobachtungsturm mit Blick auf die Banya-Spitze, deren Betreten streng verboten ist, da sich hier die großen Seeschwalbenkolonien befinden. Die Rückfahrt kann in gleicher Weise erfolgen oder über die Siedlung Els Eucalyptus nach Sant Jaume d'Enveja.

Nördlicher Deltabereich: Vom Informationszentrum in Deltebre ⑥ geht es zunächst nach Osten bis La Cava und dort nach Norden Richtung Platja de la Marquesa und Punta del Fangar ⑦. Durch ausgedehnte Reisfelder erreicht man den Strand von La Marquesa und von dort auf Erdwegen nach

Sanddünen an der Küste sind ein extremer Lebensraum, der sich auch immer wieder schnell verändern kann.

Die abgeernteten Reisfelder im Winter sind Lebensraum für viele Sumpf- und Wasservögel.

Die Brachschwalbe (rechts) brütet im Frühling und Sommer auf vegetationsarmen Flächen in Gewässernähe.

Die Zwergdommel (unten links) ist ein heimlicher Schilfbewohner und an den Lagunen im Ebro-Delta relativ häufig.

Der Purpurreiher (unten rechts) baut seine Nester ebenfalls im Schilf und fängt seine Nahrung im flachen Wasser.

10 Ebro-Delta — 85

Der weitverbreitete Stelzenläufer ruft bei Gefahr laut und unermüdlich.

Norden die Punta del Fangar. Auch in dieser Zone brüten im Mai/Juni Seeschwalben und Seeregenpfeifer, z. T. direkt neben der Piste, weshalb man auf keinen Fall vom Weg abfahren und auch nicht aussteigen darf. Ein Fahren im Schrittempo ist hier einem Gang zu Fuß vorzuziehen, da die brütenden Vögel sich durch das Auto weniger gestört fühlen. Am besten wäre es, die Halbinsel in der Brutzeit zu sperren; aber da dies nicht der Fall ist, muß jeder Besucher sich sehr verantwortungsbewußt verhalten.

Zurück im Ort Deltebre hält man sich links in Richtung Flußmündung. Die Reisfelder hier stehen meistens auch im Winter unter Wasser (Uferschnepfen, Kiebitze). Kurz vor der Mündung gabelt sich die Straße: Rechts erreicht man eine Bootsstation ⑧ mit der Möglichkeit einer Fahrt im Mündungsbereich, links geht es zur Feriensiedlung Riomar. An deren rechtem Rand führt ein Weg nach rechts in das Gebiet El Garxal ⑨. Obwohl ganzjährig für die Vogelbeobachtung interessant, konzentrieren sich besonders von März bis Mai hier viele Vögel, da dann die meisten Reisfelder im Delta noch trockenliegen. Zur Brutzeit und besonders am späten Nachmittag können vom Beobachtungsturm aus meist sehr schön die Brachschwalben beobachtet werden.

Praktische Tips

Anreise
Um zum Informationszentrum Deltebre zu gelangen, nimmt man am besten die Zufahrt von Amposta, parallel zum linken Flußufer. Die Ebro-Brücke bei Amposta ist die letzte vor der Mündung. Zwischen Deltebre und Sant Jaume verkehren regelmäßig Autofähren (nur tagsüber!). Unbedingt notwendig ist eine Detailkarte (erhältlich im Info-Zentrum), das Gewirr an Sträßchen und Feldwegen ist groß.

Klima/Reisezeit
Das Klima ist mediterran mit sehr milden Wintern fast ohne Frost; Niederschlagsmaxima von September bis November und im April/Mai; trocken-warme Sommer. Von November bis April kann ein sehr heftiger und unangenehmer Nordwind wehen. Alle Jahreszeiten sind für Vogelbeobachtungen gut geeignet, besonders auch der Winter bringt große Konzentrationen an Wasservögeln. Die Reisfelder sind dann allerdings fast alle trocken, so daß verstärkt an den Lagunen beobachtet werden muß.

Adressen
Das Haupt-Informationszentrum, in Verbindung mit einer sehr sehenswerten Ausstellung (»Ecomuseo«), befindet sich am Ortsrand von Deltebre (ist ausgeschildert). Hier können auch Karten und Bücher gekauft werden. Das zweite Info-Zentrum liegt im südlichen Deltabereich (»Casa de Fusta«), am Nordrand der Laguna L'Encanyissada (ebenfalls ausgeschildert).

Unterkunft
In San Carles und Amposta findet man viele Hotels, in La Cava steht die Pension El Faro und an der Straße von La Cava Richtung Mündung die Pension El Buitre. Campingplätze gibt es bei der Siedlung Riumar und bei San Carles. Die Gastronomie der Gegend ist sehr gut und basiert vor allem auf diversen Reis- und Fischgerichten.

11 Ports de Beceite i Tortosa

> Einsames Felsgebirge mit Schluchten und Steilwänden; mediterrane Macchia- und Garrigue-Vegetation; großes Steinbockvorkommen; gute Beobachtungsmöglichkeiten zahlreicher mediterraner Vogelarten.

Die Gebirgsmassive westlich des Ebro-Deltas zwischen Tortosa und Beceite sind die östlichsten Ausläufer der Iberischen Randgebirge. Die Schreibweise der Namen auf Karten hängt davon ab, ob die kastilische oder katalanische Sprache angewandt wird (z. B. Beceite oder Beseit), da das Gebiet an den Grenzen dreier Autonomieregionen liegt: Catalunya, Aragon und Valencia.
Durch die alpidische Gebirgsfaltung im Tertiär wurden vor allem Jurakalke angehoben, die aber gelegentlich auch durch rötlichere Mergel- und Tonschichten unterbrochen sind. Charakteristisch für das Gebiet sind die ungeheuren, fast schon chaotischen Verwerfungen, die zu tiefen Schluchten und eindrucksvollen Steilwänden geführt haben, und die vielen anstehenden Felsformationen mit alternierenden Vegetationsflächen. Der Ausdruck »Ports« (Pässe) bezieht sich auf die hohe Reliefenergie des etwa 60 000 ha großen Gebietes, in dem der Monte Caro mit 1447 m der höchste Gipfel ist.
Durch Felszeichnungen ist die menschliche Besiedlung hier bereits in der Steinzeit belegt. Doch aufgrund der für die Landwirtschaft ungeeigneten Verhältnisse war die Bevölkerungsdichte immer sehr gering und hat seit 1950 besonders stark abgenommen. Die traditionellen Nutzungsformen wie Weidewirtschaft und Oliven- und Rebanbau auf Grenzertragsböden wurden unrentabler. Viele einzeln stehende Bauernhöfe (»Masías«) sind verlassen worden, und ihre Bewohner wanderten ab in die umliegenden Dörfer und Städte. Die Forstwirtschaft ist weiterhin von Bedeutung, durch die 1966 erfolgte Erklärung zum Jagdschutzgebiet ist aber die jagdliche Nutzung des Steinbockbestandes in den Vordergrund getreten.

Pflanzen und Tiere

Die pflanzensoziologische Stellung des Gebietes ist sehr interessant und spiegelt eindrucksvoll die kleinräumige Differenzierung der Standorte wider. Nur etwa 30 km vom Mittelmeer entfernt ist die meerzugewandte, trockene Ostseite des Gebirges von typischer mediterraner Vegetation geprägt: Steineichen, Aleppo- und Schwarzkiefern, Kermeseichengebüsch und Zwergpalmen

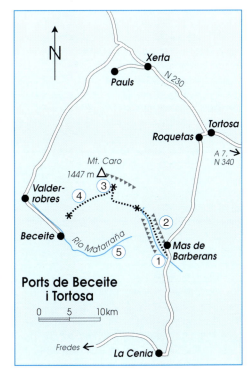

Ports de Beceite i Tortosa

(S. 202). Durch immer wieder auftretende Feuer und jahrhundertelange Beweidung sind Waldbestände selten, auf großen Flächen dehnt sich daher eine mediterrane Macchie (»Matorral«, S. 17) oder eine noch ärmere Bodenverhältnisse anzeigende Garrigue-Vegetation aus. An Kulturpflanzen begegnet man neben Olivenbäumen auch Johannisbrotbäumen.

Auf der feuchteren Westseite hingegen findet man dichtere Bestände der Steineiche (S. 128), zwischen etwa 600 und 1000 m Schwarzkiefer (S. 192) und darüber Waldkiefer. Beigemischt sind Haselnuß, Stechpalme, Eibe und vor allem Buchsbaum (S. 47), der über 3 m hoch werden kann. Interessant ist das Vorkommen von 3 Bucheninseln auf etwa 1200 m Höhe an schattigen und sehr steilen Hängen. Diese Bestände sind umgeben von Kiefernwald. Größer könnte der Kontrast kaum sein: die mitteleuropäisch-atlantische Buche in fast unmittelbarer Nachbarschaft zur südwestmediterran-nordafrikanischen Zwergpalme. Auf den windausgesetzten Kuppen und Graten wachsen stachlige Polsterpflanzen wie Blauer Stachelginster (S. 194) und Stechginster.

In den höheren und feuchteren Lagen lebt der Feuersalamander, während in den trockeneren Tieflagen der bis 30 cm lang werdende Spanische Rippenmolch (S. 113) vorkommt. Hier ist auch die giftige Stülpnasenotter verbreitet. Kaninchen, Ginsterkatze (S. 140), Wildkatze und Wildschwein kommen vor, und an den sauberen Flüssen leben Fischotter. Der eingebrachte Mufflon hat sich nicht ausgebreitet, während die Steinbockpopulation durch die rigorose Jagdkontrolle heute etwa 6000 Tiere umfaßt.

Regelmäßig zu beobachten sind Steinadler, Wanderfalke und Gänsegeier (S. 36), seltener sind Habichtsadler und Schmutzgeier (S. 42). Die Felsformationen bieten gute Lebensbedingungen für Blaumerle (S. 166), Steinrötel (S. 198), Theklalerche (S. 98), Felsenschwalbe, Alpensegler, Trauersteinschmätzer, Steinsperling, Zippammer (S. 113) und Alpenkrähe (S. 51). Häufig sind auch Bienenfresser

(S. 166), mehrere mediterrane Grasmückenarten (S. 165 und S. 166) sowie Rotkopfwürger und Wiedehopf (S. 162). Die Rabenkrähe fehlt im gesamten mediterranen Spanien, dafür ist der Kolkrabe weit verbreitet.

Im Gebiet unterwegs

Der Zugang auf der meerzugewandten Seite erfolgt über Tortosa und Roquetas über die

Die reichgegliederten Kalkgebirge sind Lebensraum sehr unterschiedlicher Pflanzengesellschaften und einer reichen Tierwelt.

Straße nach La Cenia (Senia). Zwischen den Kilometersteinen 13 und 14, gut 2 km südlich des Dorfes Mas de Barberans, zweigt ein befahrbarer Erdweg ① rechts ab. Die auf dem Erdweg zurückzulegende Wegstrecke beträgt etwa 17 km (nur Hinweg). In den Olivenpflanzungen können bereits Singvögel, aber auch Wiedehopf und Turteltaube (S. 113) beobachtet werden. Im Winter halten sich hier besonders viele Singvögel auf. Nach 1 km kommt eine Abzweigung, an der man sich links hält; nach einem weiteren Kilometer und einer Bachüberquerung hält man sich auf dem rechten Weg und fährt bald in die Galera-Schlucht ② ein. Nach 4 km Fahrt auf der Erdpiste befindet man sich schon an der

11 Ports de Beceite i Tortosa

Der Trauersteinschmätzer lebt ganzjährig in felsigem Gelände. Er ist relativ unauffällig und scheu. Seine Verbreitung beschränkt sich auf die mediterranen Gebiete Spaniens und Nordwestafrikas.

engsten Stelle der Schlucht. Man kann hier aussteigen und aufmerksam die Schlucht entlanglaufen und die Wände mit dem Fernglas absuchen, um Vögel zu beobachten. Im Winter halten sich hier regelmäßig Mauerläufer auf. Der Weg führt dann weiter durch sehr felsiges Gelände und immer wieder sollte man geduldig die Hänge nach Steinböcken absuchen.

Nachdem man erneut einen Bach überquert hat, beginnt der Weg steil anzusteigen. Es ergeben sich sehr schöne Ausblicke auf die Landschaft und gute Beobachtungsmöglichkeiten für Greifvögel. Etwa nach 13 km führt in einer scharfen Linkskurve ein schlechter Weg nach rechts ab ③ (auch durch eine rot-weiße Strichmarkierung gekennzeichnet). Diesen läuft man etwa 300 m, bis man einen guten Überblick auf ein großes Fels- und Geröllfeld hat (Barranc de Lloret), in dem sich fast immer Steinböcke aufhalten. Der Monte Caro im Nordwesten ist durch Antennen auf der Spitze kenntlich und an klaren Tagen hat man einen schönen Blick auf das Ebro-Tal und das Ebro-Delta. Zurück am Wagen kann man bei knappem Zeitbudget zur Asphaltstraße zurückkehren oder aber noch die letzten gut 4 km laufen oder fahren, bis man zu einigen Häusern ④ und bebuschten ehemaligen Wiesenflächen kommt. Rechter Hand sind mit etwas Glück Mufflons in den Felsen zu sehen. Am letzten Haus vorbei führt ein Fußweg noch gut 1 km weiter und am Ende hat man einen Ausblick auf die meerabgewandte Gebirgsseite.

Weitere landschaftlich schöne Strecken sind die Straßen zwischen La Cenia – Benifasar – Fredes im Süden und zwischen Roquetas – Xerta – Pauls im Norden.

Die Westseite ist auf normal begehbaren Wegen praktisch unerreichbar; von Beceite führen jedoch Pfade den Bach Mataraña aufwärts, der durch die Schlucht »Gúbiers del Parrissal« führt ⑤. Im Ort sollten für eine solche Tour Detailinformationen eingeholt werden.

Praktische Tips

Anreise

Von der A 7 und der N 340 fährt man Richtung Tortosa ab; über Roquetas geht es in südwestlicher Richtung nach Mas de Barberans und in nördlicher Richtung auf der N 230 nach Xerta und Pauls. Den Ort Beceite erreicht man auf der Weiterfahrt von Xerta bis zur Abzweigung der Straße T 333 in südwestlicher Richtung über Valderrobres.

Klima/Reisezeit

Das milde Mediterranklima eignet sich ganzjährig für interessante Beobachtungen. Die Temperaturen im Sommer und Winter weisen keine unerträglichen Extreme auf. Hauptniederschlagszeiten sind Herbst und Frühling, die eigentlichen Winter- und Sommermonate sind trocken.

Unterkunft

Im Gebiet selbst sind keine Unterkünfte vorhanden. In Tortosa, Amposta und entlang der Küste ist das Angebot jedoch sehr groß.

Iberischer Steinbock

Zu Anfang des 20. Jh. standen die spanischen Steinbockpopulationen als Folge exzessiver und unkontrollierter Jagd unmittelbar vor der Ausrottung bis als Gegenmaßnahme mehrere Jagdschutzgebiete (Reserva / Coto Nacional de Caza) eingerichtet wurden. In der spanischen Literatur wird meist von *Capra pyrenaica* als einer eigenen Art gesprochen. Ob sie wirklich vom Alpensteinbock *(C. ibex)* als solche getrennt werden kann, erscheint aber fraglich. 4 Unterarten lassen sich auf der Iberischen Halbinsel unterscheiden, von denen die der Gebirge Nordportugals ausgerottet wurde. Die Situation der größten Unterart in den Pyrenäen *(C. p. pyrenaica)* ist nach wie vor sehr kritisch (s. S. 49). Am häufigsten und weitesten verbreitet ist die kleinste Unterart *C. p. hispanica*, die, mit Ausnahme der Pyrenäen und der Sierra de Gredos, in der die zwischen den beiden vorerwähnten stehende Unterart *C. p. victoriae* lebt, alle anderen heutigen Steinbockgebiete besiedelt.

Die Steinböcke auf der Iberischen Halbinsel sind insgesamt kleiner als der Alpensteinbock und ihre Hörner meist gedreht. Farbe und Hornform sind allerdings recht unterschiedlich.

Im November und Dezember kämpfen die Böcke um die Weibchen. Während des restlichen Jahres gehen die Geschlechter meist getrennte Wege und schließen sich jeweils zu kleinen Rudeln zusammen.

Die größten Bestände und damit auch die besten Chancen zur Beobachtung sind in den Gebieten Ports de Beceite i Tortosa, Sierra Nevada, Sierra de Gredos und Sierra de Cazorla. Hier sind die Bestände bereits überhöht und die Tiere richten Schäden an der Vegetation an. In der Sierra de Cazorla führte die unnatürlich hohe Dichte, die ja auch im Zusammenhang mit den anderen dort lebenden großen Pflanzenfressern (Dam-, Rot-, Muffel- und Schwarzwild) gesehen werden muß, bereits zu einer Seuche: Der durch die Milbe *Sarcoptes scabiei* hervorgerufenen Hautkrankheit fielen schon über 4000 Steinböcke zum Opfer.

11 Ports de Beceite i Tortosa

Die Kermeseiche wächst im westmediterranen Raum kaum jemals zu einem Baum heran. Wo die Beweidung nicht zu stark ist, bildet sie aber dichte Gestrüppe und ist eine Charakterart der Macchia. Ihre Blätter sind stachelspitz, immergrün und unterseits kahl (im Gegensatz zur Steineiche). Aus den roten Ausscheidungen der Kermesschildlaus, die an den Blättern saugt, wurde früher der Farbstoff Karmesin gewonnen, dem diese Eiche ihren Namen verdankt.

Die Schlucht Gubiers del Parrissal wird vom Matarraña-Bach durchflossen (links).

Blick in die Umgebung

Das Gebiet ergänzt in idealer Weise einen Besuch im Ebro-Delta. Die mittelalterlichen Dörfer des Gebietes sind von großem Reiz, z. B. Beceite, Ulldecona und Valderrobres. Das Kloster Santa Maria de Benifasar, auf dem Weg nach Fredes, lohnt ebenfalls einen Besuch.

12 Albufera de Valencia

> Küstennaher Süßwassersee; bedeutende gemischte Reiherkolonien; Wasservogelkonzentrationen im Winter; 2 endemische Fischarten; Reisanbauflächen.

Der Süßwassersee Albufera de Valencia gehört zu den 4 größten und bedeutendsten Feuchtgebieten Spaniens. Die Lage in unmittelbarer Nähe der Großstadt Valencia, umgeben von intensiven Reisanbaugebieten, Industrie- und Tourismuszentren, deutet schon die Probleme im Gebiet an.

Die Küstenregion von Valencia ist eine geologische Depression. Seit mindestens dem Tertiär kippt die Iberische Halbinsel aber auch geringfügig nach Westen, d. h. die Küste bei Valencia wird angehoben und die Küste in Galicien sinkt ab (s. S. 21). Vor etwa 25 Mio. Jahren verlief die Küstenlinie etwa dort, wo heute die 50 m Höhenlinie liegt. Die geologische Senke bildete somit einen Golf, der durch Sedimentationsvorgänge teilweise aufgefüllt wurde und durch eine sich bildende Landzunge zwischen den Flüssen Turia und Jucar (oder den heutigen Städten Valencia und Cullera) vom Meer abgeschnitten wurde. Die Materialien für die Landzunge lieferten die Flüsse, und die herrschende Meeresströmung in Nord-Süd-Richtung richtete die Ablagerungen entsprechend aus. In römischer Zeit bedeckte der See noch etwa 30 000 ha zwischen Valencia und Cullera. Vermessungsarbeiten seit dem 16. Jh. belegen den stetigen Rückgang der Fläche;

Zwischen Meer und Albufera-See liegt die »Dehesa del Saler« mit Aleppokiefern und Pflanzenarten der Macchia.

Der Drosselrohrsänger lebt in den meisten größeren Schilfbeständen, vor allem in denen aus Spanischem Rohr.

Der See enthält Süßwasser, welches aus Bodenquellen, Niederschlägen aus einem etwa 900 km² großen Einzugsgebiet und einmündenden Bewässerungskanälen gespeist wird. Heute ist das Wasser durch den Eintrag aus den landwirtschaftlichen Nutzflächen hypereutroph und stark kontaminiert. Das durch die Eutrophierung bedingte gewaltige Algenwachstum läßt auch die Biomasse der anderen Glieder der Nahrungskette ansteigen, bis durch Sauerstoffmangel ein Sterben einsetzt. In den letzten Jahren gab es oft große Fischsterben.

Im See stehen mehrere Inseln, Matas genannt, die völlig mit dichtem Röhricht bewachsen sind. Zwischen dem See und dem Meer erstreckt sich ein etwa 1200 m breiter Sandstreifen, die Dehesa del Saler. See und Dehesa sind als Naturpark ausgewiesen worden, doch ohne grundlegende Veränderungen der Gesamtlage bleibt die Situation aus Naturschutzsicht kritisch.

Die Dörfer in unmittelbarer Nachbarschaft der Albufera weisen zahlreiche lokale Typismen auf: Die »Barraca valenciana« ist gebaut aus Schlammerde und Röhricht, die heute weltweit bekannte Paella hat genau hier ihren Ursprung, und Fisch und Reis bilden nach wie vor die Grundlage der täglichen Mahlzeiten. Ebenso hat die winterliche Entenjagd hier eine lange Tradition.

bedingt ist dies durch natürliche Sedimentation, beschleunigt aber wird es durch den Menschen. Besonders seit etwa 200 Jahren hat die Trockenlegung für den Reisanbau dazu geführt, daß die heutige Fläche auf etwa 2500 ha reduziert ist. Möglich wurde dies auch durch die nur geringe Tiefe von durchschnittlich knapp 1 m und durch den Bau von Schleusen und Kanälen zum Meer hin.

Der Nachtreiher ist recht selten und unauffällig. Oft ruhen die Vögel in Büschen und auf Bäumen.

Pflanzen und Tiere

Der Uferstreifen und die Inseln im See sind dicht bewachsen mit Schilf, Spanischem Rohr (S. 124), Rohrkolben, Binsen, Simsen und Schneide (S. 126). Submers wachsen u. a. Wasserhahnenfuß, Laichkraut, Hornblatt, Tausendblatt und Armleuchteralgen. Die Vegetation der Landzunge Dehesa del Saler weist die typischen mediterranen Arten Aleppokiefer, Stein- und Kermeseiche (S. 92), Mastixstrauch (S. 70), Erdbeerbaum (S. 146), Oleander (S. 206), Weißliche, Salbeiblättrige (S. 70) und Gelbe Zistrose (S. 158) auf.

Die Kanäle und Gräben, die kilometerlang

die Reisflächen (S. 17, S. 85) durchziehen, und die flachsten Uferzonen im See sind Lebensraum zweier an der spanischen Ostküste endemisch vorkommender Fischarten. Die beiden kleinen Zahnkärpflinge, der Spanienkärpfling (»Fartet«) und der Valenciakärpfling (»Samaruch«), leben in dichter Vegetation und sind äußerst tolerant gegenüber den ökologischen Faktoren Salinität und Wassertemperatur. Durch chemische Belastung, aber auch durch das Einsetzen fremder Fischarten (z. B. die häufige Gambusie) sind ihre Bestände heute zunehmend bedroht. Häufige Arten und beliebte Speisefische sind Aal, Meeräsche und Karpfen.

Die Vogelwelt zur Brutzeit zeichnet sich aus durch eine große Reiherkolonie auf einer der Schilfinseln mit Purpur- (S. 85), Seiden- (S. 83), Kuh- (S. 158), Nacht- und Rallenreihern. Zwegdommel (S. 85), Kolbenente, Hauben- und Zwergtaucher, Rohrweihe, Fluß- und Weißbartseeschwalbe sind weitere ans Wasser gebundene Brutvogelarten. In der Ufervegetation findet man Drossel- und Teichrohrsänger sowie die selteneren Arten Mariskensänger und Bartmeise. Das Purpurhuhn (S. 154) wurde in allen Feuchtgebieten entlang der spanischen Mittelmeerküste durch die Jagd in diesem Jahrhundert ausgerottet und wird jetzt hier wieder eingebürgert (s. auch Aiguamolls del Empordá und Ebro-Delta). Im Winter nehmen die Vogelzahlen gewaltig zu und Tausende von Krick-, Stock-, Spieß-, Pfeif-, Löffel-, Schnatter-, Tafel- und Kolbenenten sowie viele Graureiher, Haubentaucher und Bläßhühner lassen sich dann hier beobachten. In den Reisfeldern rasten zur Zugzeit Limikolen.

Im Gebiet unterwegs

Auf der Zufahrtsstraße zum Dorf Palmar ② hat man vormittags, mit der Sonne im Rücken, einen guten Überblick auf den See. Die Entfernungen sind allerdings recht groß. In Palmar kann man ein Ruderboot mieten oder sich ein Stück fahren lassen, während der Brutzeit darf man sich aber den Schilfinseln

nicht zu dicht nähern. Andere Gebiete des Sees sind praktisch unzugänglich, weil eine dichte Ufervegetation die Sicht nimmt und Wege nur im Bereich der Reisfelder existieren. Am Südausgang des Dorfes beginnen die Reisfelder sich über viele Kilometer auszudehnen. Im Frühjahr und Herbst sind sie attraktiv für Limikolen.

Im Informationszentrum Racó de l'Olla ① wurde ein Beobachtungsstand mit Blick auf die Schilfinsel Mata del Fang eingerichtet.

Praktische Tips

Anreise

In Valencia hält man sich immer an die Schilder »Playas« oder »Playa del Saler«. Bis dorthin führt eine Autobahn. Etwa 4 km südlich von Saler liegt das Besucherzentrum Racó de l'Olla, zusammen mit einer ornithologischen Station (Abzweigung nach Palmar ausgeschildert).

Klima/Reisezeit

Das typische mediterrane Klima sorgt für sehr milde Winter, mit Niederschlägen von Oktober/November bis Mai/Juni (allerdings fällt der Jahresniederschlag an relativ wenigen Tagen im Jahr, der Rest ist meist sonnig und klar). Die Sommertemperaturen sind hoch,

Sonnenuntergang an der Albufera. Der Fischfang war hier immer von großer Bedeutung.

aber das nahe Meer wirkt ausgleichend. Gute Beobachtungsmöglichkeiten sind das ganze Jahr gegeben.

Adressen

▷ Ornithologische Station Albufera de Valencia; Avda. de los Pinares, 106; 46012 Valencia; Tel. (96) 1 61 08 47.

Kolbenenten-Paar.

Unterkunft

Zahlreiche Hotels entlang der Küste. Auf der Zufahrtsstraße zum Ort Palmar liegt ein Campingplatz.

Blick in die Umgebung

Palmar ist (war) das ursprünglichste Dorf der Albufera überhaupt, mit einigen »Barracas« und der wohl besten Paella, die man finden kann.

Die eingeführte Gambusie ist heute weitverbreitet.

96 — 12 Albufera de Valencia

13 Ebro-Becken zwischen Zaragoza und Lleida

Tafelberge aus Sedimentgestein, entstanden durch Flußabtragungen der umgebenden Flächen; Steppenvegetation und Vogelarten offener und trockener Standorte; Flußauen mit Resten ehemals ausgedehnter Galeriewälder; Salzlagunen.

Das Ebro-Becken entspricht der gängigen Vorstellung von Spanien als einem baumarmen, leeren und dürren Land. Tatsächlich weist Spanien mehr als alle anderen europäischen Länder auf großen Flächen Steppenmerkmale auf, die sich in Böden, Vegetation und Tierwelt zeigen (s. auch Extremadura, S. 127, Cabo de Gata-Nijar, S. 202, und »Einführung«, S. 14).

Der Ebro entspringt im Kantabrischen Küstengebirge, nur 45 km vom Atlantik entfernt, und fließt zwischen den Pyrenäen und der Iberischen Kordillere zum Mittelmeer. Die Betrachtungen hier beschränken sich auf den zentralen Bereich des Ebro-Beckens, zwischen den Städten Zaragoza und Lleida (Lerida). Es gehört zu den trockensten Gebieten Spaniens, da es im Regenschatten der umgebenden Gebirge liegt. Im Tertiär, nach der Auffaltung der peripheren Gebirge, war das gesamte Becken vom Meer bedeckt und verlandete dann durch marine Sedimente und Abtragungen aus den umliegenden Gebirgen. Diese Sedimentablagerungen wurden anschließend, in niederschlagsreicheren Epochen als heute, von Flüssen durchschnitten und bearbeitet. Tafelberge (»Lomazas«), die stufenweise zum Talboden hin abfallen, sind Zeugen dieser Vergangenheit. Ihre maximale Meereshöhe beträgt 900 m, die Stadt Zaragoza liegt auf 250 m Höhe. Das von den Flüssen erodierte Material wurde und wird an der Mündung abgelagert (s. Ebro-Delta, S. 81).

Manche flachen, ringsum abgeschlossenen und daher abflußlosen Senken füllen sich im Winter mit Wasser und sind mit einer typischen Salzflora bestanden (s. Gallocanta, S. 102, Laguna Zoñar, S. 221, Laguna Fuente Piedra, S. 178).

Der Ebro und seine Zuflüsse waren bis in allerjüngste Zeit von dichten und urwüchsigen Galeriewäldern eingefaßt, deren Grün in schroffem Gegensatz zu den umliegenden Steppengebieten stand. Nur kleine Reste dieses überall in Europa dezimierten Ökosystems finden sich heute noch. Für neues Akkerland und Kiesabbau mußten sie weichen. Ähnlich wie für den mediterranen Eichenwald (s. S. 132) fehlen auch für die spanischen Steppengebiete noch ausreichend große Schutzgebiete. Neben der generellen Erhaltung der traditionellen extensiven Weidewirtschaft sind auch die Einrichtung von gesetzlichen Schutzgebieten in den verschiedenen Steppentypen und Landesteilen zu fordern. Gerade die spanischen Steppengebiete weisen einen hohen Anteil im übrigen Europa seltener Arten auf.

Pflanzen und Tiere

Drei Baumarten sind an die harten klimatischen Bedingungen des Ebro-Beckens gut angepaßt: Steineiche, Spanischer Wacholder (S. 107) und Aleppokiefer. Durch die Umwandlung der ehemaligen Waldgebiete in Weideland sind diese allerdings bis auf winzige Überreste verschwunden. Auf den höchsten Flächen der peripheren Beckenbegrenzung ist die Klimaxbaumart die Steineiche (s. S. 173), in tiefer gelegeneren – und damit trockeneren Lagen – findet man Kermeseichengebüsch (S. 92) und Aleppokiefer, und in den Talsohlen schließlich dominiert der kälteunempfindlichste Spanische Wacholder (wegen der häufigen Inversionswetterlagen sammelt sich hier oft schwere Kalt-

In den weiten Steppengebieten des Ebro-Beckens und ähnlicher Gebiete Zentral- und Südspaniens leben die seltenen und unauffälligen Vogelarten
Dupontlerche (oben links),
Spießflughuhn (unten links) und
Sandflughuhn (unten rechts).
Ihr Lebensraum sind durch Schafherden extensiv beweidete baumlose und schüttere Flächen (links). Im mediterranen Spanien häufig ist dagegen die Theklalerche (oben rechts). Von der sehr ähnlichen Haubenlerche unterscheidet sie sich durch kontrastreichere Zeichnung und etwas unterschiedliche Stimme. Die Haubenlerche kommt in Spanien vor allem in Ackerbaugebieten, die Theklalerche dagegen in mehr felsigem Gelände mit schütterer Busch- und Baumvegetaion vor.

Tafelberge bei Belchite. Der Talboden wird ackerbaulich, die kargen Hänge als Schafweide genutzt.

luft und Nebel, während die darüberliegenden Hänge besonnt sind). Hier sind auf oft stark gipshaltigen Böden auch die wenigen Pflanzenarten der Steppe zu finden, u. a. Rosmarin (S. 199) , Thymian, das Gipskraut *Gypsophyla hispanica*, Stechginster, Esparto- und Halfagras (s. S. 205).
Die Brutvogeldichte der Steppengebiete ist relativ gering, weist aber eine sehr interessante Artenzusammensetzung auf. Dominierend sind verschiedene Lerchenarten, so Thekla- und Kurzzehenlerche auf den trokkensten Flächen, Stummellerche in der Umgebung der Salzlagunen und Kalander- und Haubenlerche auf den Getreideanbauflächen. Die seltenste Art ist die Dupontlerche. Weit verbreitet sind Steinschmätzer- und Mittelmeersteinschmätzer (S. 175) , Grauammer, Schwarzkehlchen (S. 24) , Brillen- und Provencegrasmücke. Triel (S. 179) , Zwergtrappe (S. 134) , Sand- und Spießflughuhn sind typische Vogelarten weiter, extensiv beweideter Flächen, die durch den waldrodenden Menschen begünstigt wurden. Seit wenigen Jahren jedoch wandelt dieser die Landschaft erneut um, die Steppen lassen sich durch wasserwirtschaftliche Maßnahmen künstlich bewässern und intensiv landwirtschaftlich nutzen. Nur wenige »Allerweltsarten« können dann noch überleben. Da viele den Steppen angepaßte Vogelarten in Spanien ihre größten Populationen im gesamten Mediterrangebiet oder sogar weltweit (z. B. Zwergtrappe) haben, muß diese Entwicklung kritisch verfolgt werden.
Reptilien der Steppen sind Algerischer Sandläufer (S. 154) , die große Eidechsennatter und die Perleidechse (S. 138). Unter Steinen ruhen tagsüber Skorpione (S. 207), und bei genauerem Hinsehen entdeckt man im Boden die senkrechten Röhrenschächte der Tarantel (S. 130).

13 Ebro-Becken zwischen Zaragoza und Lleida

Schafherden prägten schon vor Jahrhunderten in weiten Teilen das Landschaftsbild.

Im Gebiet unterwegs

Anhaltspunkte für die Begrenzung des Gebietes sind die Straßen Zaragoza–Sariñena –Fraga (C 129 und C 1310) im Norden und Fraga–Caspe–Belchite–Zaragoza (C 231, C 221 und C 222) im Süden. Innerhalb dieser Gebietsgrenzen empfiehlt sich ein Befahren der kleinen Straßen. Die Verkehrsdichte ist gering und Wanderungen entlang von Straßen und Feldwegen sind in dem offenen und übersichtlichen Gelände problemlos möglich. Los Monegros im nördlichen Teil bietet trotz intensivierter Landwirtschaft immer noch gute Möglichkeiten zur Beobachtung typischer Steppenarten. Die Straßen zwischen Sariñena und Bujaraloz (C 230) und die Straßen Z 810 und 811, die die Dörfer Farlete, Monegrillo und La Almolda verbinden, sind dafür gute Beispiele. Im Süden ist besonders die Region um Belchite sehr interessant, z. B. die C 222 Belchite–Mediana mit Tafelbergen. Hier engagiert sich die »Sociedad Española de Ornitologia« zur Erhaltung der Steppengebiete, und in Planung befindet sich auch ein Informationszentrum in Belchite.

Recht gut erhaltene Waldstücke in der Flußaue findet man am Zusammenfluß des Rio Segre mit dem Rio Cinca bis zur Mündung in den Ebro (südwestlich von Lleida) entlang der Straße C 231 (Fraga–Mequinenza). Die Stauseen weiter westlich bieten Pflanzen und Tieren wegen ihrer steil abfallenden Ufer wenig Ansiedlungsmöglichkeiten.

Im Frühjahr und Herbst können zur Zugzeit an der Laguna la Playa (südlich von Bujaraloz) rastende Vögel angetroffen werden. Die Anwesenheit von Limikolen und Enten hängt natürlich stark vom Wasserstand ab.

Praktische Tips

Anreise
Zaragoza erreicht man von Barcelona über die A 2 oder von Bilbao über Logroño.

Klima/Reisezeit
Durch den fast allseitigen Abschluß des Ebro-Beckens durch Gebirge verschärft sich der kontinentale und trockene Aspekt. An kaum einem Punkt fallen durchschnittlich mehr als 400 mm Niederschlag pro Jahr, zudem noch verteilt auf wenige Wochen im Herbst und Frühjahr. In manchen Jahren wird diese Regenmenge noch deutlich unterschritten. Mit 5 Trockenmonaten erreicht das Becken fast die Aridität der trockensten Gebiete im Südosten des Landes. Die Sommertemperaturen sind sehr hoch und in Verbindung mit großen Staubentwicklungen oft unangenehm. Die Winter hingegen sind kälter als man es auf-

grund der moderaten Höhenlage und der Schutzwand der Pyrenäen vor nördlicher Kaltluft erwarten würde. So eignen sich für naturkundliche Beobachtungen besonders die dazwischenliegenden Jahreszeiten, wobei März bis Mai/Juni optimal sind.

Unterkunft

Neben dem reichen Hotelangebot der Provinzhauptstädte Zaragoza und Lleida gibt es Pensionen u. a. in Caspe, Mequinenza und Belchite sowie entlang der Straße N II.

Blick in die Umgebung

Belchite wurde im Spanischen Bürgerkrieg (1936–1939) sehr stark zerstört, und zum Gedenken wurde der Ort genauso belassen wie der Krieg ihn gezeichnet hat: Ruinen, Schutt, Bombeneinschläge, Hauseinrichtungen . . .; ein sehenswertes Zeugnis spanischer Geschichte. Sogar Vogelbeobachtungen (z. B. Steinrötel) können hier noch gemacht werden. Etwas nördlich davon wurde das neue Belchite erbaut.

Dupontlerche

Die Dupontlerche war den Hirten vieler spanischer Steppengebiete durch ihren charakteristischen Ruf schon vertraut, als Ornithologen sie noch für einen sporadischen Gast aus Nordafrika hielten. Sie ist eine der unbekanntesten Vogelarten Europas und erst 1988 wurde durch Untersuchungen der Spanischen Ornithologischen Gesellschaft Genaueres über ihre Verbreitung bekannt. Die spanische Population umfaßt etwa 3000–5000 Paare, die sich vor allem auf die Iberische Kordillere, das Ebro-Becken und Andalusien konzentrieren.

Verbreitungsgebiet, relative Seltenheit und Gefährdung erklären sich aus sehr spezifischen Ansprüchen an den Lebensraum. Bisher wurden die Vögel ausschließlich auf unkultivierten Steppengebieten gefunden, die so locker mit maximal 30–40 cm hohen Zwergsträuchern (oft kleine Ginster- und Stechginster-, Thymian- und wenige andere Pflanzenarten) bestanden sind, daß ein guter Teil des Bodens völlig frei von Vegetation bleibt. Die Areale müssen flach und dürfen höchstens ganz wenig geneigt sein. Ein solcher Steppentyp kann natürlichen Ursprungs sein; meist sind es in Spanien jedoch ursprüngliche Wald-

standorte, die seit Jahrhunderten durch Schafe beweidet werden und heute immer stärker in landwirtschaftliche Flächen umgewandelt werden. Die Brutplätze werden immer auch von mehreren anderen Lerchenarten relativ dicht besiedelt, im Ebro-Becken von Thekla-, Kurzzehen- und/oder Stummellerche und in den Hochlagen der Iberischen Kordillere von Feld- und Kurzzehenlerche.

Die Dupontlerche ist sehr schwer zu beobachten. Sie fliegt kaum, sondern rennt zwischen den Zwergsträuchern entlang. Nur durch ihren unverwechselbaren charakteristischen Ruf, ein auf- und absteigendes »ho-wie« oder auch »ho-wie-o-wie«, den man am häufigsten in den frühen Morgenstunden hört, wird man überhaupt auf sie aufmerksam. Der Gesang wird meist nachts aus großer Höhe vorgetragen. Ein bekannter Beobachtungsplatz ist das Flugfeld von Alfés, wenige Kilometer südlich der Provinzhauptstadt Lleida, und das sich südlich anschließende Steppengebiet. Aber: Auch wenn der rufende Vogel unmittelbar vor dem Beobachter am Boden zu sitzen scheint, wird man ihn nur sehr schwer entdecken. Ein Herumlaufen in den Steppenflächen sollte unterbleiben; die Gefahr, Gelege hier brütender Vögel zu zerstören, ist zu groß.

13 Ebro-Becken zwischen Zaragoza und Lleida

14 Laguna de Gallocanta

> Steppensee auf 1000 m Höhe; bedeutendes Überwinterungs- und Brutgebiet für Wasservögel; größter Kranichrastplatz Europas; einsame Steppenlandschaften in der Umgebung.

Der spanische Begriff »Laguna« bezeichnet meist eine abflußlose Senke (Becken), in der sich das Regenwasser der höher gelegenen Umgebung sammelt. Oft reichen die Niederschläge nicht aus oder die Verdunstung im Sommer ist zu stark, um eine ganzjährige Wasserfüllung zu gewährleisten. Manche Lagunen trocknen daher gelegentlich aus, bei Gallocanta geschieht dies allerdings nur sehr selten. Da das Zuflußwasser auf seinem Weg in die Lagune sich mit gelösten Salzen anreichert, die bei der Verdunstung zurückbleiben, ist das Wasser immer brackig. Gallocanta hat in normalen Niederschlagsjahren eine Wasserfläche von 1200–1400 ha und eine Tiefe von meist unter 3 m. Mehrere Inseln ragen über die Wasseroberfläche heraus. Die heutige Ausdehnung ist nur der Rest eines ehemals viel größeren Sees, der sich hier unter feuchteren Klimabedingungen erstreckte. Das Wassereinzugsgebiet umfaßt etwa 530 km^2 und ist gut durch die umliegenden Bergketten markiert, von denen die Niederschläge sowohl oberirdisch abfließen als auch durch Filtration den Boden des Beckens erreichen.

Die Umgebung der Lagune wird seit einigen Jahren intensiver ackerbaulich genutzt; Getreideanbau dominiert. Eine Gefahr ist die Eintragung von Dünge- und Pflanzenschutzmitteln, andererseits ist der spektakuläre Anstieg der Kranichzahlen in den letzten Jahren

Die Laguna Gallocanta im Winter, mit Schafherde und einer Gruppe Kraniche im Hintergrund.

Gallocanta ist eines der bedeutendsten europäischen Überwinterungsgebiete der Kolbenente. Bekannt wurde das Gebiet aber vor allem als Rastplatz vieler tausend Kraniche.

auch erst mit dem bequemen Nahrungsangebot durch Getreidesaat möglich geworden. Das Gebiet ist ein Jagdschutzgebiet des spanischen Staates, es darf also nicht bzw. nur sehr kontrolliert gejagt werden. Mehrere Jagdhüter sorgen für die Einhaltung der Bestimmungen.

Pflanzen und Tiere

Die Vegetation um den See ist relativ dürftig und zeichnet sich vor allem durch einige salztolerante Arten wie Queller, Geflügelten Strandflieder, Beifuß und Tamarisken (S. 74) aus. Nur an wenigen Stellen, z. B. in der

Der Queller ist an hohe Salzkonzentrationen angepaßt.

Der Geflügelte Strandflieder bevorzugt salzhaltige Böden.

Nähe des Dorfes Gallocanta, hat sich ein Schilfgürtel ausgebildet.

Das Gebiet ist in manchen Jahren – abhängig vom Wasserstand – ein wichtiger Brutplatz für Schnatter-, Kolben- (S. 96) und Stockente, Bläßhuhn, Schwarzhalstaucher, Stelzenläufer (S. 86), Seeregenpfeifer (S. 76), Kiebitz, Lachseeschwalbe, seit wenigen Jahren auch für die Lachmöwe. Auch als Winterrastplatz für Wasservögel gehört das Gebiet zu den bedeutendsten Spaniens.

Im Ausland bekannt geworden ist es aber erst Anfang der 80er Jahre durch den spektakulären Anstieg der Kranichzahlen. Vor 1973 rasteten und überwinterten hier nur wenige Kraniche; in den letzten Jahren wurden an Stichtagen mehr als 20 000 Individuen gezählt. Die höchsten Summen werden im November/Dezember und Februar/März erreicht, also zu den Zeiten vor und nach der eigentlichen Überwinterung, die hauptsächlich im iberischen Südwesten (S. 135) und zum kleinen Teil in Marokko stattfindet. Ursachen für diese Massierung in nur wenigen Jahren sind die für den Kranich verbesserten Nahrungsbedingungen (Getreidesaat) in unmittelbarer Nähe der sicheren Übernachtungsplätze im See und der Schutz vor Verfolgung.

Die Bauern hegen einen verständlichen Ärger auf die unliebsame Konkurrenz; eine vordringliche Aufgabe des Naturschutzes ist daher die befriedigende Lösung der Entschädigungsfrage. Es ist klar, daß nicht den Bauern die Finanzierung des größten europäischen Kranichrastplatzes allein zuzumuten ist. Als eine Gefahr aus der Sicht des Naturschutzes erscheint auch die Abhängigkeit der Kranichpopulation von landwirtschaftlichen Kulturen an einem einzigen Platz und die mögliche Vernachlässigung des Schutzes der traditionellen Rast- und Überwinterungsgebiete.

Im Gebiet unterwegs

Der Ufersaum darf aus Schutzgründen nicht betreten werden. Die Dörfer Gallocanta und Tornos sind gute Ausgangspunkte für Beobachtungen. Wandert man vom südlichen Dorfrand von Gallocanta parallel zur Uferlinie, kann man eine große Flachwasserzone überschauen. Man gelangt zu einem kleinen Felsrücken (hier brüten auch Steinsperlinge und Alpenkrähen) und zur Kapelle »Ermita de Nuestra Señora del buen Suceso« ①, von wo aus man einen guten Ausblick hat; das gleiche gilt auch für den nördlichen Dorfausgang von der Straße aus. Dieser Teil des Sees eignet sich wegen des Sonnenstandes besonders für die Nachmittags- und Abendstunden.

Auf der Straße im Osten des Sees weiterfahrend erreicht man das Dorf Berrueco, von dessen Burgruine ② man praktisch den ganzen See überblickt. Hier sieht man im Winter morgens und abends die fliegenden Kranichtrupps besonders schön, wenn sie von und zu den Schlafplätzen in der Lagune fliegen; aber auch im gesamten Gebiet um den See wird man dann immer wieder im klaren Winterlicht herrliche Beobachtungen machen können. Zwischen Tornos und Bello, an einem verfallenen Haus ③, führt ein Weg durch Salz- und Sumpfvegetation (je nach Wasserstand kann der Weg auch unpassierbar sein) an die Lagune. Hier kann man u. a. Watvogelarten und Kurzzehenlerchen beobachten.

Laguna de Gallocanta

Die Lachseeschwalbe brütet gerne an salzhaltigen Binnenseen.

Der Einfarbstar vertritt zur Brutzeit im größten Teil Spaniens den mitteleuropäischen Star.

Praktische Tips

Anreise

Von Zaragoza aus erreicht man das Gebiet über die N 330 nach Daroca und von dort weiter auf der C 211. Nach etwa 18 km zweigt die Straße links ab nach Gallocanta. Von Madrid aus fährt man über Guadalajara, Alcolea del Pinar nach Molina de Aragon und weiter über die C 211. Um den See führen gut ausgeschilderte Straßen.

Klima/Reisezeit

Gallocanta liegt 1000 m über Meereshöhe und das Klima ist kontinental, d. h. im Winter kann es sehr kalt sein, während die Sommer trocken-heiß sind. Auch die Unterschiede zwischen Tag- und Nachttemperaturen sind meist sehr groß. Die Niederschlagsmenge liegt knapp unter 500 mm und fällt hauptsächlich im Winter.
Die besten Beobachtungsmöglichkeiten findet man von November bis Mitte Juni vor. In diese Zeit fällt der Zug der Kraniche, die Winterrast der Wasservögel und deren Brutaktivität. Im Sommer ist das Gebiet von geringerem Interesse.

Adressen

Für den Besuch des Gebietes ist eine offizielle schriftliche Erlaubnis einzuholen von
▷ Diputacion General de Aragon; Depto. de Agricultura, Ganaderia y Montes; Servicio Provincial; Vazquez de Mella, 10; 50071 Zaragoza.

Im Antwortschreiben wird die lokale Adresse eines Aufsehers (Guardia) angegeben, der den Besucher mit den Gegebenheiten und jeweiligen Besonderheiten vor Ort vertraut macht. Es kann auch im Dorf Berrueco direkt nach dem Guardia Santiago Dominguez gefragt werden.
Beobachtungen von der Straße aus sind auch ohne jegliche Erlaubnis möglich.

Unterkunft

Ein Hotel gibt es nur im knapp 30 km entfernten Daroca (Hotel Daroca, Tel. 76-80 00 00). Im Dorf Tornos werden Privatzimmer angeboten, auf Anfrage eventuell auch in den anderen Dörfern.

Blick in die Umgebung

In Tornos wurde ein kleines Museum über die Lagune eingerichtet.
Westlich der Straße Daroca–Calatayud, beim Ort Nuevalos, steht das sehr sehenswerte Kloster »**Monasterio de Piedra**«. Wie eine Oase in der Steppe entspringen hier in einem kleinen Wald Kaskaden und Quellen. Markierte Wege führen durch den Park, hin zu Wasserflächen und Grotten.
Der Ort **Daroca** ist mit seinen roten Ziegeldächern und dem verfallenen Mauergürtel ebenfalls sehenswert.

14 Laguna de Gallocanta

15 Arlanza-Tal

> Grandiose, einsame Karstlandschaft; eindrucksvolle Waldbilder und großflächiges Vorkommen des seltenen Spanischen Wacholder; Gänsegeierkolonien.

Neben Andalusien ist Kastilien (»Castillo« = Burg) die dem Namen nach wohl bekannteste spanische Region. Die spanische Meseta als kastilische Charakterlandschaft wird meist als flache monotone Hochebene dargestellt. Tatsächlich weist sie aber vielfältige Strukturierungen auf. Die nördliche Submeseta, bis vor einigen Jahren als Altkastilien und heute als autonome Regon »Castilla-Leon« bezeichnet, ist geologisch gesehen eine Beckenlandschaft. Auf dem Boden des ältesten Gesteinssockels lagerten sich Erosionsmaterialien ab; durch Jahrmillionen dauernde Meeresüberflutungen kamen dicke Kalkschichten hinzu (vor allem im Osten), und im Tertiär bildeten sich an den Peripherien jüngere Gebirge, während das Zentrum des Beckens viel weniger angehoben wurde. Die Ebenen der nördlichen Meseta liegen heute 700–1000 m über Meereshöhe, und die Gebirge an allen Rändern der Meseta übersteigen 2000 m, im Norden und Süden auch 2500 m.

Unmittelbar mit den gebirgsbildenden Prozessen setzt auch Erosion ein; Gesteinsschutt wird in die Ebene transportiert und sedimentiert dort. In Abhängigkeit von der Art der

An den steilen Hängen entlang des Arlanza wächst der Spanische Wacholder.

Uralter Spanischer Wacholder – eine markante Baumgestalt in karger Landschaft.

Sedimente verläuft dann dort die anschließende Reliefausprägung durch Wasserkraft. Im Osten des Beckens, wo sehr starke Kalkschichten solche aus Ton und Mergel bedecken, haben sich die Wasserläufe sehr tief und relativ schmal eingeschnitten. Erst als die relativ harte Kalkschicht durchbrochen war, setzte eine stärkere seitliche Erosion ein, so daß der Talboden breiter wird. Zwischen den Wasserläufen blieben wenig erodierte flache Rücken stehen, die von tief eingeschnittenen Flußtälern begrenzt werden. Diese Rücken heißen Páramos und sind sehr charakteristisch für den östlichen und zentralen Teil Kastiliens. Sie liegen meist 850–1050 m hoch und damit etwa 150 m höher als die Talsohlen.

Wo die Kalkschichten weniger mächtig sind und Konglomerate und Tone dominieren, hat die Erosion viel flächenhafter angesetzt, und nur einzelne Tafelberge in der Ebene sind stehengeblieben (S. 99).

Die gesamte nördliche Meseta bildet ein einziges, vom Duero entwässertes, hydrographisches Becken. Das Arlanza-Tal und die Schlucht des Rio Lobo (S. 225) sind typische Karstschluchten, während das Riaza-Tal (S. 111) im Bereich der Konglomerate und Tonsedimente liegt.

Der Fluß Arlanza fließt etwa 80 km nördlich des Duero parallel zu diesem in Ost-West-Richtung. Zwischen den Karstgebirgen Sierra de las Mamblas und Peñas de Cervera hat er sich tief eingeschnitten. Steile, höhlenreiche Felswände begrenzen das Flußtal.

In diesem Gebiet liegt auch das für Kastilien historisch bedeutsame Kloster San Pedro de Arlanza und nebenan auf der Bergspitze die Ruinen der Burg.

Pläne für einen Stausee drohten jahrelang das einzigartige Tal untergehen zu lassen. 1987 endlich wurde dem Schutz des Klosters und der überragenden Pflanzen- und Tierwelt Priorität zugemessen.

Pflanzen und Tiere

Die besondere Kostbarkeit des Arlanza-Tals sind seine herrlichen Wacholderbestände. Dabei handelt es sich um den **Spanischen Wacholder**, eine Art, die nur im östlichen Zentralspanien, im marrokanischen Atlas-Gebirge sowie punktuell in den Südalpen, Korsika, Algerien und Tunesien vorkommt. Der Spanische Wacholder erreicht eine Höhe bis zu 20 m und ist sehr langsamwüchsig und langlebig; die Bestände sind locker. Anderen Baumarten gegenüber ist er konkurrenzschwach und kann sich nur auf Extremstandorten halten; in Spanien und Marokko sind es trocken-kalte Standorte, die von der Steineiche nicht mehr verteidigt werden können. Beide Arten kommen aber auch in Mischung vor, oder die Steineiche besiedelt den Hang, während der Spanische Wacholder am Talgrund steht, an dem sich die Kaltluft sammelt.

Im Mai/Juni blühen Binsenlilie, mehrere Sonnenröschenarten, Dunkler Fingerhut, Strauchiger Lein und Blauer Lein (S. 40) und zahlreiche Orchideenarten; am häufigsten ist die Spinnenragwurz (S. 113).

In den unzähligen Höhlen und Vertiefungen der Karstwände lebt eine große Gänsegeierkolonie; auch Schmutzgeier und Zwergadler (S. 194) brüten im Gebiet, während Mönchs- und Bartgeier in diesem Jahrhundert leider verschwunden sind. Am Wasser leben Fischotter, Wasseramsel und Eisvogel, im offenen Buschland können Neuntöter und Rotkopfwürger beobachtet werden, und in steinigen und schütteren Zwergstrauchformationen ist der unauffällige Brachpieper nicht selten.

Im Gebiet unterwegs

Das **Arlanza-Tal** ① zwischen Hortigüela und Covarrubias ist relativ eng, Wanderungen abseits der Straßen sind kaum möglich; man kann aber immer wieder anhalten und aussteigen, der Verkehr ist sehr gering. Vom **Kloster San Pedro de Arlanza** ② (wird z. Z. restauriert) führt ein Pfad zur oberhalb gelegenen Burgruine, von der aus man einen herrlichen Blick auf die Wacholder- und Steineichenbestände und die Gänsegeierbrutplätze der gegenüberliegenden Felswand hat. Landschaftlich ebenfalls sehr schön sind die Straßenabschnitte zwischen Covarrubias und

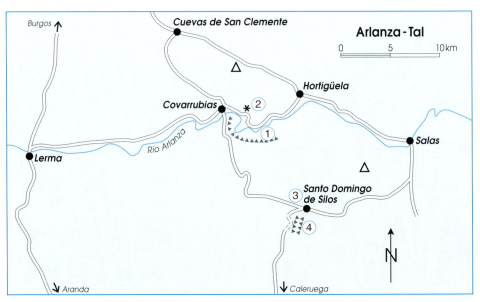

Mit zunehmendem Alter verliert sich die Leiterzeichnung der Treppennatter. Die weit über 1 m langen Alttiere sind graubraun mit zwei undeutlichen Längsstreifen.

San Clemente im Norden und Covarrubias und dem **Kloster Santo Domingo** ③ im Süden. Südlich des Klosters führt die Straße Richtung Caleruega durch die **Yecla-Schlucht** ④ (s. unten).

Praktische Tips

Anreise
Das Gebiet liegt etwa 30 km südöstlich der Stadt Burgos. Von der N I fährt man in Lerma nach Osten in Richtung Covarrubias und San Pedro de Arlanza. Die Abfahrt von der Straße Burgos–Soria erfolgt bei Hortigüela.

Klima/Reisezeit
Das Gebiet gehört zu den kältesten und trockensten Zonen der Iberischen Halbinsel. Die nördliche Submeseta ist ringsum von hohen Gebirgen umgeben, an denen sich der größte Teil der Regenwolken bereits abregnet. So sind hier nicht nur die Sommer ausgeprägt trocken, sondern auch die Winter. Niederschläge fallen fast nur im Herbst und Frühling. Die große durchschnittliche Höhe (über 800 m) und das Fehlen eines temperaturausgleichenden Meeres bedingen lange, kalte Winter und kurze, nicht übermäßig heiße Sommer.
Die beste Jahreszeit für einen Besuch ist daher von April/Mai bis September.

Unterkunft
Hotels und Pensionen findet man in Covarrubias, Lerma und Burgos.

Blick in die Umgebung

Sehenswert ist das Benediktinerkloster **Santo Domingo de Silos**. Es hat einen schönen Kreuzgang, eine alte Apotheke und eine wertvolle Bibliothek mit Werken u. a. von Linnée. Das Dorf **Covarrubias** ist durchaus einen Abstecher wert; in **Burgos** steht eine der schönsten gotischen Kathedralen.

Yecla-Schlucht
Wenige Kilometer südlich des Klosters Santo Domingo de Silos führt die Straße nach Caleruega durch einen Tunnel ④. Außerhalb des Tunnels folgt ein abenteuerlicher Pfad dem Bachlauf und durchquert die nur etwa 200 m lange Schlucht, wo Gänse- und Schmutzgeier (S. 36 und S. 42), Alpenkrähen (S. 51), Kolkraben, Blauelstern (S. 134), Steinsperlinge, Zippammern (S. 113), Blaumerlen (S. 166), Hohltauben und Berglaubsänger beobachtet werden können.
Etwa 1 km nördlich des Tunnels, an Lößsteilwänden an der Straße, sieht man Bruthöhlen von Bienenfressern (S. 166). Die Vögel lassen sich am besten aus dem langsam fahrenden Auto beobachten.

15 Arlanza-Tal

In dem trockenen und offenen Gelände des Arlanza-Tales blühen im Frühling
Dunkler Fingerhut (oben links),
Binsenlilie (oben rechts),
Strauchiger Lein (Mitte)
sowie mehrere schwer bestimmbare Arten weiß-, gelb- und rosablühender Sonnenröschen (unten links und rechts).
Je nach Höhenlage reicht die Blütezeit auch bis in den Sommer hinein.

16 Greifvogelschutzgebiet Montejo

> Imposante Anzahl Gänsegeier; gute Fotografiermöglichkeiten; Flußerosionserscheinungen; schöner Wanderweg durch das Flußtal.

Das »Refugio de Rapaces de Montejo«, wie das Naturschutzgebiet offiziell heißt, wurde 1975 von ADENA (die spanische Sektion des WWF) zum Schutz der dort brütenden Greifvögel ausgewiesen. Obwohl auch damals schon alle Greifvogelarten unter absolutem Gesetzesschutz in Spanien standen, kann durch einen solchen Gebietsschutz natürlich eine viel bessere Kontrolle gewährleistet werden. Das von steilen Felswänden eingefaßte Tal des Riaza wird seitdem von 2 Aufsehern kontrolliert. Das Schutzgebiet hat eine Größe von 2415 ha und erstreckt sich auf etwa 12 km Flußlänge zwischen dem Fuß der Staustufe, oberhalb derer der Riaza gestaut wird, und dem Ort Montejo im Westen. Nach Westen zu erweitert es sich allmählich. Wie in vielen anderen Flußschluchten der nördlichen Meseta (z. B. Rio Lobos, S. 225, Arlanza-Tal, S. 106) zeugen auch hier formenreiche Auswaschungen und Höhlenbildungen in den steilen Felswänden von der Erosionsarbeit des Wassers in den rotfarbenen Ton-, Sand- und Konglomeratschichten und von Karsterscheinungen im Kalkgestein. Diese Höhlen und Vorsprünge sind unabdingbare Voraussetzungen für das Brüten der

Blick ins Riaza-Tal. Im Vordergrund Spanischer Wacholder.

In großer Zahl wird man bei einer Wanderung durch das Tal Gänsegeier fliegen und sitzen sehen.

Gänsegeier. In Gebieten mit guter Nahrungsversorgung, also mit reichlich Weidevieh, aber nur relativ knappem Brutnischenangebot konzentrieren sich große Brutpaaranzahlen an den günstigen Stellen.

Das umliegende flache Land läßt kaum eine solch tief eingeschnittene Schlucht erahnen, die sich sehr abrupt öffnet. In der Gegend werden hauptsächlich Wein und Getreide erzeugt. In Montejo und anderen Orten der Region sieht man oft kleine Schornsteine aus der Erde ragen: Sie dienen der Lüftung eines unterirdisch angelegten Systems von Gängen und Höhlen, in denen Wein gelagert wird. Diese Bodegas unterminieren z. B. im nahen Aranda de Duero fast die ganze Stadt. Die flachen Kegel und Rücken aus Sedimentationsgesteinen tragen eine dürftige Steppenvegetation und sind wichtigstes Weidegebiet für die zahlreichen Schafherden.

Pflanzen und Tiere

Dominierende Baumarten an den Hängen sind Steineiche (S. 128) und Spanischer Wacholder (S. 107); beide sind sowohl an sommerliche Trockenheit als auch an winterliche Kälte angepaßt. Flußbegleitend wachsen Weiden, Erlen, Schmalblättrige Esche, Silberpappeln und einzelne Portugiesische Eichen. Waldrebe und mehrere Arten der Heckenkirsche bilden ein stellenweise dichtes Geflecht. Im Mai/Juni blühen die meisten Blütenpflanzen, von denen besonders auffallen der Dunkle Fingerhut (S. 110), Affodil (S. 127), Binsenlilie (S. 110), Strauchiger und Blauer Lein (S. 110 und S. 40), Schopflavendel (S. 146) und Echter Lavendel sowie mehrere Orchideenarten, u. a. Weißes und Rotes Waldvögelein, Dingel, Spinnenragwurz, Braunrote und Violette Stendelwurz.

Die Protagonisten des Gebietes jedoch sind die Gänsegeier: Über 150 Paare brüten in den Felswänden parallel zum Fluß, und ständig sieht man bis zu 50 Vögel gleichzeitig. Oft sitzen sie auch exponiert auf Felsspitzen und sonnen sich. Viel seltener ist der kleine Schmutzgeier (S. 42); der eindrucksvolle Habichtsadler ist leider zu Beginn der 80er Jahre aus dem Gebiet verschwunden. Zwergadler (S. 194), Turm- und Wanderfalke sind weitere Greifvogelarten, deren Erhaltung hier gesichert werden soll. Der Höhlenreichtum der Felswände bietet auch Arten wie Dohle,

Die Spinnenragwurz ist die häufigste Orchideenart.

Turteltaube beim Trinken.

Alpenkrähe (S. 51), Felsentaube, Felsenschwalbe, Alpensegler, Zippammer, Steinsperling und Uhu gute Brutmöglichkeiten. Bis auf den Uhu können alle genannten Arten schon gleich am Anfang der Schlucht, am Fuß der Staustufe, mit großer Wahrscheinlichkeit beobachtet werden. Die Blauelster (S. 134) erreicht hier schon fast den nordöstlichsten Zipfel ihres Verbreitungsgebietes und verhält sich sehr heimlich; meist verrät sie sich erst durch ihren charakteristisch ansteigenden »sriiieh«-Ruf. Im Baumbestand

Die Zippammer ist in felsigem Gelände verbreitet.

Der Spanische Rippenmolch wird bis zu 30 cm lang.

16 Greifvogelschutzgebiet Montejo — 113

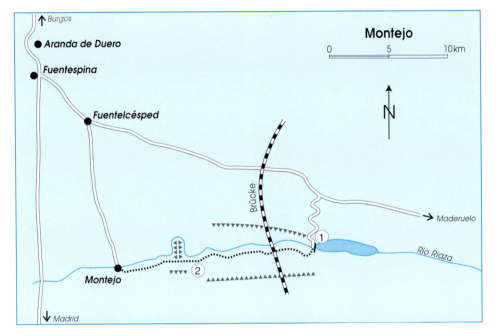

am Fluß kann man Pirol, Turteltaube und Orpheusspötter hören.
An besonnten Flußstellen liegen oft mehrere Kaspische Wasserschildkröten (S. 131) übereinander auf Steinen und gefallenen Stämmen, und im Gebüsch huschen Algerische (S. 154) und Spanische Sandläufer sowie Perleidechsen (S. 138). Treppen- (S. 109), Schling- und Girondische Schlingnatter sind nur mit viel Glück zu sehen. Von den Insekten sind die großen Schmetterlinge Schwalbenschwanz und Segelfalter am auffallendsten. Auch Ölkäfer sieht man auf den Wegen.

Im Gebiet unterwegs

Ausgangspunkt des Besuches im Greifvogelschutzgebiet ist der Fuß der Staumauer ①, oberhalb derer der Riaza angestaut ist. An der Staumauer führen Treppen hinauf, und von der Dammkrone kann man einen Blick auf den See werfen, der allerdings außer einigen Haubentauchern meist wenig bietet. Zu hören sind hier aber schon die typischen breiten »bä-i«-Rufe der Steinsperlinge, deren Entdeckung in den hohen Felswänden dann oft schwierig wird.
Auf der linken Flußseite führt ein guter Weg immer parallel zum Fluß. Von hier aus können alle Beobachtungen gemacht werden, ein Klettern in den Felsen ist dazu weder nötig noch erlaubt. Hat man das Auto an der Staumauer abgestellt, muß man irgendwann den gleichen Weg wieder zurückgehen. Wer die Möglichkeit hat, sich abholen zu lassen, sollte das Tal die 12 km bis zum Dorf Montejo durchwandern. Es ist ein sehr schöner Weg, nur auf einem kurzen Stück mit nennenswerter Steigung. Nach etwa 7 km Wanderstrecke erblickt man rechts die Ruine einer früheren Wallfahrtskirche, und bald teilt sich der Weg an einer Schutzhütte ②. Links neben der Hütte verlaufen 2 Steinmäuerchen, <u>zwischen</u> denen man hindurchgeht und auf Ziegenpfaden sich links haltend den Felsrücken ersteigt. Auf dieser Erhebung kann man rechterhand bis zum Steilabfall gehen und sieht unterhalb den Fluß in einer Schlinge verlaufen. Zum Abstieg hält man sich aber auf dem Weg weiter links, und bald

hat man wieder den Fluß neben sich. Durch Ackerland geht es dann die letzten 2–3 km nach Montejo.

Praktische Tips

Anreise

Wenige Kilometer südlich von Aranda de Duero zweigt von der N I eine kleine Straße nach Fuentelcesped ab; hier weiter Richtung Maderuelo (nicht dem Hinweis »Montejo« folgen). Nach etwa 10 km führt in einer Linkskurve der Straße die Abzweigung zur Staumauer geradeaus weiter. Ein Schild »Refugio de Rapaces« weist darauf hin. Recht steil und kurvenreich geht es dann bis zum Ende der Straße an die Staumauer. Das Dorf Montejo erreicht man von Fuentelcesped aus rechts abzweigend.

Klima/Reisezeit: Wie Arlanza, s. S. 109.

Unterkunft

Nur in Aranda de Duero mehrere Hotels. Die würzigen Kräuter der Steppe prägen den Geschmack des Schaffleisches, und Aranda ist berühmt für seine »asadores«, Tonöfen in denen das Schaffleisch knusprig gebraten wird. Der in den Höhlengängen unter der Stadt gelagerte Wein paßt dazu vorzüglich.

Blick in die Umgebung

<u>Naturpark Cañon del Rio Lobo:</u> Die Schlucht des Rio Lobo (s. Foto S. 225) liegt westlich von Aranda de Duero, etwa 20 km nördlich der Kleinstadt El Burgo de Osma (ausgeschildert). Die Tier- und Pflanzenwelt (zahlreiche Gänse- und Schmutzgeier) entspricht weitgehend der von Montejo. Ausgedehnte Waldbestände mit Schwarzkiefer und Spanischem Wacholder laden zu Wanderungen ein.

Felix Rodriguez de la Fuente

Der auch in Deutschland durch die Fernsehserie »Fauna Iberica» bekanntgewordene Buch- und Filmautor Felix Rodriguez de la Fuente starb 1980 beim Absturz seines Kleinflugzeuges während Filmaufnahmen in Alaska. Der Einsatz dieses Mannes aus der Provinz Burgos hat in der spanischen Öffentlichkeit einen ungeheuren Sinneswandel ausgelöst oder zumindest stark beschleunigt und damit unendlich mehr für den Naturschutz bewirkt als viele staatliche Stellen. Mehrere Faktoren trafen Ende der 60er und in den 70er Jahren zusammen und erklären den bis heute größten Sendeerfolg des spanischen Fernsehens: Seine beeindruckende Art zu sprechen, die Fähigkeit seine Begeisterung für die wildlebenden Tiere wirkungsvoll zu übermitteln, die Faszination, die das Medium Fernsehen allgemein ausübte, die herr-lichen Tieraufnahmen und der beginnende Sinnes- und Wertewandel der spanischen Gesellschaft, für die die Natur bis dahin nur als Gegner existierte. Rodriguez de la Fuente hat durch seine Filme und auch Bücher genau zum richtigen Zeitpunkt die Schönheit und Vielfalt der Natur dem gesamten Volk vor Augen geführt und erreicht, daß viele Spanier ein grundlegend neues Verhältnis zur Natur gewannen. Besonders bei den Jugendlichen fiel seine Botschaft auf fruchtbaren Boden. Die Folge waren unzählige Gründungen von Naturschutz-vereinigungen. So hat er weit über seinen Tod hinaus Entscheidendes für den Naturschutz geleistet und dafür gesorgt, daß die reiche spanische Natur zumindest über gute Anwälte verfügt. Sein Wirken weist viele Parallelen zu Bernhard Grzimek auf. Wie jener in Afrika, so war Felix Rodriguez de la Fuente in Spanien ein Pionier des Naturschutzes.

17 Sierra de Gredos

Hochgebirge mit schönen Wandermöglichkeiten; eindrucksvolle »Amphitheater«, gebildet von den höchsten Gipfeln der Kordillere; verschiedenste Klima- und Vegetationszonen auf relativ kleinem Raum; reiche Flora und guter Steinbockbestand.

Die iberischen Zentralgebirge (»Cordillera Central«) verlaufen über eine Länge von 500 km von Ost-Nordost nach West-Südwest und bilden die Wasserscheide zwischen dem Duero im Norden und dem Tajo im Süden bzw. zwischen der nördlichen und südlichen Meseta. Die Cordillera setzt sich aus mehreren Gebirgszügen (»Sierra« = Säge) zusammen, z. B. Sierra de Ayllon, Sierra de Guadarrama und eben Sierra de Gredos, dem westlichsten und höchsten Massiv (tatsächlich sind es sogar 3) der Cordillera Central. Gredos ruht auf einem Sockel, der zu den ältesten paläozoischen Gebirgsbildungen der Iberischen Halbinsel zählt, danach aber fast vollständig abgetragen wurde. Das vorherrschende Gestein ist Granit und wurde dann im Zuge der alpidischen Gebirgsbildung erneut angehoben, während sich der Südrand (das heutige Tal des Rio Tietar) absenkte. Diese Auffaltung war mit einem Abkippen der Platten nach Norden verbunden, wobei der Südrand abbrach. Die Nordhälfte wurde weiter angehoben. Das ist die Ursache für den augenfälligen Dimorphismus zwischen Nord- und Südabdachung. Von Norden kommend erscheint Gredos relativ sanft geneigt, während die Südseite in dramatischer

Im Frühling und Frühsommer blühen an den Hängen der Sierra de Gredos riesige Ginsterflächen.

Die Spanische Wildhyazinthe wächst bevorzugt in felsigem Gelände.

Auch der Fingerhut *Digitalis thapsi* ist endemisch in Spanien, in den mittleren Lagen von Gredos aber nicht selten.

Steilheit abfällt. Zwischen der Wasserscheide und dem Tal des Tietar (400 m) fällt das Gebirge auf einer Breite von 10 km über 2 km ab, während Dörfer auf der Nordseite, bei gleicher Entfernung zum Gebirgskamm, noch gut 1000 m höher liegen.

Die Hochlagen wurden sekundär von Gletschern bearbeitet und modelliert, obwohl diese hier nie so weit fortschritten wie in den Pyrenäen. Die stärkste Glazialausprägung weisen die Circo genannten Amphitheater der höchsten Gipfel auf. Die beiden spektakulärsten öffnen sich nur nach Norden: Circo de cinco Lagunas und Circo de Gredos. Dieser wird gebildet von über 30 Gipfeln über 2300 m Höhe, darunter auch der Almanzor, mit 2592 m der höchste der ganzen Kordillere. Die Glazialkräfte reichten nicht aus, um lange Täler auszuschleifen; immerhin hinter-

ließen sie zwischen den Berggipfeln eine spitze Abfolge von Nadeln und Kämmen und einige Glazialseen.

Die Iberische Gebirgseidechse ist im Sommer an vielen Stellen von Gredos sehr häufig.

117

Gredos ist aufgrund seiner geologischen Strukturen nur schwer zu überwinden. Der wichtigste Paß ist der Puerto del Pico, nördlich von Arenas de San Pedro. Hier findet sich eine hervorragend erhaltene Pflasterstraße aus der Römerzeit, die parallel zur heutigen Autostraße führt. Die Nordabdachung führt über in die kontinental geprägte nördliche Meseta, während auf der Südseite, im Schutz der 2 km hohen Gebirgswand und durch Steigungsregen begünstigt, ein warm-humides Klima herrscht. Dieser Landstrich zwischen Gebirgsfuß und Tietar-Fluß heißt La Vera. Nach Süden und Südwesten hin öffnet sich die Landschaft und geht über in die Weite der Extremadura. Gerade diese räumliche Nähe zwischen zwei der repräsentativsten und faszinierendsten Großlandschaften Spaniens, nämlich Hochgebirge und ursprüngliche mediterrane Eichenwaldformationen, machen das Gebiet ungemein attraktiv für den Naturbeobachter.

Seit Jahrzehnten wird um Gredos gekämpft: Die Tourismus-Interessenverbände möchten das Gebiet viel stärker erschließen, der Naturschutz setzt sich für die Erhaltung der Landschaften und die Fortführung der traditionellen Wirtschaftsformen, vor allem Forst- und Weidewirtschaft, ein. 1975 wurde die Chance für die Erklärung zum Nationalpark leider vertan. Gredos würde sich hervorragend dafür eignen, da großflächige und repräsentative Landschaften Zentralspaniens von außerordentlicher Schönheit und Diversität, großer Pflanzen- und Tierartenreichtum und sehr geringe Bevölkerungsdichte zusammentreffen. Die Kulturformen der Bevölkerung würden nicht nur perfekt mit dem Schutzgedanken harmonieren, sondern sie haben in der Vergangenheit auch entscheidend zu der heute anzutreffenden Vielfalt beigetragen. Außerdem könnte dann vielleicht der alte Konflikt zwischen Naturschutz und Tourismus befriedigend gelöst werden.

Pflanzen und Tiere

Der Wald ist in Gredos sehr früh weitgehend verschwunden. Die Hochlagen bis etwa 1600–1800 m waren ursprünglich mit Pyrenäen-Eiche und Waldkiefer bestanden, unterhalb etwa 1300 m mit Steineiche. Reste davon und auch Neuanpflanzungen findet

Die Pyrenäen-Eiche ist in weiten Teilen des kontinentalen nördlichen Zentralspaniens die dominierende Baumart. Ihre tief und fein gelappten Blätter sind sehr charakteristisch.

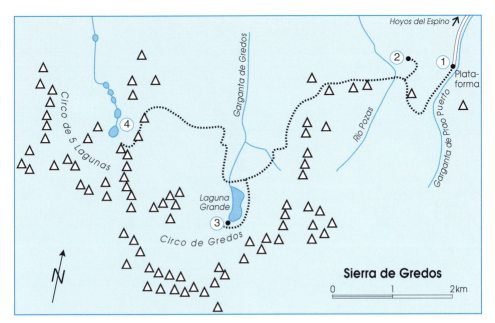

man gelegentlich. Eine traditionsreiche und charakteristische Weidewirtschaft mit regelmäßigem Wechsel der Weidegründe (»Transhumanz«, s. S. 127 f.) hat das Vegetationsbild verändert. Zwischen etwa 1600 m und 2200 m, auf der Nordseite auch tiefergehend, breitet sich heute eine Ginsterflur aus. Dominante Arten sind Geißklee (dichte, aufrechte Zweige, gefurcht und meist blattlos; gelbe, nach Vanille duftende Blüten, einzeln an den Zweigenden), *Echinospartium lusitanicum* (bis 2 m hoher, sehr borniger, an den jungen Zweigen behaarter Strauch; gelbe Blüten in Trauben zu 3–9 am Zweigende) und *Genista hystrix* (dornig, 3–5 mm große Blättchen; 2 oder mehr Blüten in den Blattachseln). Eine schöne Sommerwurz ist die auf den Ginsterarten parasitierende *Orobanche rapum-genistae*. In den unteren Lagen, etwa in der Gegend um Arenas de San Pedro, findet man im Mai/Juni u. a. den Fingerhut *Digitalis thapsi*, Diptam und die endemische, violettblühende Lupine *Lupinus hispanicus*. In den Hochlagen, auf dem Weg zur Laguna Grande, blühen im April/Mai dann Tausende Reifrock-Narzissen (S. 33), und auf gerade schneefrei gewordenen Flächen erscheinen *Crocus carpetanus* und Frühlings-Meerzwiebel. Zwischen Felsen wächst die Spanische Wildhyazinthe. Die Tierwelt der unteren Südlagen entspricht weitgehend der auch für die Extremadura beschriebenen (s. S. 128 ff.). Fährt man aber im Mai/Juni im Norden z. B. die kleine Paßstraße über den Puerto Tremedal, so vernimmt man in den weiten Ginsterfluren mit den eingestreuten großen Granitblöcken den melancholischen Gesang des Ortolan. Feldlerche, Steinschmätzer, Heckenbraunelle, Zippammer (S. 113) und Steinrötel (S. 198) sind weitere charakteristische Singvogelarten dieser Zone. Der Steinadler ist oft gegen die Gebirgskulisse zu sehen. Auf der Wanderung zur Laguna Grande ist die Vogelwelt vertreten durch die dominante Heckenbraunelle und die seltenere, aber wenig scheue Alpenbraunelle. Wasserpieper und Steinschmätzer sind ebenfalls Begleiter auf diesem Weg. Die besondere Kostbarkeit von Gredos ist seine Blaukehlchenpopulation, die hier zwischen 1700 m und 2100 m in den dichten Beständen von *Cytisus purgans* so versteckt

brütet, daß sie erst 1927 von dem britischen Ornithologen Witherby entdeckt wurde. Sie werden zwar zur Unterart »Weißsterniges Blaukehlchen« gezählt, tatsächlich haben die meisten Vögel hier aber eine reinblaue Kehle.
Neben Steinadler sieht man auch häufig Gänsegeier (S. 36) und sogar Mönchsgeier (S. 137) in den höchsten Zonen. Sie suchen verendete Steinböcke. Die Gredos-Steinböcke (S. 91) standen zu Beginn des Jahrhunderts, wie viele andere Steinbockpopulationen auch, am Rande der Ausrottung. Nach der strengen Jagdreglementierung (das bedeutet nicht unbedingt Jagdverbot, wohl aber Kontrolle über die Abschüsse) stiegen die Bestände, und heute bewohnen wieder über 5000 Tiere das Gebirge.
Erst ab Mai, zwischen 1500 und fast 2500 m, erscheint die häufige Iberische Gebirgseidechse. An feuchten Wiesen findet man auch den Spanischen Braunfrosch.

Im Gebiet unterwegs

<u>Hochgebirgstour:</u> Eine schöne Wanderung führt von der Plataforma ① bis zur Laguna Grande. Da die Plataforma bereits auf 1770 m Höhe liegt, ist die zu überwindende Höhendifferenz mit etwa 300 m relativ gering; die Pfade sind gut begehbar (zumindest zwischen Mai und Oktober). Vom Parkplatz der Plataforma führt zunächst ein gepflasterter Weg (Bedeutung als Wanderweg für die Schafherden über das Gebirge) in Windungen bergauf. Der Pfad wird dann schmaler, führt über die Wiesenfläche Prado de las Pozas ② (Schutzhütte) und steigt dann allmählich an. Der Weg ist zwar nicht überall ausgeschildert, man kann ihn jedoch nicht ver-

Auf den zum Teil noch aus römischer Zeit stammenden Pflasterstraßen (hier am Puerto del Pico) wechseln die Avila-Rinder noch immer jährlich zwischen den Sommer- und Winterweiden (»Transhumanz«).

fehlen, da es kaum andere gibt und dies der am stärksten begangene ist. An der Laguna steht man mitten im Halbrund des Circo de Gredos. Auf der Südseite der Laguna Grande ist eine Schutzhütte ③, an der Nordseite vorbei führt der Weg weiter zum Circo de las Cinco Lagunas ④. Dies ist jedoch wesentlich anstrengender und sollte den wirklich geübten vorbehalten bleiben. Die Gesamtdauer der Wanderung mit Beobachtungspausen beträgt 6–8 Stunden. Man kommt auf dem gleichen Weg wieder zurück.

Alle anderen Hochgebirgstouren sind nur mit Bergsteigerausrüstung und -erfahrung sowie gutem Kartenmaterial möglich.

Umrundung der Sierra de Gredos: Um einen Eindruck von der landschaftlichen, naturkundlichen, kulturellen und klimatischen Vielfalt der Sierra zu erhalten, ist eine Umfahrung, für die man mindestens 2 Tage einplanen muß, ein sehr lohnendes Ereignis. Als einer der möglichen Ausgangsorte kann der sehenswerte Ort Plasencia im Westen dienen. Von hier fährt man auf der N 630 nach Norden bis etwa 5 km nördlich von Bejar. Hier zweigt man rechts ab und fährt über die Orte Navacarros, San Bartolomé nach Becedas; hier rechts ab zum Paß Puerto Tremedal. Hinter sich gelassen hat man die mediterranen Steineichenhaine und die Wälder mit Pyrenäen-Eiche und befindet sich jetzt zwischen immensen Ginsterflächen (Blüte Mai/Juni) mit anstehenden Granitblöcken. Nach vorne (Süden) fällt der Blick auf den Gredos-Hauptkamm. Die Straße über den Tremedal-Paß ist nicht sehr gut, aber völlig ausreichend für einen normalgroßen Pkw. Auf der Südseite trifft man auf die N 110 und zweigt hier links ab. Über den 1000 m hoch gelegenen Ort Barco de Avila (wo trotz der Höhe noch Störche brüten) fährt man auf der C 500 in Richtung Hoyos del Espino. Hier geht die Abzweigung zur Plataforma ab. Von Hoyos del Espino weiter nach Osten bis zur Kreuzung mit der C 502, die man nach Süden zum 1352 m hohen Puerto del Pico nimmt (Römische Pflasterstraße). Ab hier windet sich die Straße steil ab, und bald erreicht man Arenas de San Pedro. Auf der C 501 geht es dann entlang der Südflanke wieder nach Westen bis Plasencia. Auch diese Strecke ist von großer landschaftlicher Schönheit. Sie durchquert teilweise Steineichen-Dehesas, dann wieder Kirschen-, Eßkastanien- und sogar Apfelsinen und Zitronenhaine. Die Orte haben sich noch viel Ursprüngliches bewahrt. Bei Jarandilla de la Vera lohnt ein Besuch des Klosters Yuste: In schöne Umgebung zog sich hierher Kaiser Karl V. zurück, wo er 1558 starb.

Praktische Tips

Anreise

Plasencia erreicht man von Madrid über die N V bis Navalmoral de la Mata und weiter über die C 511; von Avila auf der N 110 und von Salamanca auf der N 630. Die Plataforma, der Ausgangsplatz für die Hochgebirgswanderung, liegt etwa 12 km südlich des Ortes Hoyos del Espino.

Klima/Reisezeit

Je nach Exposition und Höhenlage sehr unterschiedlich. Die Hochgebirgswanderung empfiehlt sich nur zwischen Mai und Oktober; die Nordflanke weist kontinentales Klima auf, d. h. die Winter sind sehr rauh und dauern oft bis in den April. Die Südflanke hingegen hat ein mediterran-atlantisches Gepräge (s. Monfragüe, S. 135 ff.).

Unterkunft

Ein relativ gutes Angebot an Hotels und Pensionen gibt es in Plasencia, El Barco de Avila und Arenas de San Pedro. Staatl. Paradore (sehr gut und schön gelegen, aber relativ teuer) gibt es einige Kilometer östlich von Hoyos del Espino und in Jarandilla de la Vera. In den meisten anderen größeren Orten findet man Pensionen. Die Schutzhütten im Hochgebirge sind meistens geöffnet, aber nur unregelmäßig bewirtschaftet. Verpflegung und Wasser sollte also immer mitgeführt werden.

18 Nationalpark Tablas de Daimiel

Wichtigstes Feuchtgebiet in der Mancha; ausgedehnte Bestände der Schneide und artenreiche Unterwasserflora; als Brut- und Rastplatz für Wasservögel von internationaler Bedeutung.

Der jüngste der 5 Nationalparks auf dem spanischen Festland ist zugleich der mit den wohl negativsten ökologischen Veränderungen seit der Ausweisung. Die Mancha, die durch Don Quijote so berühmt gewordene Landschaft im südlichen Kastilien, weist einen immensen unterirdischen Wasservorrat auf, der eine Fläche von über 5500 km² bedeckt. Bis Ende der 70er Jahre lief dieses unterirdische Wasserbassin regelmäßig an einigen tiefergelegenen Punkten der Erdoberfläche über und überschwemmte das Land. Lokale Namen für dieses Phänomen sind Ojos (Augen) oder Tablas (Tafeln, Flächen). Zwei Flüsse tragen außerdem zur Hydrologie des Gebietes entscheidend bei: der Guadiana, der ganzjährig Süßwasser führt, und der Cigüela, dessen leicht salzhaltiges Wasser im Sommer versiegt. Größere Bedeutung für den Wasserzufluß hatte der Cigüela, der nach den ersten Herbstregen das Gebiet überschwemmte. Unter natürlichen Bedingungen trat in den Tablas dann auch unterirdisches Wasser durch und speiste das Gebiet.

Als etwa zeitgleich mit der Deklaration des Gebietes zum Nationalpark ein Strukturwandel in der Landwirtschaft der Mancha eintrat und sich die künstlich bewässerten Kulturflächen (vor allem Mais) verzigfachten, kehrten sich die hydrologischen Verhältnisse in den Tablas um: Nicht mehr die unterirdischen Wasservorräte traten oberirdisch durch, sondern alles Oberflächenwasser sickerte sofort nach unten weiter. Mehrere Trockenjahre und die verstärkte Entnahme am Oberlauf des Cigüela verschärften die kritische Situation und führten zeitweise zur völligen Austrocknung und zu schweren Bränden. 1984 wurde daraufhin ein Plan zur hydrologischen Regeneration des Nationalparks erarbeitet, der vorsieht, Wasser aus der Überlandleitung vom Tajo zum Segura-Fluß abzuzweigen und zusätzlich den Fluß Bullaque zu stauen, um daraus Wasser abzuleiten. Vorläufig und »oberflächlich« scheinen die Tablas de Daimiel damit gerettet zu sein, grundsätzlich ist dies sicher keine Lösung.

Das Gebiet ist die bedeutendste Wasserfläche in der sonst weitgehend trockenen Mancha und war schon vor Jahrhunderten eines der bevorzugten Entenjagdgebiete des Landes. 1973 wurden 2232 ha als Nationalpark ausgewiesen, von dessen Beobachtungsturm man das Labyrinth der Pflanzeninseln, Kanäle und offenen Wasserflächen gut überschauen kann.

Bis in die 70er Jahre ernährte das Gebiet mehrere hundert Familien durch Verkauf der reichlich vorhandenen Fische, Flußkrebse und Blutegel, durch Verwertung des Schilfes

Durch Holzstege sind im Nationalpark die mit Tamarisken bestandenen Inseln verbunden.

Das Spanische Rohr oder Riesenschilf, ein über 4 m hoch werdendes Gras, wächst auch an relativ trockenen Stellen.

Die Westschermaus ist die größte europäische Wühlmaus. Sie ist an Land und im Wasser aktiv.

Der eingeschleppte Rote Amerikanische Flußkrebs hat sich zu einer Plage in vielen Gewässern entwickelt.

zum Dachdecken und der Schneide als Brennmaterial und natürlich durch die Jagd. Diese Vielfalt natürlicher Einkommensquellen und jahrhundertealter sozialer Traditionen wurde dann brüsk beendet und alles auf die eine Karte Intensivlandwirtschaft gesetzt.

Pflanzen und Tiere

Praktisch die einzige Baumart des Gebietes ist die Tamariske *Tamarix gallica* (S. 74), die die salzhaltigen Böden gut toleriert und teilweise kleine Wäldchen mit urigen Bäumen bildet. Schilfrohr, Rohrkolben und die Schneide bilden große Bestände in den Flachwasserzonen. Letztgenannte Art weist wohl in Daimiel den größten Bestand in Westeuropa auf. Einstmals herrliche Bestände der Gelben Teichrose sind durch Kanalisierungsarbeiten im Guadiana leider verschwunden. Die Unterwasserflora wird durch mehrere Arten der Armleuchteralgen *Chara* dominiert, die die wichtigste Nahrungsquelle für mehrere Entenarten bildet. Im Mai/Juni erheben sich auffallende gelbe Blüten aus dem Wasser, die zu einer Wasserschlauchart gehören.

Die Fischwelt der Tablas hat nicht nur durch die hydrologischen Veränderungen gelitten, sondern wurde auch durch eingesetzte Hechte radikal dezimiert. Heute kommen u. a. noch Karpfen, Barben und Gambusien (S. 96) vor. Die kleine Gambusie wurde vor einigen Jahrzehnten hier und in vielen anderen spanischen Gewässern ausgesetzt (ihre Heimat ist Nord- und Mittelamerika), um als Mückenvertilger gegen die Malaria zu dienen. Tatsächlich gab es aber in Spanien praktisch keine Malariainfektionen.

Auch die Amphibien, z. B. Seefrosch, Laubfrosch, Erdkröte, Rippenmolch (S. 113), wurden zuerst durch die Hechte und anschließend durch den Roten Amerikanischen Flußkrebs stark dezimiert. Sowohl Europäische Sumpfschildkröte als auch Kaspische Wasserschildkröte (S. 131) Ringel- und Vipernnatter (am Wasser), Treppen (S. 109) und Eidechsennatter sowie Perleidechse (S. 138)

Durch exzessive Nutzung der Wasservorräte für die Landwirtschaft trockneten die Tablas zeitweilig ganz aus.

(am Land) können mit etwas Glück beobachtet werden.
Früher sicher häufiger als heute ist der Fischotter hier vertreten und die große Westschermaus stellte eine beliebte Abwechslung auf dem Speiseplan der Fischer dar.
Den legendären Ruhm in der spanischen Jägerschaft begründeten jedoch die Wasservögel. Das Gebiet ist gleichermaßen wichtig als Brut-, Mauser- und Winterquartier. Die beiden häufigsten Brutvogelarten sind Stock- und Kolbenente (S. 96), wobei die Tablas für letztere Art wahrscheinlich der wichtigste Brutplatz in Europa sind. Weitere Brutvogelarten sind Schnatterente, Zwerg- (S. 85) und Rohrdommel, Purpurreiher (S. 85), Stelzenläufer (S. 86), Kiebitz, Hauben- und Zwergtaucher sowie die Rohrweihe. Im Röhricht können mit etwas Geduld die schönen Bartmeisen beobachtet und der typische Gesang des Rohrschwirls gehört werden. Im offenen Bereich mit Tamarisken ist die Schafstelze recht häufig, und sogar der Grünspecht lebt hier und zimmert seine Höhlen in die alten Tamarisken. Besonders abends fliegen Baumfalken auf der Jagd nach Libellen und Kleinvögeln über den Tablas.
Herbst und Winter sind die Jahreszeiten mit dem größten Individuenreichtum an Enten: Knäk-, Krick-, Stock-, Schnatter-, Spieß-, Löffel-, Kolben-, Pfeif- und Tafelenten bevölkern dann zu Tausenden das Gebiet.

Im Gebiet unterwegs

Im Nationalpark existiert ein gut eingerichtetes Informationszentrum ①, von dem aus 2 verschiedene Wanderwege starten: Rundwanderweg A (Isla del Pan ②) verbindet über Holzstege und Brücken mehrere Inseln miteinander; entlang Weg B (Isla de Algeciras ③) sind einige getarnte Beobachtungshütten errichtet worden. Am Ende des Weges steht ein

18 Nationalpark Tablas de Daimiel — 125

Die Schneide hat in den Tablas ihre größten Bestände in Europa.

Beobachtungsturm, von dem aus man eine gute Übersicht auf die Tablas genießt.

Praktische Tips

Anreise
Aus Richtung Madrid kommend zweigt man in Puerto Lapice von der N IV auf die N 420 Richtung Ciudad Real ab. Auf der Höhe von Daimiel (ohne in den Ort fahren zu müssen) zweigt eine beschilderte Straße zum Nationalpark ab (11 km). Von Süden kommend nimmt man in Manzanares die N 430 bis Daimiel. Öffentliche Verkehrsmittel fahren nicht zum Nationalpark.

Klima/Reisezeit
Das Klima ist mediterran-kontinental, wobei die Wintertemperaturen gelegentlich bis −10°C sinken können. Eine länger anhaltende geschlossene Eisdecke ist jedoch äußerst selten. Das Niederschlagsmaximum wird im Spätherbst und Frühjahr erreicht. Beste Beobachtungsmonate sind November bis Juni, im Sommer ist die Aktivität der Tiere stark reduziert.

Adressen
Parque Nacional de las Tablas de Daimiel, Tel. (9 26) 85 20 58.
Die Öffnungszeiten des Nationalparks sind von März bis Oktober 9−21 Uhr, im Winter von 10−19 Uhr.

Unterkunft
Am Nationalpark ist eine Fläche zum Campen ausgewiesen worden, allerdings praktisch ohne Infrastruktur. Im Nationalpark gibt es keine Restaurants oder Einkaufsmöglichkeiten. Hotels und Pensionen findet man in Daimiel, Ciudad Real und Manzanares.

19 Extremadura

> Wirbeltierartenreichstes Gebiet Europas; extensiv genutzte Steineichenhaine und Weidegebiete; wichtiger Lebensraum für z. T. weltweit gefährdete Tierarten (Kaiseradler, Mönchsgeier, Pardelluchs); weite und einsame Landschaften.

Die Großlandschaften der Extremadura mit ihrer weltweit einmaligen Pflanzen- und Tierwelt üben eine große Fazination auf jeden naturinteressierten Besucher aus, und ihre Bedeutung aus der Sicht des internationalen Naturschutzes ist enorm. Mit den Provinzen Badajoz und Caceres bildet Extremadura eine Autonomieregion in Westspanien von der Größe der Schweiz, aber mit einer sehr niedrigen Bevölkerungsdichte (25 Einwohner/km^2).

Extremadura gehört zu den ältesten Formationen der Iberischen Halbinsel. Die im Erdaltertum gebildeten Gebirge sind bis auf einige besonders harte Kämme aus Quarziten praktisch abgetragen. Die vorherrschende Gesteinsarten sind kambrische und silurische Schiefer und Quarzite sowie stellenweise, z. B. um Trujillo und Caceres, Granit. Dieser weist interessante Verwitterungsformen auf, die nach dem Aussehen der Felsblöcke »Wollsackverwitterung« heißen.

Etwa die Hälfte der Fläche (20 000 km^2) der Extremadura nehmen die Steineichenhaine (»Dehesas«) und extensiv genutzten Weidegebiete ein. Zusammen mit weiteren beträchtlichen Landesteilen gleicher Ausprägung in Zentral- und Westspanien bilden sie eine naturräumliche Einheit. Ein Blick in die Geschichte zeigt die immense Bedeutung der Dehesas in früherer Zeit.

Zwischen dem 11. und 13. Jh. eroberten die spanischen christlichen Könige nach und nach die maurischen Gebiete südlich des Duero-Flusses. Extremadura bedeutet äußerster Vorposten des (christlichen) Duero-Gebietes. Die neu eroberten Territorien wurde in sehr großen Einheiten an verdienstvolle Militärkommandos zur Erschließung abgegeben. In Kastilien organisierte sich im gleichen Zeitraum die bald allmächtig werdende Mesta, der Verband der Merinoschafzüchter. Die Mesta erhielt außerordentliche Privilegien, um die Beweidung immer und überall sicherzustellen. Die Merinowolle wurde für Jahrhunderte zum wichtigsten spanischen Exportgut, der Ackerbau wurde vernachlässigt – auch als Folge der ständigen Schlachten der Reconquista und der sehr geringen Bevölkerungsdichte. Um ganzjährig für die vielen Millionen Schafe die Bewei-

Im Frühling blühen, besonders auf beweideten Flächen, mehrere Affdillarten, im Foto der Röhrige Affodill.

127

Im April/Mai blühen in vielen Steineichen-Dehesas u. a. gelbe Wucherblumen und violetter Natternkopf. Abhängig von den Winterniederschlägen fällt der Blütenreichtum aber nicht immer so üppig aus.

dung sicherzustellen, mußten die Herden wandern. Diese Transhumanz genannten Wanderungen (S. 120/121) führten von den Sommerweiden in den Gebirgen und des atlantischen Nordspanien zu den Winterweidegebieten ans Mittelmeer, nach Andalusien und in die Extremadura.

Die Dehesas waren ideale Weidegebiete, das System der Transhumanz verhinderte eine Überweidung und nutzte immer genau die Zeiten optimaler Produktion der Pflanzen eines Gebietes. Die Winterweiden wurden angepachtet, der Großgrundbesitz mit Steinmauern und Zäunen abgegrenzt. Das System der Transhumanz ist heute fast erloschen. Stallhaltung und Futtermittelimport sind für die Hirten bequemer.

Die riesigen Ländereien, die sehr geringe Bevölkerungsdichte und die fast ausschließliche Nutzung als extensives Weideland und Jagdgebiet sind die Gründe für den bis heute erstaunlichen Tierreichtum.

Pflanzen und Tiere

Die Pflanzenwelt setzt sich aus Elementen des ursprünglichen Mediterranwaldes und aus solchen der offenen Landschaft zusammen. Hauptart ist natürlich die Steineiche, mancherorts auch die Korkeiche (S. 163) oder Portugiesische Eiche. An felsigen Stellen, Berghängen und Kuppen wächst auch die hartblättrige Kermeseiche (S. 92) und verschiedene Wacholderarten. Zistrosen (z. B. S. 143, S. 159), Schopflavendel (S. 146) und mehrere Ginsterarten bilden den mehr oder weniger vorhandenen Unterwuchs. Mohnblumen, Wucherblumen, Natternkopf, Affodill und zahlreiche andere Wiesenpflanzen geben den Dehesas im Frühjahr ein farbenprächtiges Aussehen. Besonders auf überweideten Standorten findet man gehäuft den nur in Südwestspanien vorkommenden Retama-Ginster *Lygos monosperma* (S. 141) mit kleinen weißen Einzelblütchen.

Durch den kleinräumigen Wechsel und fließenden Übergang von noch dicht bewaldeten Hängen (s. auch Monfragüe) bis zu völlig baumlosen, steppenartigen Flächen finden hier sowohl ursprüngliche Waldbewohner wie auch Steppenarten ideale Lebensbedingungen. Kaninchen, Hasen, Ginsterkatze (S. 140) und Wildschwein sind häufig. Die extensive Weidewirtschaft bietet die Nahrungsgrundlage für die aasfressenden Gänse-, Schmutz- und Mönchsgeier (S. 147). Charakterarten der parkartigen Landschaft sind unter den Greifvögeln auch der häufige und gut zu beobachtende Zwergadler (S. 194) und der seltenere Gleitaar. In weitgehend baumlosen Ebenen hat die grazile Wiesenweihe (S. 137) ihr zahlenmäßig stärkstes Vorkommen in Europa.

Im Frühjahr ist es fast gleichgültig, wo man einen kleinen Spaziergang unternimmt: Praktisch in allen Steineichenbeständen hört man Wiedehopfe (S. 162), Bienenfresser (S. 166) und Turteltauben (S. 113); Rotkopfwürger und Raubwürger (S. 208) sitzen auf erhöhter Warte, Heidelerchen und verschiedene Grasmückenarten singen, Blauelstern streifen von Baum zu Baum. Gerade letztgenannte Art ist eng mit dem Dehesa-Landschaftstyp verbunden und kommt in Europa nur im Zentrum und Südwesten der Iberischen Halbinsel vor. Tausende von Kilometern trennen sie dann vom nächsten Vorkommen der Art in Ostasien – niemand weiß genau wie dieses Verbreitungsbild zu erklären ist. Unwahrscheinlich erscheint die Theorie, es handele sich um Nachkommen ausgesetzter Vögel, die von Portugiesen aus Ostasien mitgebracht worden seien. Wahrscheinlicher ist, daß in den Eiszeiten das Areal der Art in 2 Teilgebiete getrennt wurde.

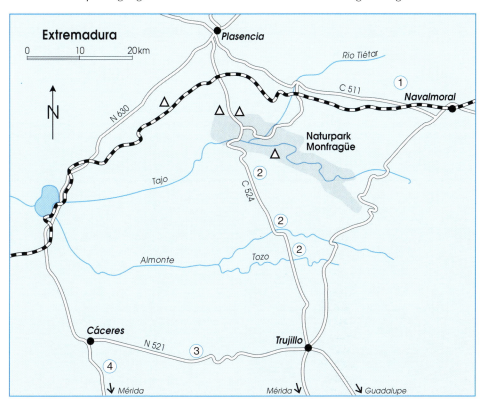

Steppenlandschaft zwischen Trujillo und Caceres im Sommer.

Ein ebenfalls farbenprächtiger Vogel ist die Blauracke (S. 74), die gerne auf Leitungsdrähten sitzt. Steinkauz (S. 193) und Zwergohreule finden in den alten Bäumen viele Nistgelegenheiten.

Die lärmenden Häherkuckucke streichen meist paarweise durchs Gelände, auf der Suche nach Elsterngelegen, die sie parasitieren. Das Männchen lenkt dabei die Aufmerksamkeit der Elstern auf sich, währenddessen das Weibchen in Sekundenschnelle sein Ei ins Nest der Wirtsvögel legt.

In den baumärmeren, steppenartigen Weidegebieten leben Vogelarten, deren Bestände hier Maximalzahlen im westeuropäischen – wenn nicht sogar im weltweiten – Vergleich erreichen. So wurden 1987 auf einer Fläche von 1000 km^2 durch Probezählungen u. a. folgende Individuenzahlen im Frühling ermittelt: 20 000 Zwergtrappen, 12 000 Rothühner (S. 180), 5500 Triele (S. 179), 50 000 Hauben- und 16 000 Kalanderlerchen, Hunderte Großtrappen, Wiesenweihen, Brachschwalben (S. 85), Spieß- und Sandflughühner (S. 98). Im Winter sind diese Gebiete noch viel vogelreicher: Auf der gleichen Fläche wurden u. a. 250 000 Kiebitze, 45 000 Goldregenpfeifer und 80 000 Wiesenpieper ermittelt. Der Großteil der 40 000–50 000 Kraniche aus Skandinavien, Deutschland

In offenem, trockenem Gelände baut die Tarantel senkrechte Röhrenschächte im Boden.

Im Winter und Frühling bilden sich in Mulden temporäre Wasserflächen, auf denen der weiße Wasserhahnenfuß blüht.

und den baltischen Staaten verbringt hier den Winter (S. 135), wo die Eicheln ihre Nahrungsgrundlage bilden.
Häufige Reptilienarten der Dehesa sind die bis zu 2 m lang werdende Eidechsennatter und die herrliche Perleidechse (S. 138), Europas größte Eidechsenart. An Bächen sonnen sich Kaspische Wasserschildkröten. Mit den Winterregen bilden sich in Bodenvertiefungen Wasserflächen, die von mehreren Krötenarten, dem Spanischen Wassermolch und dem Rippenmolch (S. 113) aufgesucht werden. Unter Steinen ruhen Skorpione (S. 207) und große Skolopender (Hundertfüßer).

Im Gebiet unterwegs

Ein ganz wesentlicher Faktor für den reichen Tierbestand der Extremadura war und ist die Abgrenzung der privaten Ländereien durch Steinmauern und Zäune, so daß die menschliche Beinflussung auf die wenigen direkten Angehörigen der Besitztümer (»Finca«) beschränkt bleibt. Die eingeschränkte Bewegungsfreiheit sollte daher auch von Besuchern positiv aufgenommen und respektiert werden, zumal von den kleinen, verkehrsarmen Straßen praktisch alles beobachtet werden kann, was in diesem Kapitel beschrieben wurde.

Die Kaspische Wasserschildkröte lebt an Bächen und auch stark verschmutzten Tümpeln.

19 Extremadura — 131

Steineichenhaine (»Dehesas«)

Der ursprüngliche mediterrane Eichenwald ist für den Menschen in seinem Urzustand kein geeigneter Lebensraum, weil nicht produktiv genug. Energieüberschüsse, die vom Menschen aus dem Ökosystem abgezweigt werden können, entstehen in einem stabilen und reifen Wald weit weniger als in einem noch heranwachsenden Vorstadium. Diese Vorstadien umfassen die ganze Spannweite vom nackten Boden über landwirtschaftliche Kulturen, Gebüschformationen bis hin zu einer »Klimaxformation« – in Mittel- und Südeuropa meist ein Wald.

Bei den Klima- und Bodenverhältnissen Westspaniens hat sich der stark gelichtete Wald auf Weideland über Jahrhunderte als idealer Kompromiß zwischen Stabilität und Produktivität erwiesen. Die Böden sind flachgründig und nährstoffarm, der felsige Untergrund (Granit und Schiefer) bricht vielerorts durch. Die Voraussetzungen für Ackerbau sind damit schlecht; hinzu kommt die sommerliche Trockenzeit. Weidewirtschaft ist daher die optimale Nutzungsform.

Der Wald wurde also gelichtet, Gräser, Klee und andere Weidepflanzen siedeln sich an. Einzelne Bäume – in Westspanien meist Steineichen – bilden einen parkartigen Baumbestand. Sie schützen den Boden vor Erosion und speichern Wasser, holen Nährstoffe aus der Tiefe und bringen diese beim Laubfall in die oberste Bodenschicht, in der sie den Weidepflanzen zugute kommen. Die Bäume spenden den Weidetieren Schatten und Wetterschutz und ihr immergrünes Laub ist eine wichtige Nahrungsergänzung. Die Früchte der Steineiche sind überaus geschätzt zur

Schweinemast und die Brennstoffversorgung der Bevölkerung hing jahrhundertelang von der Holzkohle der Steineiche ab. Um dieses System nun in optimalem Zustand zu erhalten, darf die Beweidung nicht zu stark (Degradation), aber auch nicht zu gering sein (Verbuschung). Weidetierarten sind an die Gegebenheiten perfekt angepaßte Rinder-, Schaf- und Ziegenrassen.

Die Steineiche ist die iberische Baumart schlechthin, die Dehesa die prägende Landschaft weiter Landesteile. Vom Menschen harmonisch bewirtschaftet ist sie ein Musterbeispiel für eine naturnahe Kulturlandschaft und gleichzeitig Gegenbeweis für die so oft zitierte Baumfeindlichkeit der Spanier. Gefahren für den Fortbestand dieses Ökosystems drohen aus dem modernen Bedürfnis nach schneller Rendite. Bislang extensiv genutzte Flächen werden mit modernen landwirtschaftlichen Methoden intensiviert, andere mit schnellwachsenden Baumarten (vor allem Eukalypten, s. S. 27) bepflanzt. Genügsame Haustierrassen werden durch produktivere ersetzt, deren Futteransprüche aber nur durch Importe gedeckt werden können. Die Dehesas bleiben unbeweidet, Verbuschung und Waldbrände sind die Folge.

Die hier erzeugten Nahrungsmittel können moderne Ansprüche in höchstem Maße erfüllen: Sie sind weitestgehend unbelastet von Fremdstoffen, und ihr Absatz würde eine traditionsreiche Kulturform und ein einmaliges Ökosystem erhalten helfen.

Vielleicht liegt also gerade in der bisherigen Isolation und »Rückständigkeit« die besondere Chance, zukünftig Produkte und Dienstleistungen anbieten zu können, die andernorts immer schwerer zu erhalten sind.

Das dunkle Iberische Schwein erhält durch die Eichelmast einen festen und geschmacklich hervorragenden Schinken.

Bei der Größe der Region können nur einige besonders lohnende Teilgebiete herausgestellt werden. Fährt man von Madrid auf der N V, erreicht man bei Navalmoral de la Mata bereits ein hervorragendes Gebiet ①. Die Sträßchen zwischen der N V und dem Tiétar-Fluß sowie die Verbindungsstraße zwischen Navalmoral und Plasencia führen durch große Dehesas. Das gleiche gilt auch für die Straßen Plasencia-Trujillo ② (s. Monfragüe), Trujillo-Caceres ③, Caceres-Merida ④. Südlich von Guadalupe, im Bereich der großen Stauseen, überwintern viele Kraniche. Zur Beobachtung der scheuen Großtrappen gehört natürlich Glück, die Zwergtrappen hingegen können im April/Mai sehr schön auf Brachflächen beobachtet werden. Das balzende Männchen steht etwas erhöht und läßt sein weit tragendes kurzes »prrrrtt« hören.

Lohnend ist an warmen Tagen auch der Blick von den kleinen Straßenbrücken auf die Bäche und Flüßchen. Meist sieht man Kaspische Wasserschildkröten und Vipernnattern. Um sie nicht zu verscheuchen muß man sich allerdings sehr behutsam nähern.

Praktische Tips

Anreise
Von Madrid aus erfolgt die Anreise über die N V, von Sevilla aus über die N 630. Mit öffentlichen Verkehrsmitteln ist die Extremadura nicht befriedigend zu bereisen; auch aufgrund der großen Entfernungen zwischen den Orten ist ein Auto praktisch Voraussetzung. Um der Großartigkeit des Gebietes gerecht zu werden sollten mindestens 2–3 Tage Aufenthalt veranschlagt werden.

Häherkuckucke sind lärmend und auffallend.

Die Blauelster lebt gesellig und verhält sich recht scheu.

Mehrere Arten der schönen Schmetterlingshafte bewohnen Europa. Hier eine Art aus Südwestspanien.

Die Hähne der Zwergtrappe sind zur Balzzeit im April/Mai gut zu entdecken.

Klima/Reisezeit: Wie Monfragüe, s. S. 141.

Unterkunft/Verpflegung
Sehr gute Ausgangsorte sind Trujillo, Caceres und Plasencia, auch Merida eignet sich als Standort. Alle 4 Städtchen haben eine ausreichende Hotel-Infrastruktur und weisen kulturelle Sehenswürdigkeiten auf (s. Trujillo/Caceres). In den weit auseinanderliegenden Dörfern der Extremadura gibt es kaum Übernachtungsmöglichkeiten. Um unabhängig zu sein, empfiehlt sich auch die Mitnahme der Tagesverpflegung vom Übernachtungsort.

Blick in die Umgebung

Merida war die Hauptstadt des römischen Spanien und weist Reste eines Aquäduktes, Theaters und anderer römischer Bauwerke auf.

<u>Caceres und Trujillo:</u> Diese beiden kleinen Städte bilden eine harmonische Einheit von schönen kulturhistorischen Bauwerken aus der Zeit der Eroberung Amerikas und einem reichen Vogelleben. Beide Städtchen haben einen hervorragend erhaltenen mittelalterlichen Kern. Unter den Dächern der alten Konquistadorenpaläste brüten zahlreiche Rötelfalken (S. 19). Viele Storchenhorste auf den Türmchen und Dächern erfreuen den Besucher und Tausende Mauer- und Fahlsegler fliegen von Ende März bis Juli rasant durch die Luft.

20 Naturpark Monfragüe

> Eines der weltweit besterhaltenen Gebiete ursprünglicher mediterraner Vegetation und Tierwelt; beeindruckende Vielfalt an Tier- und Pflanzenarten; hohe Individuendichte großer Greifvögel; Beispiel für erfolgreich geführte persönliche und internationale Naturschutzbemühungen.

Wie viele andere spanische Gebiete von hoher ökologischer Bedeutung wurde auch Monfragüe (Aussprache: Monfrágue) erst sehr spät allgemein bekannt. Die jahrhundertelange politische und kulturelle Abgrenzung Spaniens vom restlichen Europa zeigt sich auch hier. Profitiert davon hat ohne jeden Zweifel die Natur. Spanien ist für viele Bürger Europas Synonym für Waldlosigkeit und öde Flächen. Für weite Teile trifft dies auch zu, in zahlreichen Gebirgen Zentral- und Südwestspaniens blieb jedoch ein äußerst artenreicher mediterraner Waldtyp erhalten, der eine Vorstellung gibt vom früheren Erscheinungsbild der Mittelmeerländer. Obwohl der mediterrane Wald in Spanien heute besser als in allen anderen Mittelmeerländern vertreten ist und obwohl von ihm zahllose Tier- und Pflanzenarten in ihrer weltweiten Existenz abhängen, steht eine Nationalparkausweisung zur großflächigen Erhaltung dieses Ökosystems leider immer noch aus. Im Gegenteil: Gerade hier wird immer noch großer Flächenraub begangen. Monfragüe war immerhin ein erster großer Erfolg des Naturschutzes gewesen.

Jahrhundertelang wurden die großen Grundbesitzflächen (»Fincas«) extensiv und nachhaltig bewirtschaftet. Beweidung, Jagd und Korkgewinnung sowie ein bescheidener Akkerbau mit jahrelangen Brachen waren die Stützen dieser Wirtschaftsform. Nur wer über ausgedehnte Flächen verfügte, konnte einigen Familien Arbeit und Brot geben. Es war eine harmonische Wirtschaftsweise, langfri-

Der größte Teil der europäischen Kraniche verbringt den Winter in den Steineichenhainen Südwestspaniens.

stig angelegt und den wertvollen Boden erhaltend (s. S. 132). Monfragüe genoß dabei unter Jägern einen besonders guten Ruf, die hohe Anzahl Geier war in der Umgebung sprichwörtlich. Der Senior der spanischen Ornithologie, Prof. Francisco Bernis, besuchte ab 1958 intensiv das Gebiet, forschte und filmte Geier und Schwarzstörche und machte so auf seine Einzigartigkeit und Bedeutung aufmerksam.

1962 begannen die Baumaßnahmen für große Stauwehre nahe dem Zusammenfluß von Tajo und Tiétar und weiter abwärts am Tajo. Die Wassermassen begruben seit 1966 große Flächen ehemals reicher Lebensräume für Tiere und Pflanzen. In den Folgejahren begann dann der Kampf um Vernichtung oder Erhaltung des gesamten Gebietes. Bei Almaraz im Osten begann der Bau eines Atomkraftwerkes und bei Navalmoral de la Mata sollte eine große Papierfabrik errichtet werden. Um genügend Rohstoffe zu erhalten, übte dieses Unternehmen starken Druck auf die mehrheitlich konservativ eingestellten Großgrundbesitzer aus, damit diese ihre Flächen mit Eukalypten bepflanzten. Ein wichtiger und unrühmlicher Partner dabei war das »Nationale Naturschutz-Institut«

ICONA! Das System war einfach und in der spanischen Aufforstungspolitik üblich: Die Papierfabrik sicherte dem Landbesitzer einen attraktiven jährlichen Hektarertrag zu, der von Anfang des Projektes an gewährt und nachträglich mit den tatsächlichen Einkünften verrechnet wurde. Mit dieser Garantie in der Hand vereinbarte der Landbesitzer mit ICONA einen Aufforstungsvertrag, in dem ICONA die Rodung und Terrassierung des Geländes, die Eukalyptenpflanzung und Pflege bis zur Ernte übernahm. Eine staatliche, dem Naturschutz verpflichtete Behörde beteiligte sich so aktiv und stur an der Vernichtung großer ursprünglicher Waldflächen!

Daß die Vernichtung begrenzt blieb, ist dem jungen spanischen Biologen Jesus Garzón zu verdanken. Durch unermüdliche Bemühungen in der spanischen Administration, bei ausländischen Naturschutz- und Forschungsinstitutionen und nicht zuletzt durch mutigen persönlichen Einsatz hat er die internationale Aufmerksamkeit und den Schutz erreicht. Aufgrund der drängenden Zeit pachtete er eine Kernfläche an, deren Finanzierung zuerst alles andere als gesichert war. Durch europaweite Spenden wurde die Waghalsig-

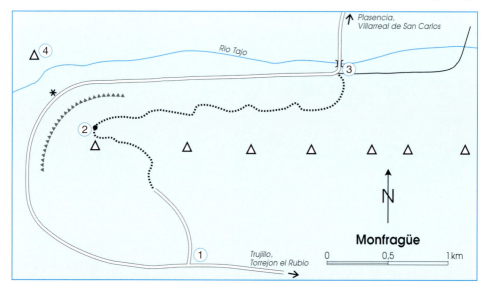

Die Wiesenweihe lebt im Frühling und Sommer in den offenen Landschaften.

Der Mönchsgeier ist der größte europäische Greifvogel. In Monfragüe hat man fast immer Glück ihn zu beobachten.

keit belohnt und schließlich konnte 1979 die Ausweisung zum Naturpark erfolgen. Die Grenzen umfassen die Gebirgszüge beiderseits des Tajo westlich von Villareal bis fast zum Straßenpaß Miravete auf der Straße Trujillo–Madrid. Auf den 17 852 ha können die Landbesitzer ihre traditionellen Wirtschaftsformen weiterhin ausüben, gerade die extensive Weidewirtschaft ist ja ein wesentlicher Faktor für den enormen Bestand an großen Greifvögeln.

Monfragüe ist umgeben von herrlichen Steineichenhainen (Dehesas), die ebenfalls reiche Tierbestände aufweisen. Der Name leitet sich von »Monsfragorum« ab, d. h. unwegsames, wildes Gelände, in dem die Bewohner lieber an der Peripherie siedelten. Die absoluten Höhen liegen dabei eher bescheiden zwischen 350 und 800 m.

Pflanzen und Tiere

Um einen großartigen Blick zu genießen, sollte man zu den Ruinen der Burg Monfragüe aufsteigen. Von hier überblickt man nach Süden eine afrikanisch anmutende Savannenlandschaft: Steineichenhaine soweit das Auge reicht. In nördlicher Richtung sieht man am Gegenhang kahle und mit Eukalypten oder verschiedenen Kiefernarten aufgeforstete Hänge, ein Schicksal, das der Nordflanke der Gebirgskette, an deren westlichstem Punkt man sich gerade befindet, erspart blieb. Hier dominiert ursprünglicher mediterraner Wald. Aufgrund der geringeren Niederschläge bzw. langer Trockenzeiten erreichen die Bäume keine großen Höhen und stehen auch relativ weit auseinander. Die Hauptbaumarten sind Steineiche mit einzelnen oder gruppenweise verteilten Korkeichen (S. 163) und Portugiesischen Eichen. Im Unterwuchs wachsen Wilder Ölbaum, Erdbeerbaum (S. 146), Lorbeer-Schneeball (S. 162), Portugiesischer Lorbeer, Steinlinde *Phillyrea*, verschiedene Erika- (S. 161 und S. 162), Zistrosen- und Geißblattarten, Schmalblättrige Esche, Französischer Ahorn (S. 38) und der wenig bekannte, aber typisch mediterrane Zürgelbaum. Alle diese Arten entdeckt man beim Abstieg auf schmalem Pfad von der Burgruine entlang des Nordhanges bis zur großen Tajo-Brücke. Im März/ April blühen fast alle genannten Arten, im Winter dienen ihre Früchte den vielen überwinternden Singvögeln als Nahrung. Die Frucht des Erdbeerbaumes sieht tatsächlich einer Erdbeere ähnlich, der Geschmack hingegen führte zum wissenschaftlichen Namen *Arbutus unedo*: »(nur) eine esse ich ...«. Besonders schön leuchten im Winter die metallisch blauen Beeren des Lorbeer-Schneeball.

Ähnlich wie Doñana weist auch Monfragüe hinsichtlich seiner Tierwelt einige Superlative auf. 218 Wirbeltierarten, mehr als in jedem anderen Gebiet dieser Größe in Europa, pflanzen sich hier fort. Der Besucher wird wohl weder vom Fischotter, der Ginsterkatze, der Manguste noch dem Pardelluchs (S. 159) etwas sehen, wohl aber einen

Die Schopf-Traubenhyazinthe blüht im Frühling und ist weitverbreitet und recht häufig.

Eindruck von der Arten- und Individuenzahl der großen Greifvögel bekommen. In Monfragüe lebt wahrscheinlich die größte Mönchsgeierpopulation der Welt mit über 100 Paaren, etwa 8 Paare des Spanischen Kaiseradlers (S. 159), 10 Schwarzstorchpaare sowie etwa 150 Paare Gänsegeier (S. 36). Zwerg- (S. 194), Habichts-, Stein- und Schlangenadler (S. 175), Schmutzgeier (S. 42), Gleitaar, Wanderfalke und Uhu sind ebenfalls gut vertreten. Gruppen von Blauelstern (S. 134) durchstreifen das Gebiet, charakteristische Singvögel sind Blaumerle (S. 166) und Zippammer (S. 113). Unter der großen Tajo-Brücke kleben Hunderte von Mehlschwalbennestern; auch Alpensegler jagen unter der Brücke durch.

Die zahlreichen Amphibien nutzen das milde Winterklima und die dann reichlich vorhandenen kleinen Wasserflächen zur Fortpflanzung. Häufig ist der Spanische Wassermolch, auch den Messerfuß und die beiden Arten der Geburtshelferkröte findet man dann. Die häufigste Eidechse ist der Algerische Sandläufer (S. 154).

Im Gebiet unterwegs

Der Naturpark bietet dem Besucher praktisch keine Infrastruktur. Von Trujillo kommend zeigt etwa 4 km vor der Tajo-Brücke ein Hinweisschild auf den rechts abgehenden Weg ① zur Burgruine ② und zur **Wallfahrtskapelle Monfragüe**. Man fährt noch einige hundert Meter und geht dann zu Fuß weiter zur Bergspitze. Von der Kapelle aus hat man nach Süden einen sehr weiten Blick auf die Steineichenhaine und nach Osten über die südli-

◁ Die herrliche Perleidechse wird über 60 cm lang und ist sehr kräftig gebaut.

Der »Geierfelsen« am westlichen Ende des Naturparks, ▷ von der Straße aus gesehen.

138 — 20 Naturpark Monfragüe

Die Ginsterkatze ist fast ausschließlich nachts aktiv und ihre Beobachtung daher sehr schwer.

Die kupferfarbene Hufeisennatter ist eine der schönsten Schlangen in Europa.

che Hügelkette des Naturparks mit Mediterranwald. Hier oben gelingen bereits sehr gute Greifvogelbeobachtungen, vor allem Gänse- und Mönchsgeier sowie Schwarzmilane überfliegen das Gebiet. Von der Kapelle aus führt auf der anderen Hangseite (Nordhang) ein Pfad durch den Wald nach unten, der an der Tajo-Brücke wieder die Straße nach Plasencia trifft. Entlang des Weges findet man die meisten der hier vorkommenden Baum- und Straucharten.

Direkt südlich der Brücke ③ kann man rechts ein Stück entlang der ursprünglichen Straße laufen, die im weiteren Verlauf durch die Aufstauungen unterging. Am Beginn des Weges ist eine Quelle. Von der Brücke aus die Hauptstraße zurücklaufend gelangt man nach etwa 2 km an den eindrucksvollen »Geierfelsen« **Peñafalcon** ④. Hier brüten Dutzende von Gänsegeiern, Schmutzgeier, Uhu, Wanderfalke und ein Schwarzstorchpaar, in dessen Horst man mit dem Fernglas bequem einsehen kann. Zwischen Straße und Felsen fließt der Tajo, die Vögel sind also absolut ungestört und doch sehr gut zu beobachten. Je nach Jahreszeit sind bei den Gänsegeiern die Balzflüge und das Brüten (Winter), das Füttern der Jungvögel (Frühling) oder die ersten Flugversuche im Sommer zu beobachten. Noch etwa 2 km weiter entlang der Straße und man ist wieder an der Wegabzweigung zur Kapelle angelangt. Für die Gesamtstrecke mit Beobachtungen benötigt man etwa 3–4 Stunden.

Richtung Plasencia weiterfahrend zweigt kurz hinter dem Dorf Villarreal de San Carlos die kleine Straße CC 911 ab und führt zur **Staumauer des Rio Tietar**. Direkt davor ist ein guter Beobachtungsplatz für Schmutzgeier und Kaiseradler. Wenn man die Staumauer überquert, biegt man unmittelbar danach links ab und folgt immer der Straße ohne den zahlreichen beschilderten Abzweigungen zu Stausee-Installationen Beachtung zu schenken. Nach wenigen Kilometern gelangt man wieder an ein angestautes Gewässer (links ein Picknickplatz unter Bäumen). Reiher und Kaspische Wasserschildkröten lassen sich

Besonders auf stark beweideten Flächen breitet sich der Retama-Ginster aus (hier der gelbblühende *Lygos shaerocarpa*).

hier meist beobachten. Die Straße führt dann durch schöne Steineichenbestände weiter und immer wieder kann man aussteigen und beobachten. Hier lebt auch der Gleitaar. Entweder man fährt dann die gleiche Straße zurück oder aber biegt einige hundert Meter nach Überqueren der Bahngleise auf der C 511 rechts ab Richtung Navalmoral de la Mata bzw. links nach Plasencia.

Praktische Tips

Anreise
Von Madrid kommend (N V) zweigt man in Trujillo Richtung Plasencia ab. Monfragüe liegt zwischen diesen beiden Orten.

Klima/Reisezeit
Trotz seiner Inlandslage ist das Klima weit stärker atlantisch als kontinental geprägt, d. h. die Winter sind sehr mild und relativ niederschlagsreich, die Sommer aber extrem heiß und trocken. Die besten Monate für einen Besuch sind November/Dezember bis Juni. Im Winter beginnt mit den ersten Niederschlägen ein neuer Vegetationszyklus. Höhepunkt der Blütenentwicklung ist von März/April bis Mitte Mai. Im Sommer bietet das Gebiet die geringste Lebensaktivität.

Adressen
Ein kleines Informationszentrum ist in Villareal de San Carlos. Die »Stiftung Europäisches Naturerbe«, Güttinger Str. 19, 7760 Radolfzell, hat die Extremadura, zu der ja auch Monfrague gehört, zu einem ihrer Schwerpunktgebiete gemacht.

Unterkunft
Hotels gibt es nur in Trujillo und Plasencia. In Torrejon el Rubio kann man ein einfaches Pensionszimmer erhalten. Es empfiehlt sich, die gesamte Tagesverpflegung in den beiden größeren Städtchen zu kaufen.

20 Naturpark Monfragüe

21 Westliche Sierra Morena

> Ausgedehnte Eichenwälder und Edelkastanienhaine; Mineralienvorkommen; typische Tierwelt des mediterranen Waldes; menschliche Extensivnutzung in Form der »Dehesa«; Tropfsteinhöhle.

Der »Schwarzwald« Spaniens ist das längste und älteste Gebirge der Iberischen Halbinsel und bildet eine natürliche Barriere zwischen Kastilien und Andalusien in geographischer, klimatischer und kultureller Hinsicht. Sierra Morena ist eine kaledonische und variskische Gebirgsbildung, also im Paläozoikum vor 420 bis 360 Mio. Jahren entstanden. Erosive Kräfte konnten daher lange feilen, und heute präsentiert sich das fast 600 km lange Gebirgsband relativ flach und mit abgerundeten Kuppen. Im mittleren Teil, nördlich von Cordoba, erreicht es mit 1323 m seine größte Höhe, während die westlichen Ausläufer nur maximal 912 m aufweisen. Vom Guadalquivir-Tal aus wirkt Sierra Morena mit den dunklen paläozoischen Schiefern und Quarziten, dem grau-grünen Bewuchs von Stein- und Korkeichen und der Macchia tatsächlich wie ein schwarzes Band am Horizont, während sie von der kastilischen Meseta (aufgrund deren Eigenhöhe von etwa 700 m) recht unscheinbar aussieht.

Schon in prähistorischer Zeit wurden die reichen Mineralienvorkommen hier genutzt. Bedeutend sind vor allem Blei, Kupfer und Eisen. Von den Minen von Riotinto ist bekannt, daß hier die Römer bereits Eisen- und Kupferpyrite förderten; heute ist der Hafen von Huelva ein riesiger Industriekomplex, der Eisenpyrit exportiert und weiterverarbeitet. Lokal finden sich auch marine Sedimente aus dem Trias und Miozän, etwa im Gebiet um Aracena. Bekannt ist hier die Tropfsteinhöhle »Gruta de las Maravillas«.

Die Böden sind arm, steinig und äußerst flachgründig, ungeeignet also für die Landwirtschaft. Große Latifundien gründen ihre Wirtschaft auf die Beweidung durch Schafe und Rinder, die Schweinehaltung durch Nutzung der Eichelmast und die Jagd. Gerade das Gebiet des 1989 deklarierten »Parque Natural de Aracena und Picos de Aroche« um den Ort Jabugo ist berühmt für seine Schinken. Das schwarzbraune Iberische Schwein wird einige Wochen vor der Schlachtung in die Eichenbestände (S. 133) getrieben, um dem Fleisch den typischen

Die Blüten der Lackzistrose öffnen sich von März bis Mai. Oft fehlt das dunkle Saftmal an der Basis der Blütenblätter.

◁ Blick von der Burgruine Monfragüe nach Süden über die savannenähnlichen Dehesas.

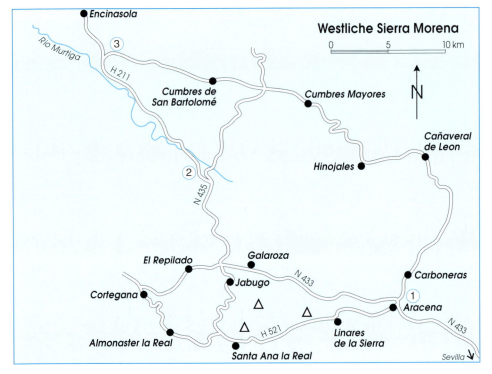

Geschmack und die Festigkeit zu geben. Die extensive Wirtschaftsform hat über Jahrhunderte gewährleistet, daß Menschen ihr Auskommen fanden, der Eichenwald in einer naturnahen Form (s. S. 132) erhalten blieb und mit diesem auch die reiche Palette der einzigartigen mediterranen Fauna. Diese relative Harmonie wurde abrupt in den 60er Jahren gestört, als große Waldflächen gerodet und durch sterile Plantagen mit Eukalypten ersetzt wurden (s. S. 27).

Pflanzen und Tiere

Auffällig an den mediterranen Pflanzengesellschaften, die im Gebiet durch großflächige Stein- und Korkeichenbestände und deren Degradationsstufen repräsentiert sind, ist die Anpassung an die sommerliche Trockenzeit. Die hier häufigste Adaptation ist die Sklerophyllie, d. h. die Blattorgane weisen einen hohen Anteil an dickwandigen Steinzellen auf, die die Verdunstung reduzieren. Oft findet zusätzlich eine Verkleinerung der Blätter statt, die im Extremfall zur Verdornung führt. Beispiele dafür sind der Wilde Ölbaum und die derbblättrigen Eichenarten des Gebietes. Manche Arten reduzieren ihre Blattorgane sogar weitgehend, wie z. B. der Retama-Ginster (S. 141). Andere Anpassungen sind dichte, filzige Behaarung, meist noch hell und sonnenstrahlenreflektierend, oder die Ausscheidung von Wachsen, wie dies z. B. bei der Lackzistrose besonders auffällig ist. Diese Wachssekrete bilden einen feinen Film und schaffen so ein eigenes Mikroklima um jedes Blatt. Der würzige und vielfältige Geruch eines mediterranen Waldes ist genau auf diese flüchtigen Sekrete zurückzuführen, von denen viele eine Anpassung an die lange Trockenzeit sind. Häufige Arten im Unterwuchs sind Schopflavendel, Rosmarin (S. 199), Lackzistrose und weitere Zistrosenarten, Baumheide

(S. 161), *Erica lusitanica* und *E. ciliaris* (S. 162). Auf ehemaligen Waldbrand- oder Rodungsflächen entwickelt sich ein dichter Bestand aus Lackzistrose, der nicht für Beweidung geeignet ist, das Aufkommen der Eichelsaat verhindert und selbst wieder sehr feueranfällig ist. Diese Art wird also durch Feuer und Mißwirtschaft begünstigt.

Entlang der Flüßchen steht häufig auch Oleander (S. 206). Alte Edelkastanien- und Korkeichenbestände zeigen mit ihrer reicheren Bodenflora die besseren Niederschlags- und Bodenverhältnisse an. Beigemischt erscheint hier Portugiesische Eiche, Erdbeerbaum und Weißdorn.

Typisch mediterrane Pflanzenarten mit weiter Verbreitung sind Schopf-Traubenhyazinthe, (S. 138), Übersehene Traubenhyazinthe, mehrere Osterluzeiarten (S. 170), Schweifblatt (S. 170), Siegwurz (S. 171), Stechwinde (S. 174), Sternklee (S. 185), Herbst-Seidelbast (S. 198) und Venusnabel (S. 199).

Im Gebiet haben sich bis heute seltene Tierarten erhalten können, deren Existenz weitestgehend an den mediterranen Wald bzw. an die menschliche Nutzungsform der

Jagd – Stierkampf – Naturschutz

Das **Jagdinteresse** der Adels- und Königshäuser vergangener Zeiten und vieler heutiger Großgrundbesitzer hat großartige Naturlandschaften vor dem intensiv land- und forstwirtschaftenden Menschen geschützt. Im Falle Spaniens spielen natürlich auch Faktoren wie ungünstiger Naturraum (der eine landwirtschaftliche Intensivierung und eine stärkere Verkehrserschließung vielerorts verhindert hat), geringe Bevölkerungsdichte oder repressive politische Strukturen in der Vergangenheit eine Rolle. Trotzdem fällt auf, daß die klassischen spanischen Jagdgebiete – z. B. Doñana, Cazorla, Sierra Morena, Extremadura, Tablas de Daimiel, Albufera de Valencia – die gleichen Namen tragen wie die heutigen Natur- und Nationalparks und die besonders tierreichen Regionen.

Die Einkommen aus der Jagd sind heute sowohl für die staatlichen Hochwildreviere »Reservas Nacionales de Caza« als auch für die zentral- und südspanischen Großgrundbesitzer (überwiegend Niederwildreviere) z. T. beträchtlich. Solange diese Einkommen – in Verbindung mit einer extensiven Land-, Forst- und Weidewirtschaft – annähernd denen bei rein landwirtschaftlicher Nutzung entsprechen, bleibt die Jagdnutzung für den Grundbesitzer interessant und sollte in Verbindung mit einer modernen Naturschutzgesetzgebung durchaus positiv betrachtet werden.

Spanische Naturschützer sind auch nicht glücklich über die Aktionen von Tierschutzvereinigungen zur Abschaffung des **Stierkampfes**. Zum einen handelt es sich beim Kampfstier um eine sehr ursprüngliche Rinderrasse, die ohne Stierkampf schnell aussterben würde, und zum anderen weiden diese Rinder bis zu ihrem Tod mehrere Jahre in ausgedehnten Dehesas (S. 20) und auf Weiden, die auch Lebensraum für zahlreiche seltene Tiere und Pflanzen sind und ihren wirtschaftlichen Wert eben durch die Kampfstierzucht erhalten. Ohne diese würden viele Weideflächen zu intensiven Landwirtschaftskulturen degradiert werden. Im Tierschutz wird oft sehr »menschlich« argumentiert, daher sei auch hier folgender Gedanke erlaubt: Unbestritten ist ein Stierkampf Streß und Quälerei für das Tier. Er dauert jedoch längstens 20 Minuten. Mehrere Jahre lebte der Stier davor ganzjährig mit seiner Herde auf der Weide. Vielleicht ist ein solches Leben daher doch einem Leben in einem modernen Mastbetrieb mit »sanftem Tod« vorzuziehen?

21 Westliche Sierra Morena

Der Schopflavendel ist eine der häufigsten und auffallendsten Blütenpflanzen im mediterranen Frühling.

Dehesa (s. S. 132) gebunden ist. Wolf (S. 35), Luchs (S. 159) und Fischotter sind neben Mönchsgeier (S. 137), Kaiseradler (S. 159) und Schwarzstorch die faunistischen Juwelen des Gebietes.
Die Aufzählung dieser in der Nahrungskette ganz oben stehenden Glieder impliziert praktisch automatisch die Existenz einer reichen Palette von Insekten, Amphibien, Reptilien, Vögeln und auch Säugern. Beispielhaft seien erwähnt: Erdbeerbaumfalter, dessen Raupe am Erdbeerbaum lebt, Marmormolch (S. 62), Iberische Geburtshelferkröte, Europäische Sumpf- und Kaspische Wasserschildkröte (S. 131), Erzschleiche (S. 194), Spanischer Walzenskink und Treppennatter (S. 109). Rötelschwalbe, Wiedehopf (S. 162),

Im Winter zeigt der Erdbeerbaum reife Früchte und Blüten gleichzeitig.

Mosaiklandschaft in der Sierra Morena (südlich Cabeza del Buey): dichte und aufgelockerte Steineichenhaine, Weiden, Felder, Olivenpflanzungen und Macchia an den Gebirgshängen.

Bienenfresser (S. 166), Blauelster (S. 134), Rotkopfwürger, Heidelerche, Steinkauz (S. 193) und in den Dörfern Weißstörche, sind regelmäßig anzutreffende Vogelarten, während unter den Säugetieren eigentlich nur das Kaninchen (S. 69) leicht zu beobachten ist. Die Ginsterkatze (S. 140) ist gar nicht selten, aber ausschließlich nachtaktiv; das vorkommende Rotwild verhält sich sehr scheu und lebt zurückgezogen. Sehr schöne Wirbellose sind der grazile Schmetterlingshaft (S. 134) und die Wespenspinne (S. 148).

Im Gebiet unterwegs

Zwei Rundfahrten im Gebiet werden vorgeschlagen. Große Wanderungen sind aufgrund der eingezäunten Großgrundbesitze kaum möglich, zur Beobachtung der Tier- und Pflanzenwelt aber auch nicht nötig. Von den wenig befahrenen Sträßchen jedoch kann man die Umgebung gut erkunden.

Geierarten sieht man oft gemeinsam am Aas: hier Gänsegeier und Mönchsgeier.

21 Westliche Sierra Morena

Die attraktive gelb-schwarze Wespenspinne hängt ihre Netze zwischen Büschen auf.

Route A: Von Aracena ① auf der H 521 über die Gebirgsdörfer Linares de la Sierra, Santa Ana la Real, Almonaster la Real nach Cortegana; von dort über El Repilado und nördlich am berühmtesten Schinkendorf Jabugo vorbei, dann auf der N 433 durch alte Eßkastanienbestände zurück nach Aracena.

Route B: Die Straßen sind relativ schmal und oft noch mit Löchern im Belag, jedoch führen sie durchs die einsamsten Gebiete des Naturparks im Norden. Von Aracena auf der N 433 nach Westen und nach 18 km nach Norden auf die N 435 abzweigen. Nach 11 km links in Richtung Encinasola abzweigen ②. Die Straße führt hier entlang des Rio Murtiga, einem ökologisch intakten Fluß an

dem man mit viel Glück sogar den Schwarzstorch bei der Nahrungssuche beobachten kann. Regelmäßig können jedoch hier Gänse- und Mönchsgeier segelnd beobachtet werden. Einige Kilometer vor Encinasola biegt man rechts ab ③ und fährt über Cumbres de San Bartolomé, Cumbres Mayores (ebenfalls für seine Schinken berühmt), Hinojales, Cañaveral de Leon und Carboneras zurück nach Aracena.
Hier gehört die Tropfsteinhöhle »Gruta de las Maravillas« ①, mit unterirdischen Seen, zu den größten Spaniens.

Praktische Tips

Anreise
Aracena ist zu erreichen von Sevilla über die N 630 und N 433, von Huelva über die N 435 und von Norden über die N 630 bis Zafra, dann weiter über die N 435.

Klima/Reisezeit
Mediterranklima mit atlantischem Einschlag, der sich in etwas höheren Winterniederschlägen zeigt. Die Temperaturen sind aufgrund der Höhe (500 – 800 m im Gebiet) etwas niedriger als an der Küste, wobei diese Unterschiede mehr im Winter als im Sommer zu spüren sind. Ideal aufgrund der Blütezeit der meisten Pflanzen und der Aktivität der Tiere, sind die Monate Februar bis Mai. Die Winter sind sehr mild, und zahlreiche überwinternde nord- und mitteleuropäische Vogelarten, darunter auch Kraniche, nutzen dann die Nahrungsressourcen des mediterranen Waldes.

Unterkunft
Die Hotel-Infrastruktur ist gering. In Aracena gibt es das Hotel Sierra de Aracena, Tel. (9 55) 11 07 75, und in Jabugo, Almonaster la Real und Galaroza findet man Pensionen.

Blick in die Umgebung

Im Dorf Almonaster la Real steht eine interessante Moschee aus dem 10. Jh.

22 Nationalpark Doñana

> Größter und bekanntester spanischer Nationalpark; wüstenartige Wanderdünen, riesige Überschwemmungsflächen und mediterraner Trockenbusch; überlebenswichtig für viele Tierarten (z. B. Pardelluchs, Kaiseradler); eines der vogelreichsten Gebiete Europas; strenge Besucherregelung, trotzdem gute Beobachtungsmöglichkeiten.

Der Nationalpark Doñana (Aussprache: Donjana) ist Spaniens größtes und international bekanntestes Naturschutzgebiet, von politischer Seite auch vielfach als Prestige- und Renommierobjekt benutzt. Über das Gebiet – oft auch unter den Synonymen »Coto de Doñana« oder »Marismas del Guadalquivir« geführt – gibt es zahllose Veröffentlichungen. Noch Mitte der 70er Jahre sagte kaum einem spanischen Bürger der Name Doñana etwas, heute kommen Schulklassen aus dem ganzen Land, um den Inbegriff des Naturschutzes in Spanien live zu erleben.
Die Geschichte des Gebietes ist untrennbar mit den Jagdvorlieben des spanischen Königshauses seit 1262 verbunden. In diesem Jahr erobert König Alfons X »der Weise« das Gebiet für das christliche Spanien aus den Händen der Mauren zurück. Angesichts der enormen Tierbestände erklärte er es zum königlichen Jagdgebiet, daher der Begriff »Coto«, der auch heute noch einfach »Jagdgebiet« bedeutet. In den Folgejahren wechselten Teile des Gebietes die Besitzer, meist in Auszeichnung für erfolgreiche Schlachten. Ende des 16. Jh. ist ein Großteil des Gebietes im Besitz der Grafen von Medina Sidonia, und aus persönlichen Gründen zog sich die Gräfin Doña Ana hier in die Einsamkeit zurück, wo ihr ein kleiner Palast gebaut wurde. Im Volksmund hieß das Gebiet jetzt »Coto de Doña Ana«, woraus bald Doñana wurde.

Anläßlich eines Besuchs König Philipps IV. wurde der ursprüngliche Palast 1624 zu seiner heutigen Form erweitert. In den ersten Jahrzehnten unseres Jh. jagte König Alfons XIII (der Großvater des jetzigen Königs Juan Carlos) in Doñana wohl noch mit der gleichen Begeisterung Hirsche und Sauen wie fast alle seine Vorgänger in den vergangenen Jahrhunderten. 1928 gelangten Teile des Gebietes in den Besitz der Familie Gonzalez aus Jerez. Auch sie nutzte das Gebiet fast ausschließlich für Jagdzwecke. Um Wilderer abzuhalten, waren berittene Guardas (Jagdwächter) im Einsatz. Das über Jahrhunderte bestehende enorme Interesse an (geregelten) Jagden war letztlich ausschlaggebend für den fast paradiesischen Zustand, in dem sich das Gebiet noch Ende der 50er Jahre befand, als es dann sehr schnell in den Blick der Weltöffentlichkeit gelangte.
Die beiden Briten Abel Chapman und Walter J. Buck – nach heutigen Maßstäben wilde Jäger und Eiersammler – lenkten in ihren Büchern »Wild Spain« (1893) und »Unexplored Spain« (1910) wohl erstmals außerhalb Spaniens das naturkundliche Interesse auf Doñana. Guy Mountfort und Roger Peterson, die Autoren des renommiertesten Feldführers der europäischen Vogelwelt, nahmen 1956 und 1957 an Expeditionen durch Doñana teil und konnten damit fehlende Lücken über Feldkennzeichen und Verbreitung europäischer Vogelarten schließen. Über die Expeditionen ist von Mountfort das sehr lesenswerte Buch »Portrait of a wilderness« erschienen.
Der spanische Ökologe Dr. J. A. Valverde setzte sich ab 1961 öffentlich für den dauerhaften Schutz des Gebietes ein. 1964 kauft der spanische Forschungsrat C. S. I. C. mit finanzieller Hilfe des WWF die 6800 ha große Kernparzelle des dann 1969 mit 37 425 ha ausgewiesenen Nationalparks. 1978 erfolgten eine beträchtliche Erweiterung auf insgesamt 73 000 ha, neue und den natürlichen

Gegebenheiten besser gerecht werdende Grenzziehungen und eine bessere Ausstattung mit Forschungsmitteln.

Doñana weist drei völlig verschiedene Großlebensraumtypen auf, den mediterranen **Buschwald**, den strandnahen **Wanderdünengürtel** und die flachen, periodisch überschwemmten **Marismas** (die Übersetzung mit Marschland ist nicht sehr glücklich, daher soll der spanische Begriff hier beibehalten werden). Praktisch das gesamte Gebiet war ursprünglich vom Meer überschwemmt. Die vom Guadalquivir angeschwemmten Sedimentmassen lagerten sich aber vor der Küste ab, wurden immer mächtiger (dazu trugen auch die Entwaldungen mit einsetzender Bodenerosion im Einzugsgebiet des Guadalquivir bei) und bildeten Dämme, die schließlich einen Binnensee vom Meer abgrenzten. Dieser See hieß bei den Römern Lago Ligustinus. Durch von Süden eingetragene Flußsedimente und von den vorherrschenden Südwestwinden ins Landesinnere getriebene Sanddünen wurde der See immer weiter aufgefüllt, bis zum heutigen Stadium der Marismas. Sicherlich werden in kommenden Jahrhunderten die heutigen Marismas völlig verlanden – aber auf Satellitenfotos ist schon erkennbar, daß sich vor der heutigen Küste wiederum Sandbarrieren aufbauen und der ganze Prozeß sich wohl in ähnlicher Form wiederholen wird.

Durch menschliche Maßnahmen wurde zusätzlich eingegriffen. Früher wurden die Marismas vor allem durch den Fluß Guadiamar und den Rocina-Bach mit Wasser gespeist. Durch Absperrungen und Ableitungen des Guadiamar gingen erhebliche Wassermengen den Marismas verloren. Allerdings werden diese negativen Veränderungen jetzt wieder aufgehoben – nicht zuletzt auf Druck spanischer Naturschutzvereinigungen.

Wenn nach den ersten Winterregenfällen das Wasser in den Bachbetten die flachen Maris-

Abendstimmung in der Coto Doñana an den Marismas bei El Rocio.

Die vorrückenden Wanderdünen begraben unter sich die Pinien. Zwischen 2 Dünen bildet sich ein neuer Baumbestand.

mas erreicht, überschwemmt es diese. Es ist also nicht direkt der Guadalquivir, der das Gebiet überschwemmt, und erst recht ist es kein Meerwasser. Der Wasserstand der Marismas hängt vielmehr ausschließlich von den winterlichen Regenfällen ab. Im Winter 1987/88 erreichte der Wasserstand fast 150 cm, nach den Dürrejahren am Anfang des Jahrzehnts ein Rekord.

Die flachen Marismas weisen zwei Unregelmäßigkeiten auf: inselartige Erhöhungen und Vertiefungen. Im Winter ragen die Erhöhungen (»Veta«) als Inseln aus dem Wasser auf und retten viele Tiere vor dem steigenden Wasser. Da ihr Boden einen geringeren Salzgehalt als die Umgebung aufweist, gedeiht hier auch eine andere (für Pflanzenfresser bessere) Vegetation. Mit der im Frühling einsetzenden rapiden Verdunstung sinkt der Wasserspiegel bis zur völligen Austrocknung, und im Sommer sammeln sich die Tiere an den Bodenvertiefungen (»Lucio«), die dann das einzige Wasserreservoir der Gegend aufweisen.

Die Bachgräben schließlich (»Caños«) führen das Regenwasser in die Marismas und durchziehen diese. Da sie am meisten von Süßwasser umspült sind, ist ihr Bereich der salzärmste, was sich in der Artenzusammensetzung und Dichte der Vegetation zeigt.

Nähert man sich vom Meer her, fällt der etwa 30 km lange Sandstrand zwischen der Mündung des Guadalquivir und der Feriensiedlung Matalascañas auf. Der konstante Südwestwind weht den trockengefallenen Sand zu kleinen Dünenkämmen auf, die anwachsen und landeinwärts wandern (etwa 2–6 m pro Jahr). Nicht alle entstandenen Dünen wandern, viele werden durch Pflanzen stabilisiert (z. B. im Bereich nördlich des Nationalparks). Die Dünenzüge verlaufen auch nicht unbedingt parallel, sondern sind zum

Teil versetzt. Zwischen zwei Dünen siedeln sich Pinien und einige wenige spezialisierte Pflanzenarten an. Dieses Dünental (»Corral«) wird vom nächsten Dünenzug überrollt, auf der meerseitigen Dünenseite entsteht sofort wieder ein neuer Pinienbestand. Wenn die Düne weiterwandert, tauchen die abgestorbenen Baumreste wieder auf. Nur der Phönizische Wacholder vermag schneller als die Düne zu wachsen und ragt fast immer über sie hinaus. So entsteht zwischen Küste und dem Rand der Marismas eine Folge von Dünen und Dünentälern in ständiger Veränderung, deren Ende der Eintrag in die Marismas ist. Die höchsten Dünen erreichen etwa 40 m.

Der Fläche nach den größten Anteil im Nationalpark hat der mediterrane Niederwald auf stabilisierten, meist nährstoffarmen Sanden. Es sind große, flache Areale mit Buschvegetation und Pinienwäldchen. Die singulären Gegebenheiten von Doñana haben auch bei den hier lebenden Menschen kulturelle Eigenständigkeiten hervorgebracht. In hervorragender Weise ist dies in der Ausstellung »Der Mensch und die Marismas« im Palacio de Acebron dokumentiert. Erwähnt seien nur die Fischer und Muschelsammler, Köhler und Pinienzapfenpflücker, die von Pferden gezogenen Holzkästen zum Warentransport in der überschwemmten Marisma und natürlich eine Vielzahl von eigenständigen Jagdmethoden. Bei der Ausweisung des Nationalparks wurden die wenigen seit langem hier lebenden Familien und ihre Erwerbstätigkeiten weitestgehend respektiert. Die heutigen Aufseher und Landroverfahrer sind alle aus der unmittelbaren Umgebung, und so mancher bekannte Wilderer wurde geschickt integriert.

Die Gefahren, die dem Gebiet langfristig drohen, sind vielfältig: Mit Matalascañas wurde eine Feriensiedlung buchstäblich auf Sand gesetzt, deren Ausdehnung nach Süden

Große Flächen im Nationalpark nehmen die lichten Pinienwälder mit reichem Unterwuchs ein.

Mit etwas Geduld kann man aus den Beobachtungshütten meist das Purpurhuhn in der Sumpfvegetation entdecken.

gestoppt, nach Norden aber noch offen ist. Der Reisanbau hat schon vor Jahrzehnten große Teil der Marismas verdrängt, heute gehen weitere (Buschland-) Flächen durch Erdbeer- und Obstkulturen im Norden verloren. Hier ist neben der Landnutzung auch der hohe Wasserverbrauch aus unterirdischen Reserven und der Eintrag mit Pestiziden von Bedeutung. Die Vogelseuche Botulismus grassierte bereits öfters; indirekte Ursachen dafür sind Wasserverschmutzung und Dürreperioden. Eine über Jahre drohende Gefahr war der Bau einer Küstenstraße von Huelva nach Cadiz. Eine weitere Erschließung wäre dann wohl kaum noch zu verhindern gewesen, der Plan ist jetzt aber – hoffentlich für immer – vom Tisch.

Doñana ist das Lieblingskind des offiziellen spanischen Naturschutzes. Es ist anzuerkennen, daß auch viel zu seiner Erhaltung getan wurde und wird. Aber die Interessengruppen aus Tourismus und Landwirtschaft lassen nicht locker.

Pflanzen und Tiere

Die Pflanzenzusammensetzung entspricht dem mediterran-atlantischen Klima der Region. Hauptbaumart auf den Sandböden ist die Schirmpinie, an feuchten Stellen treten Korkeichen (S. 163), Schmalblättrige Esche und Erdbeerbaum (S. 146) auf. Berühmt sind die alten Korkeichen im Kerngebiet von Doñana als Nistbäume von Reihern, Störchen, Löfflern und anderen Vogelarten. Vielerorts wurden Eukalypten gepflanzt, die innerhalb des Nationalparks nach und nach ausgemerzt werden sollen. Zahlreiche Straucharten blühen im zeitigen Frühjahr im

Der Europäische Fransenfinger lebt meist auf Sandboden in Zentral- und Südspanien (Mitte).

Der Algerische Sandläufer ist die häufigste Eidechse im mediterranen Spanien. Er bevorzugt busch- und baumbestandenes Gelände (unten).

Blick auf den Wallfahrtsort El Rocio und die Marismas im Frühling.

Buschland, so die mannshohe Gelbe Zistrose, die Französische, Weißliche und Salbeiblättrige Zistrose (S. 70), Besenheide, Schopflavendel (S. 146), Rosmarin (S. 199), Mastixstrauch (S. 70), Wilder Ölbaum, Zwergpalme (S. 202) und Phönizischer Wacholder.

Die Marismas überzieht stellenweise von Dezember bis April ein weißer Blütenteppich aus Wasserhahnenfuß, aber die Charakterart hier ist die Strandsimse, deren Rhizom die Hauptnahrung der überwinternden Graugänse ist. Schilf- und Röhrichtbestände haben keine große Flächenausdehnung. Die Dünenvegetation schließlich ist wegen der extremen Lebensverhältnisse spärlich. Phönizischer Wacholder, Strandhafer, Stranddistel, Beifußarten und andere trockenheits- und hitzeresistente Arten leben hier.

Die Vielfalt an Lebensräumen bedingt eine Vielzahl von Tierarten, die zudem noch großen jahreszeitlichen Wechseln unterliegt. Doñana gehört zu den wichtigsten Feuchtgebieten in Europa, was am besten mit einigen Zahlen dokumentiert werden kann. Aus der Fülle an Arten können aber nur wenige erwähnt werden. Berühmt wurde Doñana vor allem wegen seiner Vogelwelt. Mit den einsetzenden Herbstregen kommen die Wintergäste aus Nord- und Mitteleuropa: Jährlich überwintern hier bis zu 70000 Graugänse, etwa 200–300000 Enten (vor allem Krick-, Löffel-, Spieß-, Stock-, Schnatter- und Kolbenenten, S. 96) sowie Zehntausende Limikolen (allein etwa 20000 Uferschnepfen). Bis zu 10000 Flamingos verbringen die Wintermonate hier und natürlich ein Heer von Singvögeln wie Wiesenpieper, Bachstelzen, Schwarz- (S. 24) und Rotkehlchen sowie Zilpzalp. Vor der Küste können dann z. B. Trauerenten, Baßtölpel und Brandseeschwalben beobachtet werden.

Wenn die Wintergäste wegziehen, setzt die Brutzeit ein. Im Nationalpark brüten Hunderte Paare Seiden- und Purpurreiher (S. 83 und S. 85), etwa 350 Paare Löffler (S. 221), 1000–2000 Paare Stelzenläufer (S. 86), Hunderte Paare Brachschwalben (S. 85),

22 Nationalpark Doñana

Seeregenpfeifer (S. 76), Weißbartseeschwalben. Europäische Seltenheiten wie Marmelente, Purpurhuhn (mehrere hundert Paare), Kammbläßhuhn, Ruderente (S. 222; neuerdings wieder), Dünnschnabelmöwe und Kaiseradler haben hier z. T. überlebenswichtige Vorkommen. Beeindruckend ist auch die Zahl der Schwarz- und Rotmilane, der Raubwürger (S. 208) und nächtlich zu hörenden Rothalsziegenmelker.

Die Säugetiere sind mit 28 Arten vertreten, darunter Rot- und Damwild, Wildschweine, Ginsterkatze (S. 140), Manguste, Kaninchen (S. 69) und Pardelluchs. Gruppen von freilaufenden Rindern und Pferden kann man überall antreffen.

Vorkommende Reptilienarten sind am Wasser die Vipernnatter, im Buschland die große Eidechsennatter und auf den Dünen die Stülpnasenotter; hinzu kommen Algerischer Sandläufer, Europäischer Fransenfinger, Spanische Mauereidechse (S. 24), Perleidechse (S. 138) und die Maurische Landschildkröte. Seefrösche und Mittelmeer-Laubfrösche rufen in Wassernähe.

Vor etwa 15 Jahren wurde der Rote Amerikanische Flußkrebs (S. 124) hier eingebracht. Seitdem hat er eine Massenvermehrung durchgemacht und viele Amphibien, Fische und Insekten fallen ihm zum Opfer. Er wird in Reusen zur kommerziellen Nutzung gefangen, in denen aber wiederum andere Tiere, z. B. auch Jungvögel, umkommen.

Im Gebiet unterwegs

Der Größe und Großartigkeit des Gebietes stehen relativ eingeschränkte Bewegungsmöglichkeiten des Besuchers entgegen. Große Wanderungen im Nationalpark sind unmöglich, sehr gute Tierbeobachtungen jedoch durchaus. Ein Besuch der Kernzone des Nationalparks mit dem Palacio de Doñana ① und den Nestbäumen der Reiher und Löffler ist seit einigen Jahren verboten.

Doñana hat zwei sehr gut ausgestattete Besucherzentren: La Rocina ② und Acebuche ③. Von beiden führen ausgeschilderte Rund-

wege zu Wasserflächen und durch die Buschvegetation. An den Wasserflächen stehen getarnte Beobachtungshütten, aus denen je nach Jahreszeit viele interessante Vogelarten beobachtet werden können. Besonders beim Hauptzentrum »Acebuche« lassen sich praktisch immer Purpurhühner, Kolbenenten, Zwerg- und Haubentaucher und Schwarzkehlchen beobachten. Auch Milane, Zwergadler und Kolkraben kreisen hier oft. In Acebuche ist auch ein gut eingerichtetes Museum und eine Tonbildschau.

In den Pinienwaldgebieten nördlich von Matalascañas ④ oder zwischen El Rocio und Almonte kann man abends und nachts von Ende April bis in den Juni den hölzernen Klopfruf des Rothalsziegenmelkers vernehmen und in der Dämmerung auch den Vogel sehen. Diese Art kommt in Europa nur in Spanien vor.

Die besten Beobachtungsmöglichkeiten hat man beim Dorf El Rocio auf die dortigen Marismas ⑤. Hier kann man stundenlang beobachten. Im Winter wird man unzählige Enten, Uferschnepfen, Rotschenkel und andere Limikolenarten sehen. Wenn man den Horizont mit dem Fernglas absucht, erkennt man große Vogelschwärme. Seiden-, Kuh- und Graureiher, Stelzenläufer, Flamingos und Weißstörche sind ganzjährig hier. Im Frühling ziehen enorme Vogelscharen durch; Weißbartseeschwalben picken Nahrung aus dem Wasser auf und Stelzenläufer brüten in unmittelbarer Nähe. Meist ändert sich das Bild im Laufe eines Tages, so daß mehrere Besuche zu unterschiedlichen Tageszeiten empfehlenswert sind. Gute Standorte sind die Brücke über den Rociana-Zufluß und die Promenade am Dorfrand entlang der Marismas (abhängig vom Sonnenstand).

Wandern und beobachten kann man in östlicher Richtung von El Rocio nach Überqueren der kleinen Brücke »Puente del Ajolí« ⑥ (Aussprache: Acholí). Rechter Hand die Grenze zum Nationalpark mit Korkeichen und Weidegelände, linker Hand Pinienwald. Das Gebiet hier heißt »Coto del Rey« und ist besonders greifvogelreich. Mäusebussard,

Zwerg- und Schlangenadler, Rot- und Schwarzmilan, oft auch Gänsegeier und Kaiseradler können beobachtet werden. In den Korkeichen brüten Weißstörche auf Baumhorsten. Blauelstern hört und sieht man besonders im Pinienwald. Im Winter und Frühling kann der Weg stellenweise überschwemmt und unpassierbar sein. Besuchenswert ist der **Palacio de Acebron** ⑦ mit der Ausstellung »Der Mensch und die Marismas«. Auf der Straße El Rocio–Matalascañas zweigt wenig hundert Meter nach dem Info-Zentrum La Rocina eine Straße rechts ab zum Palacio. Ein Rundweg führt um ein Gewässer und zu mächtigen Korkeichen. Die Büste vor dem Palacio stellt Felix Rodriguez de la Fuente dar (s. S. 115). Die Ausstellung zeigt Lebensformen und Geräte der Bevölkerung und historische Pläne.
Am Strand von **Matalascañas** lohnt sich im Winter ein Blick aufs Meer. Entlang des Strandes nach Süden darf man gehen, nicht jedoch in die Dünen des Nationalparks. Die Dünenvegetation und Tierwelt kann in den stabilisierten Dünen nördlich Matalascañas beobachtet werden.
Um zumindest einen Eindruck von den 3 Hauptlebensräumen des Nationalparks und seiner Weite zu erhalten, kann man an einer **Landroverfahrt** der Nationalparkverwaltung ⑧ teilnehmen. Anmeldung und Start beim Info-Zentrum Acebuche ③. Außer in der Woche vor Pfingsten finden diese 3- bis 4stündigen Fahrten das ganze Jahr über statt. Die Fahrt geht zunächst entlang des Strandes, vorbei am alten Wachtturm Torre Carbonera, um dann quer über den Wanderdünengürtel zu führen! Hier wird eine Pause eingelegt und man kann sehr schön die Dünenabfolge und die Dünenbewegung in allen Zeitstadien sehen. Hinter dem letzten Dünengürtel erstreckt sich die Marisma bis zum Horizont. Wildschweine, Rot- und Damwild, Rothühner und Kaninchen werden fast bei jeder Fahrt gesehen. Wer Kaiseradler (»Aguila imperial«) sehen möchte, sollte dem Fahrer dies beim Erreichen der Marismas sagen. Sie haben einen sehr geübten Blick und erkennen

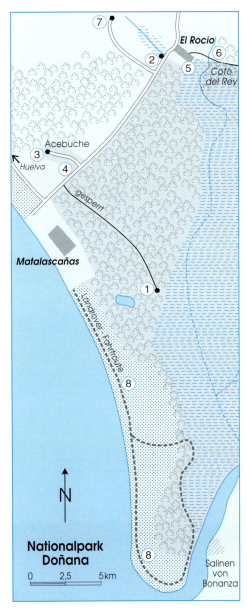

die meist träge auf einer Baumspitze sitzenden Vögel am besten. Die Fahrt führt dann am Rande der Marismas entlang, später durch ein Pinienwaldgebiet mit Köhlerfamilien, bis zum Ufer des Guadalquivir. Auf der

Kuhreiher suchen die Nähe zum Weidevieh, um die dort aufgeschreckten Insekten zu fangen. Es ist ihre wichtigste Nahrungsquelle. Seit einigen Jahrzehnten breitet sich diese Art ständig weiter aus.

gegenüberliegenden Flußseite liegt der Ort Sanlúcar. Jetzt geht es zügig wieder zurück. Um mehr Zeit für Tierbeobachtungen zu haben, empfiehlt sich ab 4–5 Personen die Landroverfahrt ganztägig zu buchen. Die Streckenführung ist die gleiche, aber man ist unter sich und die Pausen können viel ausgedehnter sein und auch an Stellen eingelegt werden, an denen sonst nicht gehalten wird. In jedem Fall ist ausreichend Proviant und Trinkwasser mitzuführen. Im Nationalpark gibt es nichts.

Praktische Tips

Anreise
Von Sevilla aus Richtung Huelva. Von der autobahnähnlich ausgebauten Straße nach 50 km abzweigen in Richtung Almonte, El Rocio und Matalascañas.

Klima/Reisezeit
Die Sommer sind sehr heiß und trocken und die Winter mild und relativ regenreich. Hauptniederschlags- und -vegetationszeit ist November bis April/Mai. Im Dezember kehren die Störche wieder zurück und Mitte Januar die Rauchschwalben. Dies sind auch die Monate der höchsten Individuenzahlen. Im Winter steigen die Temperaturen tagsüber meist auf 10–20°C.
Es wird abgeraten das Gebiet zwischen Ende Juni und Mitte September zu besuchen. Die Hitze ist sehr groß, praktisch alle Wasserflächen sind ausgetrocknet, Tier- und Pflanzenbeobachtungen sind unergiebig und die spanischen Besucherscharen überwältigend.

Die Gelbe Zistrose ist eine Charakterart der Sandböden im Nationalpark.

Der ausgefärbte Spanische Kaiseradler ist leicht am weißen Flügelbug zu erkennen.

Der Pardelluchs lebt äußerst heimlich. Mit Sendern kann seine Lebensweise besser erforscht werden.

Adressen

Besucherzentrum des Nationalparks und Landroverreservierung (unbedingt einige Wochen vorher reservieren):
▷ Parque Nacional Doñana, Coop. Marismas del Rocio, El Rocio-Almonte (Huelva), Tel. 00 34-55-43 04 32.
Montags sind alle Einrichtungen im Nationalpark geschlossen!

Die Französische Zistrose hat reinweiße Blüten und schmale, klebrige Blätter. Blütezeit von März bis Juni.

Unterkunft

In Matalascañas gibt es mehrere Hotels und Campingplätze; in El Rocio eine nette Pension.

Blick in die Umgebung

El Rocio ist ein verschlafenes Dorf, das aber über Pfingsten Schauplatz einer einzigartigen Wallfahrt wird. Etwa 150 000 Menschen aus ganz Andalusien campieren dann 1 Woche hier mit Pferden und bunt geschmückten Wagen. Flamenco, Tanz und Sherry bestimmen die Szene.

<u>Salinas de Bonanza:</u> Vom Nationalpark aus gelangt man nur nach Absprache mit der Landroververwaltung per Boot auf die Ostseite. Man muß dann genaue Zeiten für die Wiederabholung vereinbaren. Sonst bleibt nur der lange Weg über Sevilla und Jerez de la Frontera nach Bonanza. In den Salinen sind besonders zu den Zugzeiten viele Limikolen, aber auch Flamingos, Raubseeschwalben, Dünnschnabelmöwen, Säbelschnäbler und Reiher zu beobachten. Der sich nördlich anschließende Pinienwald ist dann auch attraktiv für Singvögel.

Pardelluchs und Spanischer Kaiseradler

Pardelluchs und Spanischer Kaiseradler weisen einige Gemeinsamkeiten auf: Beide Arten stehen auf der Internationalen Liste der vom Aussterben bedrohten Tierarten; ihre Vorkommen außerhalb Spaniens (in Portugal) sind so gering, daß Spanien praktisch die alleinige Verantwortung für den Erhalt dieser Arten trägt; beide sind typische Bewohner des mediterranen Eichenwaldes und kommen daher heute nur noch im Südwesten der Iberischen Halbinsel vor; nur im Gebiet von Doñana besiedeln sie einen vom restlichen Verbreitungsgebiet ganz verschiedenen Lebensraum, in dem aber ihre Hauptbeutetierart, das Kaninchen, ebenfalls hohe Bestandsdichten erreicht; durch Schutzmaßnahmen und Forschungseinrichtungen im Nationalpark Doñana sind hier ihre Populationen auch besonders stabil und gut untersucht und beide sind Symboltiere des Nationalparks geworden. Beide sind neben dem direkten Abschuß und der Fallenstellerei (Pardelluchs) durch Ersatz des naturnahen Eichenwaldes mit Eukalypten (s. S. 27 und S. 135) und eine Dezimierung der Kaninchenbestände (s. S. 69) bedroht. Viele Kaiseradler sterben an Hochspannungsleitungen.

Der **Pardelluchs** ist kleiner und viel stärker gefleckt als der Nordluchs und wurde früher als dessen Unterart angesehen. Seine Verbreitung auf der Iberischen Halbinsel ist heute inselhaft. Im Gebiet von Doñana besiedelt der Pardelluchs (heute etwa 50 Tiere) die gebüschreichen stabilisierten Sandgebiete, offene Pinienwälder und die Randbereiche der Marismas, wo er als Ansitzjäger jagt.

Erst vor wenigen Jahren haben genauere Studien mit Hilfe der Radiotelemetrie u. a. zu folgenden Erkenntnissen geführt: Das früher traditionelle Abbrennen des Buschwaldes zur Anlage kleiner Getreideäcker und zur Förderung guter Weideflächen für die jagdlich interessanten Huftiere unterbleibt seit der Unterschutzstellung; das Gebüsch wird dadurch immer dichter und als Lebensraum für Kaninchen zunehmend ungeeigneter; die jungen Pardelluchse wandern teilweise in die Umgebung ab, in der viele von ihnen umkommen; die Reproduktionsrate ist ebenfalls vermindert. Daher plant man, stellenweise die geschlossenen Matorralflächen zugunsten offener Flächen mit krautigem Pflanzenwuchs zurückzudrängen, um Kaninchen bessere Nahrungsmöglichkeiten und Pardelluchs und Kaiseradler besseren Jagderfolg zu bieten.

Der **Spanische Kaiseradler** wird seit neustem häufig als eigenständige Art vom östlichen Kaiseradler getrennt. In Nordafrika ist er ausgestorben, in Portugal wohl ebenfalls. Durch Abschuß und Eierraub Ende des 19. und Anfang des 20. Jh., vor allem durch britische Sammler, aber auch durch von der Administration ausgesetzte Abschußprämien, gingen seine Bestände kontinuierlich und drastisch zurück. Das Minimum mit etwa 40–60 Paaren wurde Ende der 60er Jahre erreicht. Nachdem 1966 alle Greifvögel in Spanien unter völligen gesetzlichen Schutz gestellt wurden, erholten sich die Bestände und heute leben etwa 120 Brutpaare im Land. Hätten in der Zwischenzeit nicht die großflächigen Waldvernichtungen und Anpflanzungen von Eukalypten stattgefunden, wäre die Population aber noch wesentlich stabiler. Die größten Teilpopulationen leben heute im Dreieck Madrid – Ciudad Real – Caceres und im Nationalpark Doñana (hier etwa 15 Paare).

23 Los Alcornocales

> Einer der größten Korkeichenwälder der Erde; großer Pflanzenartenreichtum und Reliktarten aus dem Tertiär; außergewöhnlich schöne Landschaftsbilder; typische weiße Dörfer Andalusiens.

Der 1989 deklarierte Naturpark »Parque Natural Los Alcornocales« (»Alcornoque« = Korkeiche) umfaßt eine Fläche von über 1700 km² und reiht sich ein unter die ökologisch wertvollsten Regionen Spaniens, die auch aus internationaler Sicht von großer Bedeutung sind. Das Gebiet ist eines der größten Korkeichenwälder der Erde, die immer nur extensiv bewirtschaftet wurden und daher von großer Ursprünglichkeit hinsichtlich Artenzusammensetzung und Struktur sind. Eine Fahrt durch die ausgedehnten, immergrünen Eichenwälder mit einer üppigen Strauch- und sogar Epiphytenvegetation, hinterläßt unvergeßliche Eindrücke; um so mehr wohl auch, als man eine solche Landschaft im äußersten Südspanien kaum vermutet hätte.

Der höchste Punkt des Gebietes ist der 1092 m hohe Aljibe. Die Wälder bedecken die Gebirgszüge der südwestlichsten Ausläufer der Betischen Kordillere, im Oligozän entstanden und hauptsächlich aus Sandsteinen aufgebaut. Charakteristisch sind starke, oft vertikal aufgerichtete Verwerfungen, die über die Baumkronen hinausragen und eine braun-gelbe Gesteinsfarbe aufweisen. Quarzkristalle sind in ein toniges Bindemittel eingebettet, daher gut verwitterbar; als Resultat ergeben sich relativ tiefgründige und nährstoffreiche Böden. Als Folge der hohen Niederschläge und Luftfeuchtigkeit sowie der leichten Verwitterbarkeit des Gesteins entstanden tiefe Einschnitte und Talsohlen, die den lokalen Namen »Canutos« tragen. Bedingt durch das Mikroklima haben sich in den Canutos sehr interessante Vegetationseinheiten und Pflanzenarten als Reliktformen erhalten. Zahlreiche Bäche und Flüßchen entwässern das Gebiet und erhöhen die ökologische und landschaftliche Vielfalt.

Die traditionelle Nutzung basiert hauptsächlich auf der Gewinnung von Holzkohle (aus Astholz) und Kork, der Imkerei und der extensiven Waldweide mit Schweinen (Eichelmast) und Rindern (s. S. 132). Die Bevölkerungsdichte ist gering, und die wenigen Dörfer liegen weit auseinander. Eine Gefahr stellen Pläne zur Wasserentnahme in den Oberläufen der Flüsse dar, um die immer noch wachsenden Feriensiedlungen an der Küste mit Wasser versorgen zu können.

Die Baumheide kann mehrere Meter hoch werden und blüht weiß im Winter und zeitigen Frühjahr.

Lorbeer-Schneeball (oben links) und mehrere Heidekrautarten (auf dem Foto oben *Erica cilliaris*) sind häufig im mediterranen Wald.

Pflanzen und Tiere

Die dominante Baumart und für den Naturpark namengebend ist die Korkeiche. In Abhängigkeit von den Höhenstufen dominieren in Lagen bis 400 m noch Wilder Ölbaum, Mastixstrauch (S. 70), Steineiche und Zwergpalme (S. 202), während sich zwischen 400 und 900 m der Korkeichenwald ausdehnt. Im Gebiet stehen alte und urige Bäume mit riesiger Krone. Da im Mittelmeergebiet das Wasser fast immer ein Minimumfaktor ist, stehen die Bäume aus Konkurrenzgründen weiter auseinander und werden auch nicht so hoch wie z. B. in Mitteleuropa.

Die Strauchschicht ist gut entwickelt und artenreich. Erdbeerbaum, Lorbeer-Schneeball, 6 *Erica*-Arten (u. a. Baumheide, *E. umbellata*,

Der Wiedehopf läßt von Februar bis Mai sein charakterisitsches »up-up-up« hören.

162 — 23 Los Alcornocales

Typisches mediterranes Waldbild in der Provinz Cadiz: mehrere Eichenarten und Sträucher der Macchie mit anstehenden Felsen. Die Nutzung beschränkt sich heute meist auf Kork und extensive Beweidung.

E. lusitanica), Weißdorn, Myrte (S. 195), Spargel, bis zu 2 m hoher Adlerfarn sind nur die auffälligsten Arten. An besonders feuchten Schattenhängen dominiert stellenweise eine dritte Eichenart, die aber auch im gesamten Gebiet immer wieder in Mischung auftritt: *Quercus canariensis*, eng verwandt mit der Portugiesischen Eiche und wie diese halbimmergrün (d. h. die vorjährigen Blätter werden meist erst beim Austrieb der neuen abgeworfen). In einem solchen Bestand werden Assoziationen zu tropischen Regenwäldern geweckt: Stämme und waagerechte Äste sind dicht mit Moosen, Flechten und Farnen bewachsen, der Unterwuchs ist fast undurchdringlich und Efeu, Heckenkirsche und Stechwinde (S. 174) bilden ein Lianengeflecht.

Im Hochsommer gehen spezialisierte Arbeiter durch die Bestände und schneiden den Kork vom Stamm.

23 Los Alcornocales

Korkeiche und Kork

Die Korkeiche ist neben der Steineiche die Hauptbaumart des mediterranen Waldtyps in Spanien. Ihre ökologische Plastizität ist aber viel geringer als die der Steineiche; sie bevorzugt Silikatböden und ein Mittelmeerklima mit ozeanischem Einfluß, also praktisch frostfrei und mit relativ hoher Luftfeuchtigkeit. Daher ist ihre Verbreitung auf die küstennahen Zonen der westlichen Mittelmeerländer beschränkt, in Spanien bis etwa 1300 m. Mit etwa 1 Mio. ha steht Portugal an erster Stelle der korkproduzierenden Länder, gefolgt von Spanien und Marokko. In Spanien sind bedeutende Vorkommen heute auf das westliche Andalusien, Extremadura und das nordöstliche Katalonien konzentriert.

Neben der Nutzung der Eichelmast (s. S. 135) und als Weidegrund für z. B. die Kampfstierzucht (S. 20) in Form der Dehesa, ist der Kork das wichtigste Produkt dieser Wälder.

Die ökologische Bedeutung der extrem starken Korkentwicklung der Korkeiche könnte als Feuer- oder Transpirationsschutz interpretiert werden. Lebensnotwendig ist der Kork aber nicht. Etwa alle 9 Jahre erreicht der Kork am Stamm und den stärksten Ästen eine wirtschaftlich interessante Stärke von 7–10 cm; erfahrene Arbeiter lösen dann im Hochsommer den Kork in großen Platten ab. Er wird vom außenliegenden Korkkambium erzeugt; darunter liegt das Rindenkambium mit den wasser- und nährstofftransportierenden Leitgefäßen. Diese dürfen bei der Arbeit keinesfalls beschädigt werden, um dem Baum nicht zu schaden. Nach der Korkschälung ist der Stamm für einige Jahre tief rotbraun.

Die spezifischen Eigenschaften, die Kork in sich vereinigt und die ihm in vielen technischen Bereichen eine weite Verbreitung und Überlegenheit gegenüber Kunststoffen sichern, sind Leichtigkeit, Wasserundurchlässigkeit, thermische und elektrische Isolierfähigkeit, Elastizität sowie sehr hohe Resistenz gegen Witterungseinflüsse, pilzlichen und bakteriellen Abbau. Hinzu kommen ästhetische Gesichtspunkte.

Über 900 m Höhe wird dann eine natürliche Baumgrenze erreicht, die im äußersten Süden Europas aber keine Temperaturgrenze sein kann. Ein wichtiger ökologischer Faktor ist hier offensichtlich der ganzjährig wehende, starke Ostwind (»Levante«), der einen baumförmigen Wuchs nicht mehr zuläßt. In dieser Höhenstufe dominieren die schon genannten Straucharten, und eine botanische Kostbarkeit der Region ist die kleine insektenfressende Pflanze *Drosophyllum lusitanica*. In den Felseinschnitten und besonders feuchten und schattigen Talgründen (»Canutos«) konnten sich Pflanzengesellschaften halten, die im Tertiär dominierten, aber mit den folgenden Eiszeiten weitgehend verschwanden. Es handelt sich um Arten der Laurisilva-Gesellschaft (Lorbeerwald), die

auf den Kanarischen Inseln noch eindrucksvolle Bestände aufweist und im Gebiet u. a. mit Lorbeerbaum, Pontischer Alpenrose und Portugiesischem Lorbeer vertreten ist. Größere Säugetiere sind Reh (die südlichste Population Europas), Rotwild und Wildschwein. Die Manguste hat im Gebiet ihre größte Population auf der Iberischen Halbinsel und der Bestand des Fischotters dürfte zu den stärksten in Europa zählen. Häufig sind Gänsegeier (S. 36), auch Zwergadler (S. 194) und Schlangenadler (S. 175) sind vertreten. Erstaunlich ist das völlige Fehlen von Mönchsgeier und Kaiseradler, zwei Arten des mediterranen Eichenwaldes par excellence. Die Gründe sind nicht klar, vermutet wird als Ursache der starke Wind, der die Errichtung von großen Baumhorsten ver-

164 _____ 23 Los Alcornocales

eitelt. Die Nahrungsgrundlage jedenfalls wäre hier mindestens so gut wie z. B. in Extremadura. Auch die Blauelster fehlt. Die Reptilien- und Amphibienfauna ist artenreich: u. a. Perleidechse (S. 138), Eidechsen-, Kapuzen-, Hufeisen- (S. 140) und Treppennatter (S. 109), Algerischer Sandläufer (S. 154), Kaspische Wasserschildkröte (S. 131), Feuersalamander, Marmormolch (S. 62), Rippenmolch (S. 113), Mittelmeer-Laubfrosch und Erdkröte.

Im Gebiet unterwegs

Vorgeschlagen wird eine Rundfahrt durch das Gebiet, die aufgrund der Größe, der schmalen Straßen und natürlich der herrlichen Landschaftseindrücke mit 2 Tagen veranschlagt werden sollte. Die Fahrt führt von Ubrique im äußersten Norden auf der C 3331 zum Paß Puerto de Galiz ①, von dort in Richtung Jimena de la Frontera. 5 km südlich von Puerto de Galiz erreicht man die kleine Siedlung La Sauceda. Hier kann man durch das Bachtal des Rio Rosadallana ② wandern, das einen dichten Korkeichenwald durchschneidet. Von La Sauceda aus kann man auch den Berg Aljibe besteigen (Erlaubnis von der A.M.A. in Cadiz einholen). Die Weiterfahrt bringt unglaublich schöne Eindrücke des Gebietes, und in Jimena, genauso wie im nächsten Ort Castellar de la Frontera, lohnt sich ein Dorfrundgang. Über die CA 512 geht es nördlich von Los Barrios nach Westen, um auf der C 440 wieder nach Norden über Alcalá de los Gazules zu fahren.

Praktische Tips

Anreise
Von Sevilla aus über Villamartin nach Ubrique. Von Cadiz über Medina Sidonia nach Alcalá de los Gazules und von Malaga über die Küstenstraße nach Algeciras.

Klima/Reisezeit
Das Klima ist mediterran mit starkem ozeanischem Einfluß. Die Niederschlagshöhe liegt

bei 1200–1400 mm. Sehr charakteristisch ist der fast ganzjährig wehende Wind, im Sommer als trockener und heißer Ostwind (»Levante«), im Winter meist als Westwind. Juli bis September sind praktisch niederschlagsfrei. Frost kommt – auch in den höheren Lagen – nur äußerst selten vor. Die Sommertemperaturen sind nicht ganz so hoch wie im Inneren Andalusiens. Besonders schön sind hier auch die Monate November/Dezember: Die Früchte der meisten Bäume und Sträucher sind reif, und nach den ersten Niederschlägen sprießt überall frisches Grün.

Samtkopfgrasmücke, die häufigste mediterrane Grasmücke.

Bienenfresser leben gesellig und fallen durch ihre Stimme und Farbenpracht auf.

Die Blaumerle ist knapp amselgroß und lebt in felsigem und reliefreichem Gelände im mediterranen Klimagebiet.

Die Weißbartgrasmücke ist, wie die meisten anderen Grasmückenarten auch, unruhig und meist in der Vegetation vesteckt. Auffallend ist der kurze Gesang, der oft im Balzflug vorgetragen wird.

Adressen

Für Informationen und zur Einholung der nötigen Erlaubnis, um z. B. die Berge Aljibe und Picacho besteigen zu können, wendet man sich an die
▷ Direccion Provincial de la Agencia de Medio Ambiente (A. M. A.), Avda. Ana de Villa 3–3, 11 004 Cadiz, Tel. (9 56) 27 45 94 und 27 46 29

oder an die Verwaltung vor Ort
▷ Oficina del P. N. Los Alcornocales, Calle José Tizon 5, 11 180 Alcala de los Gazules (Cadiz), Tel. (9 56) 42 02 77.

Unterkunft

Pensionen gibt es in Ubrique, Jimena und Alcalá de los Gazules. Entlang der Küste findet man ein gutes Hotelangebot. Dort sind auch Campingplätze. Im Gebiet selbst sind Campingmöglichkeiten bei La Sauceda und El Picacho (zwischen Alcalá und Puerto de Galiz) gegeben, allerdings mit sehr bescheidener Infrastruktur.

Lianen und Epiphyten, wie hier Farne, Flechten und Moose auf einem Eichenstamm, erinnern in den feuchten Schluchten des südlichsten Spaniens gelegentlich an einen tropischen Regenwald.

24 Meerenge von Gibraltar

> Vogelzugbeobachtung; Reiherkolonie an der Küste; Pinien- und Korkeichenwälder; ausgedehnte Weidegebiete, u. a. für Kampfstiere; typische weiße andalusische Dörfer.

Obwohl das Gebiet weder klare naturräumliche Grenzen aufweist, noch in sich eine geographische oder ökologische Einheit bildet, sich also diesbezüglich von den meisten anderen Gebieten in diesem Buch unterscheidet, ist es doch sehr interessant, gerade wegen der Vielzahl unterschiedlicher Lebensräume auf relativ kleiner Fläche. Das Hauptinteresse am Gebiet erwächst zwar aus dem Vogelzugphänomen zwischen Europa und Afrika, an zugschwachen Tagen können so aber auch genügend andere attraktive Ziele in der Umgebung aufgesucht werden.

Man nimmt an, daß die heutige Verbindung zwischen Atlantik und Mittelmeer, die minimal 15 km breite Meerenge von Gibraltar, vor etwa 5 Millionen Jahren durch die Absenkung der Betischen- und Rif-Kordillere entstand, während dabei die ursprüngliche Verbindung durch das Guadalquivir-Becken durch Anhebung unterbrochen wurde.

Wie auch an anderen Meerengen, etwa Bosporus oder Straße von Messina, konzentrieren sich hier an der engsten Stelle im westlichen Mittelmeer jedes Jahr Hunderttausende Vögel, um von Europa nach Afrika und umgekehrt zu fliegen.

Im Frühjahr ist der **Vogelzug** weit weniger konzentriert, die Vögel driften weiter auseinander und treffen auf einem viel breiteren

Die Meerenge von Gibraltar nordöstlich von Tarifa. Im Hintergrund die marokkanische Küste.

167

Küstenstreifen auf das spanische Festland. Auch im Herbst ist das Verhalten der Vögel noch unterschiedlich genug; Flugwege und Aktivität hängen entscheidend von den jeweiligen Windverhältnissen ab. Recht gut ist das Zugverhalten der großen segelfliegenden Greifvögel und Störche untersucht. Bei den meist dominierenden Ostwinden lassen sich diese bis an den Rand der Gebirgszüge treiben, die nördlich von Tarifa in gerader Nord-Süd-Richtung aufeinander folgen, und die eine Fortsetzung der Sierra del Aljibe sind (s. S. 161). Zwischen der Punta Carnero und Tarifa setzen sie dann über. Sind die Ostwinde besonders stark, treiben die Vögel teilweise bis nach Tarifa und wagen trotzdem nicht den Überflug. Dann kann es passieren, daß sie wieder nach Norden abdrehen bzw. landen. Das Verhalten ist natürlich auch von der Vogelart abhängig; Wespenbussarde sind dabei die »mutigsten«, sie setzen auch bei sehr starken Winden noch über.

Britische Ornithologen sind bis in die 60er Jahre davon ausgegangen, daß der größte Teil der großen Segelflieger Europa über Gibraltar verlasse und der Zug besonders intensiv bei Westwinden verlaufe. Diese falschen Schlußfolgerungen entstanden, da sie nur von Gibraltar beobachteten und nicht den ganzen Küstenstreifen miteinbezogen.

Durch systematische Untersuchungen spanischer Ornithologen in den 70er Jahren konnte nachgewiesen werden, daß vielmehr die Zugaktivität bei den (viel häufigeren) Ostwinden genauso hoch ist, die Vögel dann aber südwestlich von Gibraltar übersetzen. Bei Westwind ziehen viele Vögel über Gibraltar hinweg, allerdings fliegen sie dann meist noch über die Bucht von Algeciras weiter, treffen an der Punta Carnero erneut auf und setzen dann erst über.

Die Südspitze Spaniens ist ein landschaftliches Mosaik von kleinen Gebirgszügen mit Korkeichenwäldern und mediterraner Macchie und weiten, extensiv genutzten Weideflächen, welche große Bedeutung für die ‹Kampfstierzucht haben (S. 20). An der Atlantikküste dehnen sich noch riesige, unbebaute Sandstrände aus, mit teilweise großen Dünen und schönen Pinienwäldern. Zwischen Cabo de Trafalgar und Barbate erstreckt sich eine felsige Steilküste und ein ausgedehnter Pinienwald. Hier wurde 1989 der Naturpark »Acantilado y Pinar de Barbate« ausgewiesen. Das Gebiet zwischen Algeciras und Tarifa ist militärisches Sperrgebiet, dadurch wurde eine touristische Erschließung bis heute verhindert. Tarifa selbst hat sich aufgrund der starken Winde zur »Surf-Hauptstadt« ernannt. Wegen der ho-

168 _____ 24 Meerenge von Gibraltar

hen Bedeutung für rastende Zugvögel wurde der südlichste Atlantikstrand in Spanien, die Playa de los Lances, unter Schutz gestellt. Östlich von Vejer de la Frontera erstreckte sich die Languna de la Janda, die von ihren privaten Besitzern in den 50er Jahren trokkengelegt wurde. Es war die größte Lagune in Spanien, und da sie Süßwasser führte, war sie reich an Sumpfpflanzen. Hier wurde der einzige (bzw. letzte) Brutplatz des Kranichs in Spanien und Dutzender anderer seltener Arten vernichtet. Heute wird die Fläche landwirtschaftlich genutzt, muß aber nach wie vor intensiv durch Gräben entwässert werden. Nach starken Niederschlägen bilden sich immer wieder Wasserflächen. Vielleicht gelingt es eines Tages, diese in spanischen Naturschutzkreisen legendäre Lagune wieder zu renaturieren.

Pflanzen und Tiere

Die Vegetation der kleinen Gebirgsinseln enthält als Hauptbaumarten Korkeiche (S. 163) und Wilder Ölbaum, und auf den entwaldeten Flächen bildet sich eine Macchie mit Stechginster, Zwergpalme (S. 202), Stechwinde (S. 174), Spargel, Schopflavendel (S. 146). Zwischen Vejer und Barbate erstreckt sich ein großer Pinienwald bis zum Meer. Hier blühen z. B. Myrte (S. 195), mehrere Zistrosenarten (S. 70, 143, 159), die Schwertlilie *Iris xiphium*, Große Wachsblume, die Knotenblume *Leucojum trichophyllum*, Osterluzei und Geflecktes Sandröschen.

Kaninchen finden ideale Bedingungen, auch Hasen sieht man gelegentlich. Ob die Berberaffen auf dem Felsen von Gibraltar von jeher hier vorkamen, ist nicht sicher. Bekanntlich sind sie ja ein wichtiges Symbol für die britische Souveränität über den Felsen. Überall in den Weidegebieten, auf Pfählen und Büschen, trifft man Schwarzkehlchen (S. 24) an. Häufig sind hier auch Einfarbstare (S. 105), Wiedehopf (S. 162), Samtkopfgrasmücke (S. 165) und Rotkopfwürger; Gänse-

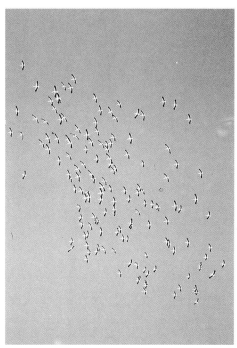

Der Storchenzug bei Gibraltar verläuft von Januar bis März und im Juli/August.

geier (S. 36) segeln mit großer Ausdauer über dem Gebiet. An der Felsküste westlich von Barbate besteht eine große Kuh- und Seidenreiherkolonie (S. 158 und S. 83) ①, deren Schutz bei der Ausweisung zum Naturpark angestrebt wurde.

Zu den Zugzeiten erhöht sich die Anzahl der Vögel gewaltig. Generell gilt, daß der Heimzug (Januar bis April/Mai) weniger konzentriert an bestimmten Punkten verläuft. Ziehende Trupps kann man dann ebensogut weiter im Inland, z. B. im Naturpark Los Alcornocales (s. S. 161) oder entlang der Mittelmeerküste bis Malaga, antreffen. Der Wegzug (August bis Oktober) kann dagegen zwischen Gibraltar und Tarifa sehr spektakulär ausfallen. Entsprechend der vorherrschenden Windrichtung (s. oben) müssen die besten Standorte zur Beobachtung gefunden werden: Playa de los Lances bei Tarifa ②, Puerto del Cabrito ③ und Puerto del Bujeo ④ (beide

In der Macchie wachsen mehrere Osterluzeiarten, hier die mehrere Meter lang rankende *Aristolochia baetica*.

Das Schweifblatt ist ein unauffälliges, aber hübsches Liliengewächs auf sandigen Standorten. Blüht von März bis Mai.

Pässe auf der Straße Algeciras–Tarifa). Die dominierenden Arten bei den großen Segelfliegern sind Weißstorch, Schwarzmilan, Wespenbussard, Schlangen- und Zwergadler (S. 175 und S. 194), Schmutzgeier (S. 42) und Mäusebussard. Imponierend sind jedoch auch die an manchen guten Zugtagen unablässig vorbeiziehenden Trupps von Bienenfressern (S. 166) und Schwalben.
Die Schwerpunktperioden der Zugphänologie sehen etwa wie folgt aus: Weißstorch im Januar und Juli/August, Schwarzmilan März und August, Wespenbussard Mai und September, Schlangenadler März und September, Zwergadler April und September, Schmutzgeier März/April und September, Turteltaube (S. 113) April und September, Bienenfresser April/Mai und September/Oktober.
Der Zug ist in der Regel am Vormittag besonders lebhaft, oft aber auch noch oder wieder am Nachmittag. Viele, besonders Greifvögel, Bienenfresser und Singvögel, verbringen die Nacht vor dem Übersetzen in den Korkeichenwäldern weiter nördlich. Limikolen, Seeschwalben und Möwen – aber auch viele Singvögel – sind besonders gut am Strand Los Lances bei Tarifa zu beobachten. Die Beobachtung des Vogelzuges erfordert Geduld und etwas Glück. Je nach den jahreszeitlichen und meteorologischen Bedingungen kann man innerhalb weniger Stunden Tausende Vögel über und neben sich vorbeiziehen sehen, an anderen Tagen ist kaum Zug zu registrieren.

Die Raupe des Osterluzeifalters frißt an Osterluzeiarten.

Im Gebiet unterwegs

Die wesentlichen Beobachtungsorte und -zeiten wurden bereits bei der Aufzählung der Tierarten genannt. Auch der Felsen von

Mehrere ähnliche Siegwurzarten (Wilde Gladiole) blühen im Frühling in der Macchia und in Getreidefeldern.

Die Schwertlilie *Iris xiphium* blüht von März bis Mai, meist einzeln, auf sandigen Böden und in Pinienwäldern.

Gibraltar kann bei starken Westwinden sehr interessant zur Vogelzugbeobachtung sein. Vereinfachend kann man sagen: Je stärker der Ostwind, desto weiter westlich die Zugvögel.
Eine landschaftlich sehr schöne Rundfahrt ist die Strecke Barbate–Vejer de la Frontera (typischer, weißer andalusischer Ort)–Cabo Trafalgar–Barbate. Etwa 10 km nordwestlich von Tarifa geht die Abzweigung CA-222 Richtung Punta Paloma (Ensenada de Valdevaqueros) ab. Eindrucksvoll ist hier eine riesige Sanddüne zu sehen, die der herrschende Ostwind gebildet hat.

Praktische Tips

Anreise
Die Straße N 340 verbindet Malaga über Algeciras und Tarifa mit Cadiz. Auf den Felsen von Gibraltar gelangt man über La Linea (Ausweiskontrolle).

Klima/Reisezeit
Wie bei Los Alcornocales ausgeführt (s. S. 165). Die Reisezeit ergibt sich für dieses Gebiet natürlich auch aus den Zugzeiten der Vögel.

Unterkunft

Hotels, Pensionen und Campingplätze in Tarifa, Algeciras und weiter nördlich entlang der Küste.

Blick in die Umgebung

Die meisten Orte im Gebiet weisen den typisch andalusischen Charakter auf. Algeciras hingegen ist eine laute Industrie- und Hafenstadt. Die Provinzhauptstadt Cadiz hat eine sehenswerte Altstadt, und die Salinen und Lagunen südöstlich der Stadt ermöglichen manche interessante Vogelbeobachtung.

Geflecktes Sandröschen, weitverbreitet auf sandigen Böden.

25 Grazalema

Wald- und Felslandschaften; große Kork- und Steineichenbestände; Hauptverbreitungsgebiet der endemischen Igeltanne; Karsthöhlen, tiefe Schluchten; steinzeitliche Felsmalereien; großer Greifvogelreichtum; typische weiße andalusische Dörfer.

Der westlich von Ronda gelegene Naturpark umfaßt eine Fläche von 51 695 ha. Bereits 1977 wurde das Gebiet von der UNESCO zum Biosphärenreservat erklärt, 1984 folgte dann die für den tatsächlichen Schutz relevantere Ausweisung als (erster) andalusischer Naturpark. Die Grenzen schließen mehrere kleinere Gebirgszüge ein. Sie sind die westlichsten Ausläufer der namentlich bekannteren »Serrania de Ronda«, die wiederum der Westausläufer der Betischen Kordillere ist, zu der auch die Sierra Nevada gehört (s. S. 196). Der Berg Pico de Torreón ist mit 1654 m die höchste Erhebung der südlichsten Spitze Spaniens.

Die Gebirgszüge bestehen vorwiegend aus harten Trias- und Jurakalkgesteinen, im Süden des Gebietes finden sich auch Silikatgesteine. Die Niederschläge erreichen die höchsten Werte der Iberischen Halbinsel. Dies führte zu eindrucksvollen Karsterscheinungen mit Höhlen und unterirdischen Gangsystemen. Die Pileta-Höhle weist zudem steinzeitliche Felsmalereien auf.

Ein geologisches Phänomen der Kalkgebirge Südspaniens ist unter dem Namen Torcal be-

Das Dorf Grazalema in der gleichnamigen Sierra weist die höchsten Niederschläge Spaniens auf.

kannt (s. S. 183 ff.). Die Dörfer im Gebiet gehören zu den schönsten und typischsten weißen andalusischen Dörfern. Auf der »Ruta de los pueblos blancos« kann man sie besuchen. Besonders schön gelegen sind Zahara de la Sierra und Grazalema.

Pflanzen und Tiere

Die Hauptbaumarten des Gebietes sind Kork-, Stein- und Portugiesische Eiche, Igeltanne und Johannisbrotbaum.
Die **Steineiche** (S. 128) ist der Fläche nach die repräsentativste Art, wenngleich ihre Standorte und Bestände durch jahrhundertelange Übernutzung (Köhlerei, Beweidung) oft degradiert sind. Sie ist gegenüber dem Bodensubstrat indifferent, und auch klimatisch hat sie von allen spanischen Eichenarten die größte ökologische Plastizität. In den Gebirgen um Grazalema steigt sie bis auf 1300 m Höhe. In Tälern und Stellen mit hoher Luftfeuchte und tiefgründigen Böden gedeiht die **Portugiesische Eiche**. Sie steht zwischen den mitteleuropäischen laubabwerfenden Eichenarten und den immergrünen mediterranen Stein- und Korkeichen, indem sich ihr Laub im Spätherbst verfärbt, aber meist erst mit dem Austrieb neuer Blätter abfällt. Die **Korkeiche** (S. 163) wächst nur auf kalkfreien Böden, ist kälteempfindlich und feuchtigkeitsliebend. Manchmal finden sich in ökologischen Übergangszonen alle 3 Eichenarten nebeneinander.

Auf warmen und trockenen Südhängen dominiert der **Johannisbrotbaum** und ersetzt die Steineiche. Hier findet man auch den Wilden Ölbaum. Der Johannisbrotbaum wird seit dem Altertum sehr geschätzt. Seine langen braunen Früchte sind süß und ein hervorragendes Futter für Esel und Pferde. Seitdem diese jedoch immer weniger eingesetzt werden, verkommen auch die Johannisbrotbaumbestände bzw. werden durch Ölbaumplantagen ersetzt.

Die botanische Kostbarkeit der Gebirge unseres Gebietes ist jedoch die **Igel- oder Pinsapotanne**, eine ausschließlich hier vorkom-

Die endemische Igeltanne wächst nur an wenigen Standorten in Südspanien.

mende Tannenart. Ihr größter Bestand (300 ha) steht an den Nordhängen der Sierra del Pinar, nördlich der Straße Grazalema–El Bosque. Die Igeltanne wächst zwischen 900 und 1800 m Höhe an Nordhängen mit Niederschlägen über 2000 mm. Es ist eine Reliktart aus dem Tertiär, die an wenigen Standorten Südspaniens wegen der besonderen klimatischen Verhältnisse überlebt hat. Ihren deutschen Namen hat die Tanne von ihren harten und spitzen Nadeln, die gleichmäßig um den Zweig stehen.

Im Frühling blühen zahlreiche Orchideen, vor allem Spiegel- und Gelbe Ragwurz; die Pfingstrosen *Paeonia broteroi* und *P. coriacea* sind Charakterarten der Igeltannen-Standorte. Eine endemische Strauchart südspanischer Gebirge ist der Drüsenginster. Der Tierartenreichtum des Gebietes ist bedeutend. Geringe Bestände des Iberischen Steinbocks (S. 91) und Rehe leben hier. In den zahlreichen Bächen und Flüßchen kommen Fischotter vor, aber wie fast überall sind

Die Gelbe Ragwurz blüht von Februar bis Mai.

Die Stechwinde ist häufig in der Macchia.

Die Pfingstrose *Paeonia broteroi*.

es die Vögel, die am leichtesten zu beobachten sind. Besonders häufig ist der Gänsegeier (S. 36). Stein-, Zwerg- (S. 194) und Schlangenadler sind oft zu sehen, und typische Felsbewohner sind Alpenkrähe (S. 51), Blaumerle (S. 166), Zippammer (S. 113) sowie Trauer- (S. 90) und Mittelmeersteinschmätzer.

Im Gebiet unterwegs

Um einen Gesamteindruck des Gebietes zu erhalten, empfiehlt sich eine Rundfahrt mit dem Auto, die im Dorf Zahara de la Sierra beginnen kann. Auf der Fahrt Richtung Grazalema sieht man bei Kilometer 8 und 9 rechter Hand den Igeltannenwald der Sierra

Spiegelragwurz, eine schöne und häufige Orchidee.

Schlangenadler.

Mittelmeersteinschmätzer mit Beute.

del Pinar an den steilen Nordhängen. Dieser Wald steht unter besonderem Schutz; im Sommer ist wegen Brandgefahr der Zugang völlig untersagt, im Winter muß eine Genehmigung bei der A.M.A. in Cadiz oder El Bosque im voraus eingeholt werden. Die Straße steigt an bis zum 1330 m hohen Paß Puerto de las Palomas ①. Überall hat man sehr gute Chancen, Gänsegeier und die anderen hier vorkommenden Vogelarten zu beobachten. Über Grazalema fährt man durch die Sierra del Caillo (kahle, degradierte Felslandschaften von eigenartigem Reiz) nach Benaocaz und Ubrique; vor Ubrique dann

Der wohl größte Bestand der Igeltanne erstreckt sich an der Nordflanke der Sierra del Pinar bei Grazalema.

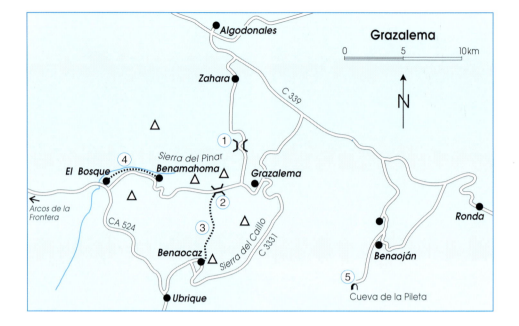

auf der Straße CA 524 wieder nach Norden bis El Bosque und von hier zurück Richtung Grazalema. Die Straßen sind schmal aber verkehrsarm, die Landschaft sehr abwechslungsreich. Es gibt zahlreiche Stellen mit guter Fernsicht (z. B. der Paß Puerto del Boyar ② einige Kilometer westlich von Grazalema) und mehrere Wandermöglichkeiten durch das Gebiet. Für viele Wege ist allerdings eine Genehmigung bei der A.M.A. einzuholen. Die beiden folgenden Wandervorschläge fallen nicht darunter und führen durch charakteristische Landschaften.

Vom Boyar-Paß nach Benaocaz ③: 3–4 Wanderstunden; gut ausgetretene Wege ohne große Höhendifferenzen; Anfang und Ende des Weges liegen weit auseinander, so daß entweder der Rückweg wie der Hinweg erfolgt, oder man sich in Benaocaz mit dem Auto abholen läßt.
Der Weg beginnt am Paß »Puerto del Boyar« ② hinter einem Informations- und Imbißstand der A.M.A. Der Weg verläuft zuerst schwach ansteigend durch Gebüschformationen. Auf einem besonders steinigen Stück teilt sich der Weg, und man folgt ihm nach rechts, immer mit Blick auf das Tal. Man passiert ein Gehöft, der Weg führt leicht bergab; linker Hand Kalksteinwände mit einem großen Lochdurchbruch. Ein zweites, noch bewohntes Gehöft wird passiert, und ab hier steigt der Weg an bis zum Bergrücken Puerto de Don Fernando. Noch vor Erreichen des Bergrückens führt ein markanter Weg nach rechts ab zum Salto del Cabrero, einem Felseinschnitt und Wahrzeichen dieses Gebirges. Den gleichen Abstecher geht man dann wieder zurück, überquert den Bergrücken und ein steiniges Feld und erreicht nach etwa einer Stunde und einem recht steilen Abstieg das Dorf Benaocaz.

Von Benamahoma nach El Bosque ④: Etwa 1½ Stunden (5 km); sehr leichter, schattiger Weg; absteigend. Bei den letzten Häusern am westlichen Ortsausgang von Benamahoma beginnt der Weg am Bach Majaceite, an dem er die ganze Strecke entlang verläuft. Entlang der Wegstrecke findet man am Bach Reste alter Wehre zur Bewässerung angrenzender Felder.

»Cueva de la Pileta« ⑤: Diese Höhle südlich von Benaojan ist sehr sehenswert. Sie wird mit einem Führer begangen, doch jeder trägt selbst seine Lampe; alles ist praktisch unverändert belassen worden. Neben den Stalaktiten sind die größte Kostbarkeit etwa 25 000 Jahre alte Felsmalereien.

Praktische Tips

Anreise

Grazalema erreicht man von Ronda über die C 339; Abzweigung nach 14 km nordwestlich von Ronda. Von Westen kommend über Arcos de la Frontera, Villamartin in Richtung Ronda und über Zahara de la Sierra nach Grazalema.

Klima/Reisezeit

Die Niederschlagsverhältnisse des Gebietes sind einmalig. Grazalema ist der niederschlagsreichste Ort Spaniens! Im Mittel regnet es 2100 mm/Jahr, doch anders als im regenreichen Nordwestspanien mit einer relativ ausgeglichenen monatlichen Verteilung folgt hier die Verteilung dem typischen Verlauf im Mittelmeergebiet, also Niederschlagsspitzen von November bis April und ausgeprägte Sommertrockenheit. Deutlich wird dies an einigen Extremdaten: Im Januar werden nicht selten innerhalb 24 Stunden über 300 mm Niederschlag gemessen; 1963 fielen in nur 111 Tagen 4639 mm, an den restlichen 254 Tagen nichts. An den höchsten Bergkämmen schneit es gelegentlich. Ursache für die hohen Niederschläge: Die Regenfronten vom Atlantik aus westlicher und südwestlicher Richtung treffen erstmals bei Grazalema auf Gebirgszüge, an denen sie aufsteigen müssen, sich dabei abkühlen und ausregnen (Steigungsregen). Die geologischen Verhältnisse (Karst) bedingen eine vollständige und schnelle Versickerung. Trotz der hohen Niederschläge zählt die Region zu den sonnenstundenreichsten Europas, die Temperaturen sind im Winter mild, im Sommer ist es sehr warm. Beste Jahreszeiten für einen Besuch: Frühling und Herbst.

Adressen

Erlaubnis zum Besuch des ansonsten gesperrten Igeltannen-Reservates ist einige Wochen vor Reisebeginn zu beantragen bei:
▷ Agencia de Medio Ambiente (A.M.A.), Dirección provincial de Cadiz, Avda. Ana de Villa 3–3, 11 004 Cadiz, Tel. (9 56) 27 45 94.
Auch die örtliche A.M.A. kann informieren:
▷ Oficina del Parque Natural Sierra de Grazalema, Avda. de la Diputación 10, 11 670 El Bosque (Cadiz), Tel. (9 56) 71 60 63.

Unterkunft

Kleinere Hotels und Pensionen findet man in Grazalema, El Bosque, Benaojan, Ubrique und natürlich im etwas entfernteren Ronda. Ein Campingplatz ist in El Bosque; autorisierte Campingmöglichkeiten ohne Infrastruktur gibt es mehrere entlang den Straßen des Gebietes, auch hier kann die örtliche A.M.A. Auskunft geben.

Blick in die Umgebung

Schöne und bekannte Orte in der weiteren Umgebung sind **Arcos de la Frontera** und **Jerez de la Frontera** (Sherry-Bodegas). Diese und viele weitere Dörfer wurden unter dem touristischen Begriff »Ruta de los pueblos blancos« zusammengefaßt.
Die Stadt **Ronda** ist eine der ältesten Spaniens (sehenswerte Altstadt aus römischer und arabischer Zeit). Der Fluß Guadalevin fließt 150 m tief in einer Schlucht (Tajo), in die man von der Brücke Puenta Nuevo hinabschauen kann. Leider ist das Flußbett heute stark verschmutzt. Von der Brücke aus kann man aus großer Nähe Blaumerlen, Alpenkrägen und Felsenschwalben in der Schlucht beobachten. Oft kreisen auch Gänsegeier und ein Wanderfalke in der Umgebung. Um in die Schlucht zu gelangen, geht man auf der Südseite der Brücke die erste Straße rechts ab, zu einem Platz unmittelbar über der Schlucht. Von diesem Platz führt ein Pfad hinunter.

25 Grazalema
177

26 Laguna de Fuente Piedra

> Salzsee; Halophytenflora; einziger regelmäßiger Flamingobrutplatz in Spanien.

Die **Entstehung von Salzseen** im spanischen Binnenland läßt sich auf folgende Ursache zurückführen: In abflußlosen Bodensenken sammelt sich Niederschlagswasser, das auf seinem Fließweg Salze aus dem Gestein gelöst hat. Geringe Reliefenergie und horizontal verlaufende Ton- oder Mergelschichten im Untergrund verhindern Drainage und Auffüllung durch Erosionsmaterial. Semiarides Klima und negative Niederschlagsbilanz (die Verdunstung ist höher als die Niederschlagsmenge) treffen zusammen. Da der Wasserstand nie hoch genug ist, um über den »Tellerrand« der Senke abfließen zu können, verdunstet das Wasser während der ausgeprägten Trockenzeit, und die gelösten Salze konzentrieren sich an der Bodenoberfläche.

Die Gliedermelde *Arthrocnemum glaucum* besiedelt Salzböden.

In Spanien findet man solche Bedingungen vor allem im Ebro-Becken (s. S. 97), einer benachbarten tertiären Senke (Gallocanta, s. S. 102), der südlichen Meseta und in Andalusien. Hier sind über 200 solcher abflußloser Senken bekannt, in denen sich temporär salzhaltiges Wasser sammelt (span.: Laguna salobre oder salada).
Fuente Piedra ist nach Gallocanta mit etwa 1300 ha Wasserfläche (in günstigen Niederschlagsjahren im Winter) der größte Salzsee Spaniens. Er hat etwa die Form einer Ellipse mit einer Länge von 6,5 und einer Breite von 2,5 km. Die akkumulierten Salze, vorwiegend Kochsalz, Kalzium- und Magnesiumsulfat, lösen sich mit den Niederschlägen und fallen bei steigender Verdunstung im Sommer wieder aus. Nur nach sehr niederschlagsreichen Wintern verbleibt ein Restwasser über den ganzen Sommer. Die maximale Tiefe der Lagune beträgt 2 m. Zwischen 1892 und 1951 wurde das Salz in einer Saline gewonnen und abgebaut; Dämme im See zeugen heute noch davon.
Fuente Piedra ist eines von 3 Feuchtgebieten (neben Doñana und Tablas de Daimiel), für dessen Schutz der spanische Staat im Rahmen der RAMSAR-Konvention besondere Verantwortung übernommen hat. Seit 1983 ist es ein Vollnaturschutzgebiet (Reserva Integral): Gegen die Interessen der Jäger und Landwirte und dem generellen Desinteresse der Politiker an Naturschutzfragen gelang es der gut organisierten und aktiven Naturschutzgesellschaft ANDALUS 1983, den entsprechenden Gesetzesbeschluß im andalusischen Regionalparlament durchzubringen. Es galt unter allen Umständen zu vermeiden, daß Fuente Piedra das gleiche Schicksal ereilte wie die Laguna de la Janda zu Beginn der 50er Jahre (s. S. 169).
Die Umgebung wird intensiv landwirtschaftlich genutzt, vor allem mit Oliven-, Getreide- und Sonnenblumenanbau.

Pflanzen und Tiere

Ein See mit hoher Salzkonzentration und sehr wechselhafter Wasserführung ist ein extremer Lebensraum, in dem nur wenige hochspezialisierte Pflanzen- und Tierarten leben können. Im unmittelbar salzbeeinflußten Bereich wachsen Halophyten (salzliebende bzw. salztolerante Arten) wie die Gliedermelde *Arthocnemum glaucum*, deren aufrecht stehende oder kriechende Stiele im unteren Teil verholzt sind, mehrere Quellerarten (S. 103), das Gipskraut *Gypsophila hispanica* sowie in den Randbereichen Tamariske *(Tamarix africana,* S. 74) und Spanisches Rohr (S. 124).

Der Triel lebt unauffällig und scheu im offenen Gelände.

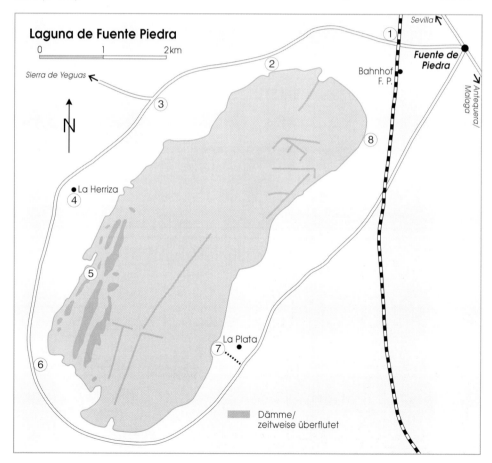

In der Flamingokolonie an der Laguna de Fuente Piedra werden in wasserreichen Jahren viele tausend Junge flügge. Die Vögel brüten auf den Dämmen, die ursprünglich zur Salzgewinnung angelegt wurden.

Die Salzkonzentration ist aber nicht so hoch, als daß sie absolut lebensfeindlich wäre. Mehrere Algenarten und Kleinkrebse, vor allem *Artemia salina*, bilden die Nahrungsgrundlage für die Flamingos. Durch das Fehlen einer Schutz bietenden Ufervegetation können Enten nicht brüten, aber Seeregenpfeifer (S. 76), Stelzenläufer (S. 86), Säbelschnäbler, Triel und Lachseeschwalbe (S. 105) sind Brutvögel im Gebiet. Auch die Brillengrasmücke lebt in den niederen Büschen der Uferzone. Rastende Limikolen sowie im Winter bis zu 500 Kraniche kann

Das Rothuhn ist auf der ganzen Iberischen Halbinsel verbreitet und spielt in der Jagdwirtschaft des Landes die wichtigste Rolle. Jäger aus der ganzen Welt beteiligen sich an den berühmten Hundejagden. Die reichsten Reviere finden sich in Zentral- und Südwestspanien.

180   26 Laguna de Fuente Piedra

man hier beobachten. In den angrenzenden Olivenhainen leben Rothühner und der nur sehr lokal verbreitete Heckensänger.

Im Gebiet unterwegs

Da Fuente Piedra ein besonders sensibles Naturschutzgebiet ist (vor allem zur Brutzeit von März bis Juli), ist das Betreten nicht gestattet. Man kann aber auf kleinen Straßen das Gebiet umfahren und hat hier immer wieder gute Einblicke. Die beschriebene Route führt an der Westseite nach Süden und an der Ostseite wieder zurück um den See und ist etwa 20 km lang. Vom Ort Fuente de Piedra fährt man auf der Straße Richtung Sierra de Yeguas. Schon kurz nach Überquerung der Bahngleise ① (Kilometerreferenz 0) gelangt man sehr nah an den Uferrand (hängt natürlich vom Wasserstand ab) und kann sich dem Zaun nähern und beobachten ②.

Etwa nach 5 km ③ biegt man an einer Kreuzung links ab und passiert einen großen Gutshof (La Herriza) ④. Nach weiteren 2 km hat man einen guten Panoramablick und befindet sich genau gegenüber der Flamingokolonie ⑤. Die Nester stehen auf den Inselchen und Dämmen im Wasser. Die Entfernung ist groß, und bei Sonne flimmert die Luft stark. Daher ist eine Beobachtung am frühen Morgen und mit guten Ferngläsern oder Spektiv empfehlenswert.

Auf der Straße weiterfahrend bis zu einem Stoppschild ⑥, dort links abbiegend, erreicht man nach etwa 1 km wieder eine Aussichtsstelle auf die Flamingokolonie. Nach etwa 2 km erneute Kreuzung (wieder links abbiegen). Die Straße führt jetzt recht nahe am Ufer entlang. Nachdem man einige verfallene Häuser passiert hat, sieht man den Gutshof Cortijo de La Plata und linker Hand einen steinigen Hügel ⑦ (etwa 300 m von der Straße entfernt). Dies ist ein guter Ausblick, vor allem vormittags mit der Sonne im Rücken. Die Straße führt dann zum Ort Fuente de Piedra zurück, wo man noch einen Blick ins Informationszentrum ⑧ werfen kann. Die Beobachtungsmöglichkeiten im Nordteil sind jedoch nur bei hohem Wasserstand gut, ansonsten erstreckt sich hier eine große Salzfläche.

Praktische Tips

Anreise
Fuente de Piedra liegt zwischen der N 342 (Antequera–Jerez de la Frontera) und der N 334 (Sevilla–Antequera–Malaga) nordwestlich von Antequera. Der Ort hat eine Bahnstation, aber nicht alle Züge zwischen Cordoba und Sevilla bzw. Malaga halten hier.

Klima/Reisezeit
Typisch mediterranes, semiarides Klima. Die durchschnittliche Niederschlagsmenge von knapp 500 mm fällt hauptsächlich im November/Dezember und April/Mai. Zur Beobachtung der Flamingos sind am besten die Monate März bis Juli geeignet (natürlich nur solange noch Wasser vorhanden ist). Aber auch schon im Herbst und Winter, nach den ersten Regenfällen, stellen sich Flamingos, Limikolen und andere Vögel ein.

Adressen
Das an der Nordostecke des Sees, nahe dem Ort Fuente de Piedra, eingerichtete Informationszentrum ist nicht regelmäßig geöffnet und bietet zur Zeit auch noch wenig Infrastruktur.

Unterkunft
In Fuente de Piedra gibt es einen Campingplatz und einige Pensionen. In Antequera ist das Hotelangebot größer.

Blick in die Umgebung

Südlich der Laguna Fuente Piedra und einige Kilometer östlich von Campillos liegt die

Laguna de Campillos, ein kleiner Süßwassersee, in dem regelmäßig Flamingos, aber auch Enten und Limikolen zu beobachten sind. Um an dieser kleinen Wasserfläche nicht zu stören, darf man nur direkt von der Straße beobachten.

Flamingos

Neben der Camargue in Südfrankreich brüten Flamingos in Europa mehr oder weniger regelmäßig nur an der Laguna Fuente Piedra; ausnahmsweise auch im Nationalpark Doñana und in den Salinen von Santa Pola.

Flamingos sind gesellige Vögel und halten sich immer am oder im Flachwasser auf. Mit dem spezialisierten Hakenschnabel filtrieren sie Krebschen, Insekten, Muscheln, Algen und andere Kleinlebewesen aus dem Wasser. Je nach Wasserstand beginnen die Flamingos in Fuente Piedra zwischen März und Mai zu brüten. Ihre napfförmigen Schlammnester bauen sie bevorzugt auf die ehemaligen Salinendämme. In manchen Jahren werden bis zu 12 000 (z. B. 1990) Flamingos flügge, in anderen Jahren, wenn die Lagune austrocknet, bevor die Jungen fliegen können, sterben mehrere tausend von ihnen oder die Brutvögel verlassen ihre Gelege. Während der Phase der Bebrütung und Jungenführung kann man beobachten, wie die Männchen um die Kolonie einen regelrechten Schutzring bilden und bei Gefahr intensiv rufen; oder man kann mitverfolgen, wie die Jungen oft in großen Pulks unter Führung einiger Altvögel zu neuen Nahrungsplätzen laufen. Um zu verhindern, daß Tausende von Jungen bei drohendem Wassermangel sterben, kann seit 1986 bei Bedarf Wasser an bestimmten Stellen in die Lagune gepumpt werden, bis die Jungvögel fliegen können.

27 Torcal de Antequera und El Chorro

> Bizarre Felsformationen und Karsterscheinungen; viele Orchideenarten; Greifvögel; gute Wandermöglichkeiten; bequem von der Küste erreichbar.

Südwestlich der Stadt Antequera erstrecken sich in Ost-West-Richtung mehrere zur Betischen Kordillere gehörende Gebirgsmassive mit Höhen zwischen 400 und 1369 m. Im Osten liegt der bekannte Naturpark Torcal de Antequera, im Westen die Stauseen Guadalhorce/Guadalteba und die Chorro-Schlucht (Aussprache: Tschorro).

Während der alpinen Auffaltungen bildeten sich tektonische Risse in Nord-Süd-Richtung, wodurch der Eindruck isolierter Massive entsteht. Durch solche tektonischen Einschnitte verlaufen die Flüsse Guadalhorce und Guadalmedina. Die Geologie des Gebietes ist äußerst kompliziert. Stark verkarstete Trias- und Jura-Kalkmassive dominieren, an deren südlichem Sockel sich paläozoische Schiefer ausbreiten. Im Chorro-Gebiet finden sich zudem tertiäre Sedimente (Konglomerate), die einer starken Flußerosion ausgesetzt waren und viele Höhlungen und Auswaschungen aufweisen. Die diversen Schichten sind zudem mehrfach gefaltet und verworfen.

Von großem landschaftlichem und geologischem Interesse sind besonders die **Karsterscheinungen im Naturpark Torcal**. Durch ungeheure Druckeinwirkungen wurden die Kalkschichten gepreßt und verformt, wobei sich Risse und Spalten bildeten, die durch eindringendes und gefrierendes Wasser vertieft wurden. Die Kalkschichten, aus denen die Felsen aufgebaut sind, haben keine homogene Struktur und sind unterschiedlich resistent gegen Frostsprengung. Auch die Verkarstung konnte in den Rissen tiefer vordringen, und als Resultat finden sich heute die typischen, wie aufeinandergeschichtet wirkenden Plattenformationen, die die Attraktion des Gebietes ausmachen. Mit etwas Phantasie erinnern viele der Felsformationen an Skulpturen und Tiere.

Ebenfalls an Skulpturen bzw. Reliefmalereien erinnern im **Chorro-Gebiet** zahlreiche Felswände, an denen vorbei sich Flüsse ihr Bett gegraben haben und dabei Kolke und unterschiedlichste Höhlungen ausgewaschen haben. Die Chorro-Schlucht selbst ist jedoch ein tektonischer Bruch, in dem der Guadalhorce, aus der Ebene von Antequera kommend, einen Durchfluß zum Meer gefunden hat und diesen dann lediglich vertiefte.

Nördlich der Schlucht fließen die Flüsse Guadalteba, Turon und Guadalhorce zusammen und bilden 4 Stauseen. Der kleinste und älteste ist der Gaitanejo, der heute kaum noch eine Rückhaltefunktion hat und daher fast dem normalen Flußlauf entspricht. Seine Ufer sind dicht bewachsen. Der südwestlichste See läuft flach aus und ist daher als Lebensraum für Pflanzen und Tiere recht gut geeignet. In diesen beiden Bereichen hat man auch die schönsten landschaftlichen Eindrücke, während die beiden nördlichen

Typische Kalkplattenschichtung im bizarren Torcal de Antequera.

Der Guadalhorce-Stausee bei Ardales bietet Bademöglichkeiten in schöner landschaftlicher Umgebung.

Seen schnell tief abfallen und wenig attraktiv wirken. König Alfons XIII. weihte 1921 die erste Staumauer (aus Legesteinen) ein, woran ein steinerner Thron mit Tisch und Inschrift erinnern. Die Seen dienen zur Bewässerung des unterhalb gelegenen Guadalhorce-Tals, in dem hauptsächlich Zitronen und Apfelsinen angebaut werden.

In der 3 km langen Chorro-Schlucht ist auf etwa halber Höhe ein schmaler Weg über Vorsprünge und Balkone angelegt worden, der die Bauarbeiter an der Staumauer besser mit Material versorgen sollte. Dieser Weg, genannt Camino del Rey, ist verfallen und kann nur noch auf den ersten hundert Metern vom Norden her begangen werden.

Das Chorro-Gebiet wird von der Gemeinde Ardales seit neuestem als Naturpark bezeichnet (Parque Natural de Ardales). Die Förderung des Tourismus steht hier eindeutig im Vordergrund, zumal das Gebiet neben der landschaftlichen Schönheit auch Bademöglichkeiten aufweist. Die Schlucht selbst, mit dem exakten Namen »Desfiladero de los Gaitanes«, ist schon länger als Naturschutzgebiet ausgewiesen.

Pflanzen und Tiere

Obwohl die Vegetation durch jahrhundertelange Beweidung sehr stark degradiert ist, finden sich viele anderswo selten Arten. Im Bereich um die Stauseen wurde, um die Erosion der Hanglagen zu vermindern, mit Aleppokiefer aufgeforstet. Zwischen dem Ort Ardales und den Seen fallen im Januar/Februar die blühenden Mandelhaine auf.

Die Kalkgesteine begünstigen das Vorkommen zahlreicher Orchideen. Die meisten Arten blühen im März/April: Spiegel- (S. 175), Gelbe (S. 174), Wespen- und Braune Ragwurz, dazu die an nur wenigen Standorten in Südspanien vorkommende Atlas-Ragwurz. Herrliche Bestände bildet auch die Schmetterlingsorchis (S. 195). Im Torcal blühen im April/Mai u. a. Pfingstrosen (S. 174), mehrere Irisarten (S. 171), die äußerst zierliche *Narcissus cantabricus*, die gelbblühende Zistrose *Halimium atriplicifolium*, Steinbrecharten und die Stinkende Nieswurz.

Häufige Sträucher sind Weißdorn, Heckenrose, Rosmarin (S. 199), auch die Myrte (S. 195) und die im Spätherbst violettblühende Waldrebe *Clematis campaniflora*. Nach den ersten Herbstregenfällen beginnt auch die kleine Mittags-Schwertlilie an Wegrändern und in der Macchie zu blühen. Eine der auffälligsten und häufigsten Pflanzen ist Affodil (S. 127), der als Weideunkraut auf stark beweideten Flächen bald dominiert, da er einen doppelten Vorteil genießt: Er wird vom Weidevieh verschmäht, welches aber die anderen Arten kurzhält und ihm damit Konkurrenzvorteile bietet.

Der Steinbock (S. 91) kommt in den Hochlagen um Ardales und im Chorro-Gebiet vor. Es ist die Fortsetzung der Population aus der Sierra de Ronda. Die Greifvögel sind vertreten durch eine kleine Kolonie des Gänsegeiers (S. 36) im Chorro-Gebiet, wo auch Steinadler, Wanderfalke und Turmfalke vorkommen. In der Chorro-Schlucht brüten auch Alpenkrähen (S. 51), Steinsperlinge, Wasseramsel, Blaumerle (S. 166) und Felsentauben (stark mit Haustauben vermischt). Alpensegler, Rötel-, Felsen- und Mehlschwalben sowie Trauersteinschmätzer (S. 90) findet man hier ebenfalls. Die Vogelwelt im Torcal ist weniger artenreich; Alpenkrähen,

Die Erosionsformen im Torcal de Antequera gehören zu den geologisch interessantesten und bizarrsten Landschaften.

Beim Sternklee sind die Blütchen unscheinbar, zur Fruchtzeit stehen die Kelchblätter aber weit ab und färben sich rötlich.

Die winzige *Narcissus cantabricus* blüht in Südspanien zwischen Dezember und Februar, manchmal flächendeckend.

27 Torcal de Antequera und El Chorro

Steinsperlinge und Steinrötel (S. 198), Zipp- (S. 113) und Zaunammer kann man im Frühjahr und Sommer beobachten.

Am Gaitanejo-Stausee sonnen sich an warmen Tagen Kaspische Wasserschildkröten (S. 131) und Vipernnattern; Perleidechsen (S. 138) und Algerische Sandläufer (S. 154) sowie, besonders im Torcal-Gebiet, die schöne Hufeisen- (S. 140) und Eidechsennatter sind die häufigsten Reptilien. An warmen Sommerabenden sieht man in den Dörfern Mauergeckos (S. 204) an den Hauswänden nach Insekten jagen. Im Sommer sind am Gaitanejo-Stausee auch zahlreiche Libellenarten, Segelfalter und Schwalbenschwanz-Schmetterling sowie die grün oder braun gefärbte Gottesanbeterin (S. 218) immer wieder zu sehen.

Im Gebiet unterwegs

Im **Naturpark Torcal** führen vom Ende der Zufahrtsstraße farbig markierte Wege ins Gebiet. Diese Farbmarkierungen sind leider nicht mehr gut erhalten. Die Pfade durch die skurrilen Felsformationen sind generell nicht sehr gut ausgebaut, festes Schuhwerk ist unbedingte Voraussetzung. Schon auf der steilen Anfahrt hat man schöne Ausblicke.

Im Bereich der **Stauseen** (El Chorro) bietet sich folgender Rundwanderweg an (2–3 Stunden mit Beobachtungen): Nachdem man die Einfahrt (mit Schranke) ① zum Naturpark passiert hat, gelangt man bald an einen kleinen Straßentunnel ②. Vor oder nach dem Tunnel, auf einem der zahlreichen großen Parkplätze, läßt man das Auto stehen. Direkt vor dem Tunnel führt ein Weg rechts ab, der zunächst etwas ansteigt bis zu einer Gabelung. Dem linken Weg folgend, erreicht man eine kleine Aussichtsplattform über dem Stauseengebiet. Wieder zurückgehend bis zur Weggabelung und dann links abbiegend, gelangt man nach knapp 2 km durch lichten und unterwuchsreichen Aleppokiefernwald an den Beginn der **Chorro-Schlucht** ③. Der Weg bietet sehr schöne Ausblicke auf den Flußlauf und die gegenüberliegende Felswand, die einem surrealistischen Gemälde gleicht. Sehr oft kreisen hier auch Gänsegeier und Steinadler. Am alten Elektrizitätswerk ③ links vorbei kann man einen Blick in die Schlucht werfen. Der schmale Steig in der Schlucht, der Camino del Rey, soll erneuert werden, bis dahin ist Vorsicht geboten. Wieder zurück am E-Werk folgt man auf gutem Weg dem Fluß. Am gegenüberliegenden Ufer stehen alte Johannisbrotbäume und Tamarisken, und in den Felshöhlen erkennt man Reste früherer menschlicher Behausungen. Die Vegetation wird in dem feuchten Talabschnitt immer dichter, nach etwa 1 km endet der breite Weg, geht aber direkt in einen ansteigenden Pfad über. Wiederum kann man von hier schöne Ausblicke genießen. Am Ende des Pfades geht man durch einen Tunnel und ist wieder am Ausgangspunkt angelangt.

Hinter dem Straßentunnel sind einige schöne Strandabschnitte am See, und vor der Überquerung des Staudamms steht rechts die Tafel und der Steinthron zum Gedächtnis an die Einweihung durch Alfons XIII. ④.

Erreicht man das Gebiet von Alora her, so sieht man schon von weitem das gewaltig wirkende Gebirgsmassiv und man kommt direkt am Südende der Chorro-Schlucht vorbei. Sie ist jeweils an den beiden Enden enger als im Mittelteil. Einige Kilometer nach dem Passieren des Südendes der Chorro-Schlucht zweigt links eine Straße ab nach Bobastro ⑤. Der Aufstieg links der Straße ist angezeigt und führt zu einer unvollendet gebliebenen Felskapelle. Diese Straße weiterfahrend bis zum Ende gelangt man zu einem künstlich angelegten Speichersee ⑥. Von hier hat man einen herrlichen Überblick auf die Chorro-Schlucht und die Umgebung. Mit dem Zug von Malaga kommend hat man gute Einblicke in die Schlucht, obwohl durch 13 Tunnel der Blick immer wieder unterbrochen wird.

Die Straße von Ardales zum Chorro erlaubt gute Ausblicke auf den Turon-Stausee und führt durch weite Mandelbaumkulturen.

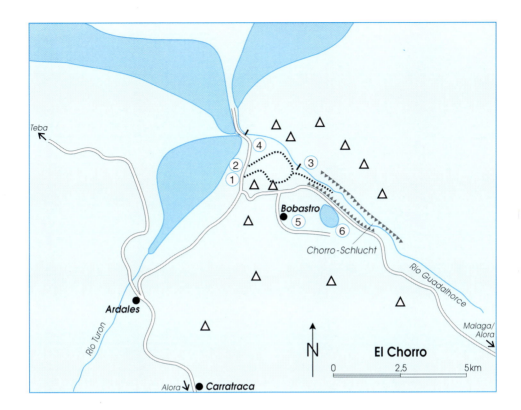

Praktische Tips

Anreise

Die Anreise zum Torcal de Antequera erfolgt von Malaga aus auf der N 321 bis nach Antequera. Im Ort ist die Straße zum Torcal ausgeschildert und windet sich recht steil nach oben.

Das Stauseengebiet erreicht man von Malaga über Campanillas, Cártama und Alora. In Alora ist der Weg zum Chorro-Gebiet ausgeschildert.

Die Verbindung zwischen Stauseen und Torcal kann im Norden über Ardales, Teba, Campillos und Antequera erfolgen. Landschaftlich schöner, aber mit weniger gut ausgebauter Straße, ist die Strecke Alora–Valle de Abdalajis–Torcal. Hierbei fährt man nicht nach Antequera hinein, sondern bleibt auf der Straße C 337.

Klima/Reisezeit

Typisches Mediterranklima, durch die Höhe und die Entfernung zum Meer aber etwas kühler als an der Küste. Die Niederschläge fallen hauptsächlich zwischen November und Mai. Interessante Beobachtungen lassen sich das ganze Jahr über machen, vielleicht entscheidender als die Jahreszeit ist das jeweilige Wetter. Bei Regen und Nebel (relativ häufig im Winter) lohnt sich ein Besuch kaum. Abzuraten ist von Besuchen am Wochenende.

Adressen

Offizielle Informationsstellen vor Ort gibt es (noch) nicht. Wer sich gerne führen lassen möchte, kann Kontakt zu José Luis Villalba in Ardales aufnehmen. Er spricht gut deutsch. Seine Adresse: Plaza José Antonio 15, 29550 Ardales, Tel. (952) 45 80 78.

Unterkunft

In Antequera gibt es mehrere Hotels und Pensionen. In Ardales und Carratraca sind neue Pensionen in Bau bzw. Planung. Eine einfache, aber sehr stilvolle Unterkunft ist in Carratraca (etwa 6 km südlich von Ardales) das Hostal El Principe, Tel. (9 52) 45 80 20. Es gehört zu einem Kurhaus (Balneario). Im Chorro-Gebiet sind mehrere Campingflächen ausgewiesen worden.

Blick in die Umgebung

Am Ortsausgang von Antequera Richtung Granada liegen 3 steinzeitliche Dolmen mit eindrucksvollen Steinplattenschichtungen. Zwischen Ardales und Carratraca liegt recht versteckt eine Tropfsteinhöhle (Cueva de Trinidad Grund). Sie soll Besuchern zukünftig geöffnet werden, Erkundigungen kann man beim Rathaus in Ardales einholen.

28 Naturpark Sierra de Cazorla und Segura

> Gebirgige Waldinsel inmitten einer seit Jahrhunderten gerodeten Landschaft; Fluß- und Bachschluchten; Karsterscheinungen; Quellgebiet des Guadalquivir; schöne und interessante Waldformationen; endemische Pflanzenarten; sehr guter Wildbestand und reiche Vogelwelt.

Der Naturpark von Cazorla und Segura liegt im östlichen Andalusien, die Gebirgszüge (»Sierras«) aus tertiären Kalksedimenten verlaufen von Nordost nach Südwest und liegen quer zwischen der Sierra Nevada und der Sierra Morena. Mit 214 336 ha ist es das größte Schutzgebiet Andalusiens. Die Gebirge genießen aufgrund ihres Wildreichtums seit 1960 den Status eines Jagdschutzgebietes, und seit 1986 ist das Gebiet ein Naturpark. Von Naturschutzverbänden in Andalusien wurde die Erklärung zum Nationalpark gefordert, was der ökologischen Bedeutung und dem nachhaltigen Schutz sicher noch besser gerecht geworden wäre.

In der Sierra de Cazorla verläuft die Wasserscheide zwischen dem Einzugsgebiet des Guadalquivir (größter Fluß Andalusiens), der zum Atlantik hin entwässert, und dem des Segura, der zum Mittelmeer entwässert. Die Flüsse und Bäche haben tiefe Schluchten durch die vorwiegend aus Kalkgesteinen aufgebauten Sierras gegraben. Cazorla weist dabei ein abrupteres Relief auf als Segura, mit den beiden höchsten Bergen El Empanada (2107 m) und El Cabañas (2028 m). Das gesamte Gebiet liegt über 700 m hoch und war erstaunlicherweise wohl nie stärker erschlossen worden. Erst in den letzten Jahrzehnten sind Forststraßen gebaut worden, um den in Südspanien einmaligen Waldreichtum besser nutzen zu können. Das Gebiet stellt tatsächlich eine Waldinsel in einem seit Jahrhunderten entwaldeten Großraum dar. Besonders kraß fällt dies auf der Zufahrtsstraße vom Ort Cazorla zum Paß Puerto de las Palomas auf: Hinter sich blickt man auf endlose, sterile Ölbaumplantagen und vor sich auf herrliche Waldbilder in allen Höhenstufen.

Ursachen für die Erhaltung des Waldes bis in unsere Zeit waren früher die sehr schlechte Zugänglichkeit und in diesem Jahrhundert das Interesse an der Hochwildjagd.

◁ Das Südende der Chorro-Schlucht, durch die der Guadalhorce fließt.

Ein Wasserfall am Borosa-Bach in der Sierra de Cazorla. ▷

Pflanzen und Tiere

Cazorla ist bekannt geworden durch seine Wälder, seinen Wildreichtum und endemische Arten. 3 Kiefernarten sind die Hauptbaumarten des Gebietes. Durch unterschiedliche ökologische Ansprüche differenziert, bilden sie Gürtel in verschiedenen Höhenstufen, die sich natürlich auch überlappen und mit anderen Baumarten gemischt sind. Die **Aleppokiefer** als extrem trockenheitsresistente Art besiedelt die unterste Zone bis etwa 900 m. Schöne Bestände finden sich z. B. im Bereich des Stausees Tranco de Beas. Etwa von 900–1300 m Höhe dominiert die **Strandkiefer**. An ihren Stämmen, z. B. auf dem Weg vom Paß Puerto de las Palomas nach Vadillo, erkennt man oft tiefe Längsfurchen im unteren Stammbereich. Dies deutet auf die früher weit verbreitete Harznutzung hin. Das Harz tritt an den Verletzungsstellen aus und wird in einem Topf aufgefangen. Heute steht die Holzerzeugung wirtschaftlich im Vordergrund (Sägewerk bei Vadillo). Die Hochlagen über 1300 m werden von der **Schwarzkiefer** besiedelt.

Pinienprozessionsspinner

Die größten Feinde der großen Kiefernbestände in Spanien sind das Feuer und die Raupe des Pinienprozessionsspinners. In vielen Gebieten fallen die Gespinstnester an den Zweigspitzen vor allem der Schwarz-, Strand- und Aleppokiefern auf (s. Foto S. 192). Bei Massenvermehrungen können die Bäume absterben.
Der kleine, unscheinbare und nachtaktive Schmetterling *Thaumetopoea pityocampa* beendet im Juli/August seine Puppenentwicklung im Boden. Dem Vollinsekt fehlen Mandibeln und Saugrüssel, es nimmt in den wenigen Lebenstagen keinerlei Nahrung zu sich. Die Weibchen legen ihre etwa 70–300 Eier hintereinander an die Nadeln der Triebspitzen. Nach gut 1 Monat schlüpfen die jungen Räupchen und beginnen sofort, die Nadeln der Umgebung mit Seidenfäden zu umspinnen. Dies gibt ihnen Schutz vor Freßfeinden. Sie wachsen rasch, häuten sich insgesamt fünfmal und wechseln immer wieder ihren Zweig, dessen jüngste Nadeln sie nachts komplett abfressen. Bei Einbruch des Winters wird das Gespinst immer dichter und größer; in ihm finden sich Kot und die Häutungsreste der Raupen. Von Februar bis April verlassen die Raupen endgültig ihre Gespinste und wandern, eine hinter der anderen in Prozessionsform laufend, die Stämme hinab, um sich im Boden zu verpuppen. Durch Experimente ist nachgewiesen worden, daß die Führung der Prozession von jeder Raupe übernommen werden kann. Diese Prozessionsform wird auch bei Standortwechseln zur Nahrungssuche eingehalten; die Länge einer solchen Kette kann mehrere Meter betragen.
Die Härchen der Raupen, die auch den Gespinsten anhaften, können bei Berührung oder Einatmen schwere Allergien auslösen. Natürliche Feinde sind vor allem parasitierende Insekten sowie Bakterien- und Virusinfektionen. Dies macht man sich auch zunehmend bei der Bekämpfung zunutze. Die Behaarung der Raupen hält die meisten Wirbeltiere vom Fressen ab. Kuckuck und Häherkuckuck sowie Wiedehopf und Kolkrabe wurden u. a. als Freßfeinde beobachtet. Das Vollinsekt dagegen wird von Fledermäusen, Ziegenmelker und anderen Vogelarten gefressen. Die forstlichen Maßnahmen reichen vom Abschneiden der befallenen Zweige und deren Verbrennung über das Ausschießen der Gespinste mit Schrotladungen bis hin zu großflächigen Flugzeugeinsätzen mit chemischen oder biologischen Bekämpfungsmitteln.

Mischbaumarten sind Kermes- (S. 92), Stein- (S. 128) und Portugiesische Eiche sowie Phönizischer Wacholder. Im Unterwuchs findet man verschiedene Zistrosenarten, Rosmarin (S. 199), Terpentin-Pistazie (S. 70), Französischen Ahorn (S. 38) und Breitblättrige Steinlinde. Die Symbolblume von Cazorla ist das endemische Cazorla-Veilchen. Weitere 23 nur hier vorkommende Pflanzenarten wachsen im Gebiet, u. a. das Fettkraut *Pinguicola vallisnerifolia* und 2 Narzissenarten. Das seltene Cazorla-Veilchen blüht etwa ab Mitte April bis Ende Mai. Eine gute Chance es zu sehen besteht an Felsstellen zwischen dem Paß Puerto de las Palomas und dem staatlichen Parador. Die Pflanze unterscheidet sich von anderen Veilchenarten durch ihre verholzte Basis und die sehr lang gestielten und langspornigen rosa Blüten.

Die beiden Narzissenarten sind *Narcissus hedraeanthus* und *N. longispathus,* eine der kleinsten bzw. die größte iberische Vertreterin der Gattung. *N. hedraeanthus* blüht in den Hochlagen sofort nach der Schneeschmelze im Mai. Die Blüte ist klein und schwefelgelb. Die andere Art wird bis 1,5 m hoch und blüht im April. Weitere auffallende Arten in den mittleren Höhenlagen sind Blauer Lein (S. 40) und Binsenlilie (S. 110). Erwähnenswert ist auch der Reichtum an blühenden Orchideen von März bis Mai. Häufig sind Gelbe- und Spiegelragwurz (S. 174 und S. 175) sowie eine schlanke, lockerblütige Unterart des Mannsknabenkrautes: *Orchis mascula hispanica.*

In Spanien ist Cazorla einer der besten Orte um Iberische Steinböcke (S. 91), Dam- und Rotwild sowie Mufflon zu beobachten. Damwild und Mufflon sind vor einigen Jahrzehnten eingebürgert worden, während die beiden anderen Arten sowie das Wildschwein hier natürlicherweise vorkommen. Das Gebiet unterliegt seit langem einer stark kontrollierten Jagdnutzung. Dies führte einerseits zu hohen Wildbeständen, andererseits zu relativ großer Vertrautheit der Tiere. Die besten Chancen zur Beobachtung der großen Säugetiere hat man in der Morgen- und Abend-

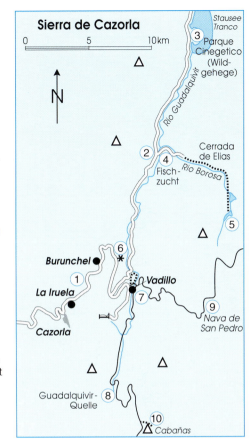

dämmerung. Die Tiere treten dann zur Äsung aus dem Wald auf die Freiflächen, die in Cazorla »Navas« heißen (z. B. Nava de San Pedro). Aber auch wenn man sich auf einem Weg mit guter Aussicht sehr ruhig verhält, wird man (am besten vom Auto aus) erfolgreich beobachten können. Um Fuchs, Ginsterkatze (S. 140) und Fischotter zu sehen, bedarf es allerdings mehr Ausdauer und Glück.

Die Beobachtungsmöglichkeiten der Vogelwelt sind ebenfalls hervorragend. Steht man an einem der vielen sonnigen Tage gegen 10 Uhr am Mirador del Valle, so erlebt man das Hochschrauben der Greifvögel in der Thermik, oft sehr nah vor und unter sich. Innerhalb einer Stunde kann man so von einem

In den Hochlagen der Sierra de Cazorla stehen herrliche Schwarzkiefernbestände.

Die Raupen des Pinienprozessionsspinners leben vom Herbst bis zum Frühjahr in ihren Gespinsten.

einzigen Punkt aus Zwergadler, Schlangenadler (S. 175), Habicht, Mäusebussard, Turmfalke, Schmutz- und Gänsegeier (S. 42 und S. 36), eventuell auch Steinadler und Wanderfalke beobachten.

Trotz reicher Wildbestände und demzufolge wohl ausreichender Nahrung ist der Bartgeier (S. 42) in allerjüngster Zeit in Cazorla leider ausgestorben. Bis 1988 wurde ab und zu noch 1 Vogel beobachtet, eine erfolgreiche Brut hat in den 80er Jahren wohl nicht mehr stattgefunden. Cazorla war die letzte Verbreitungsinsel der Art in Spanien außerhalb der Pyrenäen. Bis in die 50er Jahre brüteten etwa 4 Paare im Gebiet. Massive Insektizidbesprühungen aus Flugzeugen gegen den Pinienprozessionsspinner brachten in den 50er und 60er Jahren Verluste, von denen sich die isolierte Population nie wieder erholt hat. Vermutet wird, daß letztlich eine genetische Degeneration eine erfolgreiche Fortpflanzung verhinderte.

An Felswänden können Felsenschwalben, Blaumerlen (S. 166) und Zippammern (S. 113) beobachtet werden.

An trockenen, mit Gebüsch bewachsenen Hängen der unteren und mittleren Lagen findet man Algerische Sandläufer (S. 154) und die prachtvollen, aber scheuen und schnellen Perleidechsen (S. 138). In Cazorla lebt auch die endemische Spanische Kieleidechse, wo sie im Bereich zwischen 1000 und 1500 m Höhe meist zwischen Steinen am Rand von Bächen und feuchten Gräben gefunden wird. Ebenfalls endemisch kommt hier der schöne Schmetterling *Graellsia isabellae* vor.

Im Gebiet unterwegs

Trotz der Größe des Gebietes gibt es nur 2 Straßenzufahrten, nämlich südwestlich über Cazorla und Burunchel und nördlich entlang des Stausees Tranco. Bei erhöhter Waldbrandgefahr oder um Störungen für die Tierwelt aus bestimmten Gebieten fernzuhalten, sind zeitweise manche Forstwege durch Schranken gesperrt. Dies muß unbedingt respektiert werden und kann vorab telefonisch erfragt werden.
An der Talstraße zwischen Vadillo und dem Stausee, am Kilometer 17, befindet sich das **Informationszentrum** »Torre del Vinagre« ② (montags geschlossen) mit Ausstellungsgegenständen, Jagdmuseum, botanischem Garten und Verkaufsraum (Bücher, Karten...). Einige Kilometer weiter nördlich sind große **Freigehege** (»Parque Cinegetico«) ③ für die im Gebiet vorkommenden Säugetierarten eingerichtet worden! Hier kann man die Arten in Ruhe beobachten; gleichzeitig bietet das Areal schöne Ausblicke auf den Stausee. Nahe der »Torre del Vinagre« zweigt eine Straße nach Osten ab und führt an einer Forellenzuchtanstalt (»Piscifactoria«) ④ vorbei den Rio Borosa aufwärts. Empfehlenswert ist es, das Auto an der Fischzucht stehenzulassen und den Weg parallel zum Fluß zu gehen. Hier ist die Wasseramsel gut zu beobachten. Weiter aufwärts, in der »Cerrada de Elias«, verengt sich der Fluß canyonartig, und es geht über einen Felssteig weiter. Die

Den Steinkauz sieht man auch tagsüber auf Telegraphenmasten oder an Hausruinen sitzen.

Gesamtstrecke für Hin- und Rückweg ist etwa 8 km. Die Wanderung kann auch bis zum See »Laguna de Valdeazores« ⑤ verlängert werden. Hier stehen sehr schöne alte Schwarzkiefern.
Von Cazorla und Burunchel kommend überquert man den Paß »Puerto de las Palomas«, kurz danach steht links der **Aussichtspunkt** »**Mirador del Valle**« ⑥. Von hier überblickt man das sich nach Norden erweiternde Guadalquivir-Tal und kann am Vormittag das Schauspiel der in der Thermik hochtreibenden Greifvögel beobachten. Nach einigen Kilometern zweigt links die Straße Richtung Talgrund und Stausee ab, rechter Hand geht es nach Vadillo ⑦. Vor dieser Waldarbeitersiedlung zweigt rechts noch ein Weg ab, er führt an der schönen Wasserquelle »Fuente del Oso« vorbei zum staatlichen Parador.
An Vadillo vorbei führt die Straße über den jungen Guadalquivir. Direkt an der Brücke beginnt links ein sehr schöner **Rundwanderweg** (»Cerrada de Utrero«). Er führt um einen Felsen mit Blick auf einen Wasserfall und mit

28 Naturpark Sierra de Cazorla und Segura

Der Zwergadler ist im Sommer in Südspanien relativ häufig, gut zu beobachten und leicht zu bestimmen.

Die Erzschleiche (Familie Skinke) hat winzige Beine.

interessanten Karsterscheinungen und dauert etwa eine halbe Stunde. Zu beobachten sind hier meist Steinböcke und Felsenschwalben an ihren flachen kleinen Lehmnestern unter Felsvorsprüngen.

Unmittelbar nach der Brücke gabelt sich die Straße: Rechts geht es Richtung Guadalquivir-Quelle ⑧, geradeaus in die Hochlagen zur Nava de San Pedro ⑨.

Zur **Guadalquivir-Quelle** »Cañada de las Fuentes« sind es etwa 14 km. Bei Schnee und mit großen Pkw ist der Weg nicht befahrbar. Der Fahrweg führt dann weiter Richtung Pozo Alcón, und nach 8 km geht linker Hand ein Weg ab. Von hier kann man bequem auf den **Gipfel des Cabañas** ⑩ (2028 m) steigen, indem man auf einem Pfad bis zur weißen Feuerwachhütte geht. Die zu bewältigende Höhendifferenz beträgt 230 m, und nach einer Stunde hat man den Gipfel erreicht. Hier und auf der zurückgelegten Fahrstrecke hat man sehr gute Chancen alle vorkommenden Wildarten zu beobachten. Etwa von Dezember bis Mai kann Schnee liegen.

Praktische Tips

Anreise
Die Anfahrt erfolgt von der Straße Jaen–Albacete (N 322) über Ubeda–Torreperogil nach Cazorla.

Klima/Reisezeit
Das Klima ist mediterran-kontinental, mit sehr heißen und trockenen Sommern und relativ kalten Wintern. Die Niederschlagshöhe differiert erheblich vom südspanischen Durchschnitt. In der Sierra de Cazorla liegt der Jahresdurchschnitt bei 1200 mm und erreicht stellenweise 2000 mm. Die Ursache hierfür liegt in der Ausrichtung der Gebirgszüge von Südwest nach Nordost, so daß die feuchten Luftmassen im Winterhalbjahr, vom Atlantik kommend, fast senkrecht auf das Gebirge treffen und sich hier abregnen. Nie-

Den Blauen Stachelginster findet man in vielen spanischen Gebirgen.

derschläge (in den Hochlagen auch als Schnee) von Oktober bis Mai (Maximum Dezember bis Februar) und ausgeprägte Trokkenzeit im Sommer.
Frühling und Herbst sind die besten Jahreszeiten. Abgeraten wird von den heißen und stark frequentierten Sommermonaten.

Unterkunft

Hotels und Pensionen gibt es in Cazorla, La Iruela sowie entlang der Talstraße zwischen Vadillo und Torre del Vinagre. Der staatliche Parador »El Adelantado« liegt sehr schön im Gebiet, ist jedoch meist frühzeitig ausgebucht.
Einige Campingplätze liegen ebenfalls entlang der Talstraße. Campieren außerhalb der Campingplätze sowie Feuer anzünden ist strengstens verboten.

Adressen

Provinzdelegation der spanischen Umweltbehörde »Agencia de Medio Ambiente«:
▷ Dirección provincial de la Agencia de Medio Ambiente (A. M. A.), Avda. de Madrid 25, 23008 Jaen, Tel. (953) 22 01 80/ 22 31 50.
Ortsstelle der A. M. A. in Cazorla:
▷ Agencia de Medio Ambiente (A.M.A.), c/Martinez Falero 11, Cazorla (Jaen), Tel. (953) 72 01 25.
Die einzige Tankstelle des Gebietes ist in Cazorla; auch für den Lebensmitteleinkauf empfiehlt es sich hier vorzusorgen.

Blick in die Umgebung

Die Dörfer der Umgebung konnten sich weitgehend ihre Charakteristika erhalten. Schön ist **Cazorla** mit seinen Burgruinen La Yedra und Salvatierra, ebenso **La Iruela** mit dem auffallenden Burgturm, alles Zeugen vergangener Auseinandersetzungen zwischen der arabischen und christlichen Bevölkerung Südspaniens.

Die Schmetterlingsorchis (oben) ist eine der attraktivsten Orchideen. Sie blüht oft in Gruppen im April. Mehrere Zungenstendelarten (unten) besiedeln oft in großer Zahl feuchte Wiesen, kommen aber auch im Gebirge vor.

Die Myrte ist ein typischer Vertreter des mediterranen Buschwaldes.

28 Naturpark Sierra de Cazorla und Segura — 195

29 Sierra Nevada und Alpujarras

> Höchste Gipfel der Iberischen Halbinsel, an denen die höchste Straße Europas vorbeiführt; großer Reichtum an Pflanzenarten, darunter 64 Gebietsendemiten; guter Steinbockbestand; große landschaftliche und klimatische Kontraste.

Sierra Nevada gehört zu den höchsten Gebirgsmassiven in Europa. Trotz der nur geringen Ost-West-Ausdehnung von gut 80 km und einer maximalen Breite von 30 km, erheben sich 16 Bergspitzen über 3000 m hoch. Mit dem Mulhacen (3482 m) und dem Veleta (3398 m) werden die höchsten Gipfel auf der Iberischen Halbinsel erreicht. Trotz dieser eindrucksvollen Zahlen erscheint die Sierra Nevada dem Betrachter – gleich ob von einem Balkon der Alhambra in Granada, von den Stränden des Mittelmeeres oder aus dem rechten Flugzeugfenster wenige Minuten nach dem Start in Malaga – eher als eine kompakte und abgerundete Gebirgsinsel als ein abruptes und wildes Hochgebirge. Die Möglichkeit, bis fast zum Gipfel des Veleta bequem mit dem Auto fahren zu können, unterstreicht die sanfte Topographie.

Wie bei den Alpen handelt es sich um ein tertiäres Faltengebirge von großer geomorphologischer Diversität. Erst nach der Öffnung der Meerenge von Gibraltar (s. S. 167) wurde die Landverbindung zum Rif-Gebirge unterbrochen. Der Kern des Gebirges besteht aus sehr harten, kristallinen Glimmerschiefern, die der Erosion viel Widerstand entgegensetzen und daher wenig tief eingeschnitten sind. Ganz anders die Randbereiche, in denen sich dolomitische Kalksedimente ablagerten, die von den erosiven Kräften zu tiefen Schluchten und steilen Kämmen geformt wurden. Die relativ schwach ausgeprägten Gletscher der Eiszeiten haben ihre Spuren in Form von Moränen und kleinen Glazialseen hinterlassen. Die enormen Temperaturunterschiede haben das Gestein vielfach gesprengt und erklären die riesigen Geröllfelder und Schutthänge.

Auffällig ist die erschreckend starke Degradation der Pflanzendecke. Es gibt praktisch keinen natürlichen Waldbestand mehr, verursacht durch jahrtausendelangen menschlichen Einfluß und die eine natürliche Regeneration erschwerenden klimatischen Bedingungen. Die Bevölkerungsdichte der Region ist minimal, und die Siedlungsgebiete beschränken sich auf die unteren Lagen. So liegt Trevelez auf nur 1476 m und ist damit trotzdem das höchstgelegene Dorf Spaniens. Während die Dörfer auf der Nordseite mit ihrer Wirtschaftsstruktur ganz auf die Ebene ausgerichtet sind, haben die Südflankendörfer einen typischen Gebirgscharakter. Die schmale und schwer zugängliche Zone zwischen Hochgebirge und Mittelmeer bilden die Alpujarras. Hier haben sich islamische Methoden der Landbewirtschaftung, gebirgs-

Der Steinbrech *Saxifraga nevadensis* ist eine der vielen endemischen Pflanzen der Hochlagen der Sierra Nevada.

Die baumlosen Steinschuttfluren mit buntem Flechtenbewuchs prägen weithin das Bild der Sierra Nevada.

angepaßte Hausbautechniken und viele weitere »humane Endemismen« bis in jüngste Zeit erhalten.
Sierra Nevada ist ein Biosphärenreservat der UNESCO und seit 1989 Naturpark mit einer Fläche von 136 880 ha. Die Beweidung nimmt weiter ab, dafür wird der Ski-Tourismus zu einem wachsenden Problem. Die Skistationen von Solynieve und Pradollano sind gigantische Artefakte, die nicht nur als ein ästhetischer Schandfleck empfunden werden, sondern auch die Vegetation in ihren Einzugsgebieten weiter degradieren.

Pflanzen und Tiere

Trotz der Waldlosigkeit und augenscheinlichen Pflanzenarmut ist Sierra Nevada ein botanisches Schatzkästlein. Nirgends sonst in Südwesteuropa gibt es so viele endemische Pflanzenarten wie hier. Von den rund 8000 in Spanien nachgewiesenen Arten (einige Subspezies eingeschlossen) wachsen in der Sierra Nevada 2000. Davon sind 176 spanische Endemismen, wovon 64 exklusiv hier vorkommen. Die Flora der charakteristischen Geröllfelder (»Cascajares«) ab etwa 1900 m setzt sich zu 80 % aus endemischen Arten zusammen. Die Gründe für diesen Reichtum sind in der Vielfalt der Gesteinstypen, Expositionen, Höhenlagen, Temperatur- und Niederschlagsverhältnissen zu suchen. Entscheidend waren jedoch auch die Eiszeiten, in denen in der Sierra Nevada viele Arten aus Nord- und Mitteleuropa die unwirtlichen Bedingungen weiter nördlich überdauerten und in den Interglazialzeiten sich wieder nach Norden ausbreiten. Mit der Erwärmung star-

Der Steinrötel kommt selten unter 1000 m Höhe vor.
Das endemische Veilchen *Viola crassiuscula* blüht bis in die höchste Gipfelregion.

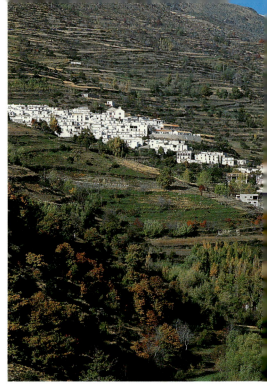

Das Dorf Trevelez ist das höchstgelegene Spaniens.

ben manche Arten in den unteren Lagen aus bzw. zogen sich in die höchsten Gebirgsstufen zurück. Die jahrmillionenlange Isolierung von anderen Hochgebirgen führte dazu, daß sich viele Arten in Anpassung an die jeweiligen ganz konkreten Umweltverhältnisse weiterentwickelten und zu genetisch differenzierten Arten wurden.

Reich an endemischen Arten sind die Borstgrasfluren (»Borreguiles«) in den Randbereichen der Glazialseen bzw. als letztes Verlandungsstadium auf ehemaligen Seen zwischen 2200 m und 3300 m Höhe. Hier findet sich ausreichend Feuchtigkeit, und daher

Der Herbst-Seidelbast blüht im Spätsommer und ist stellenweise häufig in der Macchia.

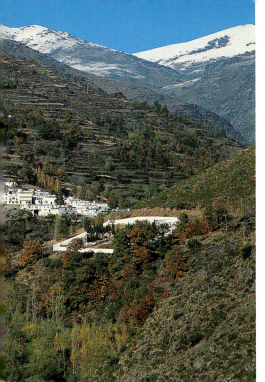

Der Enzian *Gentiana brachyphylla*.

Rosmarin ist ein häufiger Strauch der Macchia und blüht fast ganzjährig.

sind dies auch die Sommerweideplätze für Schafe und Ziegen. Auffällige und schöne Arten hier sind das Fettkraut *Pinguicola nevadensis*, der Hahnenfuß *Ranunculus acetosellifolius*, der Hornklee *Lotus glareosus*, der Enzian *Gentiana brachyphylla* (der auch in den Karpaten, nicht aber in den Pyrenäen oder Alpen vorkommt) sowie *Narcissus nevadensis*.

Je weiter man an Höhe gewinnt, desto reicher wird die Zahl der Endemiten. Die Geröllfelder von 1900 m bis etwa 2600 m weisen einen dichten Bewuchs an stacheligen Büschen mit Blauem Stachelginster (S. 194),

Venusnabel wächst meist an feuchteren Felsen und ist weitverbreitet.

29 Sierra Nevada und Alpujarras — 199

Drüsenginster, dem Tragant *(Astragalus sempervirens)*, Berberitze, Zwergformen des Wacholders und Sadebaums sowie mit der Pfingstrose *Paeonia broteroi* (S. 174) und Wilder Tulpe (S. 40) auf. Darüber wird der Bewuchs immer schütterer. Typische Arten hier sind: die Wolfsmilch *Euphorbia nevadensis*, der Beifuß *Artemisia granatensis*, der Steinbrech *Saxifraga nevadensis*, das Mannstreu *Eryngium glaciale* als eine nordafrikanische Art, die hier ihren einzigen Standort in Europa hat, das Leinkraut *Linaria glacialis* (ab 3000 m), die Hauswurz *Sempervivum minutum*, das Veilchen *Viola crassiuscula* (vielleicht der häufigste Endemit ab 2500 m bis zur Spitze des Mulhacen) sowie *Crocus nevadensis*.

Die ursprünglichen Baumarten sind in der mediterranen unteren Zone Stein- und Korkeiche, darüber ein Gürtel mit Pyrenäen-Eiche (S. 118), und die Baumgrenze bildete die südlichste Population der Waldkiefer. Ein winziger Rest dieser Kiefernwaldstufe ist auf dem Dolomitgestein am Trevenqueberg auf 2000 m erhalten geblieben. Im Unterwuchs stehen Eiben, Ahorn, Kirschen, Lorbeer-Schneeball (S. 162), Pyrenäen-Eiche . . . und geben Zeugnis über das frühere Pflanzenkleid der Sierra Nevada. Auf der Anfahrt zu den Skiliften bemerkt man Aufforstungen mit Kiefer, Hakenkiefer aus den Pyrenäen (S. 59) und Zedern.

Die Tierwelt steht hier im Interesse hintenan, obwohl der Steinbockbestand sich sehr gut erholt hat, nachdem er in den 30er Jahren fast erloschen war. Gelegentlich sieht man Steinadler, in den tieferen Zonen auch Habichtsadler. In den mittleren und oberen Lagen trifft man auf Zippammer (S. 113), Heckenbraunelle, Hänfling, Steinschmätzer, Feldlerche, Alpenbraunelle und Steinrötel. Die Insekten sind hier vergleichbar reich an Arten und Endemismen wie die Pflanzen vertreten, jedoch nicht annähernd so gut bekannt. Eine schöne Unterart des Apollofalters ist *Parnassius apollo nevadensis* (s. auch S. 62) und der Bläuling *Plebicula golgus* fliegt zwischen 2000 m und 3000 m.

Im Gebiet unterwegs

Vorgeschlagen wird eine Route, die auf der höchsten Straße Europas das Gebirge quert, aber in ihrer ganzen Länge nur zwischen Juli und Oktober befahrbar ist. Von Granada bis zum Veleta sind es 45 km auf der asphaltierten Straße GR 420, vom Veleta bis Capileira im Süden 30 km auf erdbefestigter Straße. Mit sehr großen Pkw ist die Strecke nicht zu empfehlen, ganz abgeraten werden muß bei Schneebelag. Die Straße ist nicht zu verfehlen, und immer wieder kann man anhalten und die Umgebung erkunden. Man passiert sowohl den Veleta als auch, kenntlich an einer Abzweigung nach links, kurz darauf den Mulhacen. Zu beiden Gipfeln kann man dann bequem von der Straße aus hochsteigen. Für die Gebirgsüberquerung mit dem Auto und kleine Fußmärsche von der Straße aus sollte 1 Tag angesetzt werden. Von Granada aus bis auf 2000 m zur Skistation ① und weiter zur Schneegrenze kommt man natürlich auch im Winter.

Um einen Eindruck von den Dörfern und der Landschaft der Alpujarras zu erhalten, empfiehlt sich als Ausgangsort Lanjaron, berühmt in ganz Spanien für sein exzellentes Wasser. Von Lanjaron führt die Straße nach Orgiva, wo man kurz vor dem Ort auf die GR 421 zu den schönen Dörfern Pampaneira, Bubion und Capileira abzweigt. In Capileira muß man umkehren, da die weiterführende Straße über die Sierra nach Granada führt. Über das höchste Dorf Spaniens, Trevelez auf 1476 m, kann man die Route zu anderen Dörfern fortsetzen. Je weiter man nach Südosten kommt, desto arider wird das Gelände und geht in die Halbwüstenlandschaft Almerias über (s. S. 202 ff.).

Praktische Tips

Anreise
Von Granada erfolgt die Anreise wie beschrieben. Von der Küste aus fährt man von Motril entweder nach Granada oder nach Lanjaron, von dort weiter wie beschrieben.

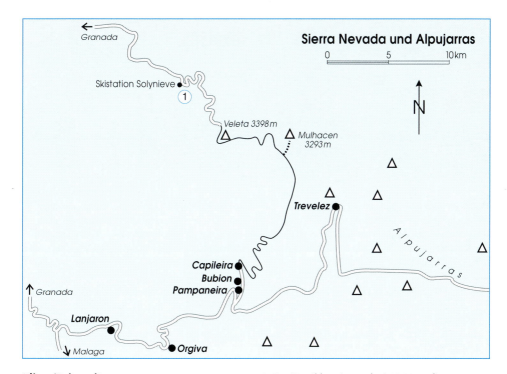

Klima/Reisezeit

Es gibt verständlicherweise kein einheitliches Klima der Sierra Nevada. Höhenlage und Exposition, in Verbindung mit der Lage im Süden Europas und am Mittelmeer, bestimmen die klimatischen Bedingungen. Der Südosten ist eine Halbwüste, keine 80 km westlich davon herrscht ein subtropisches Klima, in dem an der Küste Zuckerrohr wächst, und wo man im Winter vormittags skilaufen und nachmittags im Mittelmeer baden kann. Die Hochlagen sind gekennzeichnet durch enorme Temperaturschwankungen zwischen Sommer und Winter und über 2500 m Höhe 7–9 Monate schneebedeckt. Die Niederschlagshöhe sinkt von 1500 mm in den westlichen Hochlagen bis zu 250 mm im Südosten ab. Es gibt kaum nebel- oder regenverhangene Tage, wie dies in vielen europäischen Hochgebirgen oft der Fall ist. An mehr als 250 Tagen im Jahr scheint die Sonne. Für Beobachtungen der Vegetation der Hochlagen ist Juli der beste Monat, aber schon ab März/April beginnen bei 1000 m die ersten Gebirgspflanzen zu blühen. Im Mai/Juni ist dann bereits sehr viel zu sehen.

Adressen

Karten und Informationen für spezielle Hochgebirgstouren erhält man bei der »Federacion Andaluza de Montaña«, calle Reyes Catolicos 1, Granada.
Die Agencia de Medio Ambiente (A.M.A.), Gran Via de Colon 48–3, Granada, Tel. (951) 290062, kann zukünftig weitere Angaben zur geplanten Einrichtung eines Informationszentrums geben.

Unterkunft

In Granada gibt es viele Hotels, Pensionen und einige Campingplätze, allerdings auch eine ganzjährig große Nachfrage. Hotels finden sich ebenfalls in Lanjaron und Bubion, in Trevelez ist ein Campingplatz. Auch in vielen anderen Dörfern der Umgebung gibt es kleinere Pensionen.

29 Sierra Nevada und Alpujarras

30 Cabo de Gata-Nijar

Arideste Region Europas; Vulkanisches Gebirge im Halbwüstenklima; Dünen, Steilküsten und unverbaute Strände; zahlreiche endemische und afrikanische Pflanzenarten; Salinen mit Flamingos; Wüstengimpel.

Im Regenschatten der Sierra Nevada und weiterer Sierras der Betischen Kordillere gelegen, ist der äußerste Südosten Andalusiens das regenärmste Gebiet in Europa und erinnert bereits stark an nordafrikanische Landschaften. Wie wirkungsvoll die Gebirge die Regenwolken abhalten, erkennt man daran, daß nur 280 km weiter westlich das niederschlagsreichste Gebiet Spaniens liegt (s. S. 177). Zahlreiche Westernfilme fanden hier eine ideale Kulisse. Im 26 000 ha großen Naturpark Cabo de Gata-Nijar wurde ein repräsentativer Ausschnitt unter Schutz gestellt, um eine in Europa einmalige Landschaft, Flora und Fauna zu bewahren und um eine touristische Verbauung dieses letzten naturbelassenen Küstenstreifens am spanischen Mittelmeer zu verhindern. Prägende Landschaftselemente sind der Gebirgszug Sierra del Cabo de Gata, Dünen, Salinen und flache Steppenflächen.

Der kaum 500 m Höhe erreichende Gebirgszug erstreckt sich von Cabo de Gata im Südwesten bis Carboneras im Nordosten auf einer Länge von 30 km. Er bestimmt die Küstenlinie mit Kliffs und bis zu 100 m abfallenden Steilfelsen sowie tiefen Schluchten (»Barrancos«), die sich zum Meer hin öffnen und den wenigen Menschen im Gebiet eine Siedlungsmöglichkeit geben. Entstanden sind die vulkanischen Auswürfe im Tertiär. Man nimmt an, daß die vulkanischen Erscheinungen unmittelbar mit der Auffaltung der Betischen Kordillere, der entsprechenden Absenkung der Peripherie und der damit bedingten Unruhe in der Erkruste verbunden waren. Durch die vulkanische Aktivität sind zahlreiche Minerale, wie z. B. Kupferkies, Alkalifeldspat, Gold, Jaspis und Achat, an die Erdoberfläche gekommen.

Die Salinen liegen etwas tiefer als der Meeresspiegel und ruhen auf undurchlässigen Sedimentschichten, die durch Erosion des umgebenden Gebirges hier abgelagert wurden. Vom Meer sind sie durch einen Dünengürtel getrennt, aber bei Sturm dringt Meerwasser in die Salinen ein. Das Salz wird durch Verdunstung in Becken gewonnen, deren Salzkonzentration von Norden nach Süden zunimmt. Dieses System erlaubt eine wirtschaftliche Nutzung und bietet gleichzeitig einer artenreichen Vogelwelt ideale Bedingungen. Am Fuß des Gebirges und östlich der Salinen erstreckt sich eine weite, flache und steinige Steppenlandschaft, die nur kurze Zeit im Jahr nach den Winterniederschlägen einen grünen Schleier aufweist.

Die Zwergpalme kommt nur im westlichsten Mittelmeerraum vor und besiedelt hier die halbwüstenhaften Gebiete. Nur selten entwickelt sie einen Stamm.

Die Halbwüstenlandschaft um Almeria verändert ihr Aussehen im Jahresverlauf kaum.

Die Provinz Almeria war bis vor kurzem eines der ärmsten Gebiete Spaniens. Mit den modernen Methoden der Intensiv-Landwirtschaft (insbesondere künstliche Bewässerung und Ausbringen künstlichen Bodensubstrats), den milden Wintertemperaturen und der enorm hohen Sonnenstundenzahl entwickelte sich Almeria inzwischen zum Wintergarten Europas. Unter riesigen Plastiktunnels reifen hier im Winter Tomaten, Auberginen, Paprika usw.

Pflanzen und Tiere

Die Südwestecke Spaniens gehört zu den wenigen Gebieten des Landes (mit Ausnahme des Hochgebirges), die aus klimatischen Gründen keine Waldformation als Klimaxgesellschaft aufweisen. Bei Niederschlägen von durchschnittlich nur 180 mm, die zudem noch an nur 25 Regentagen fallen, können nur sehr gut angepaßte Pflanzenarten überleben. Die Luftfeuchtigkeit ist allerdings

Der Mauergecko ist nachtaktiv und sehr wärmeliebend. Er sucht gerne Insekten an beleuchteten Hauswänden und kann durch seine Haftzehen sogar an Zimmerdecken entlanglaufen.

durch die Nähe zum Meer recht hoch. Die Klimaxgesellschaft setzt sich zusammen aus Zwergpalme, Kümmerformen des Wilden Ölbaums und der Kermeseiche (S. 92), Mastixstrauch (S. 70), Zickzackdorn und afrikanischen Büschen wie *Periploca laevigata* und *Maytenus senegalensis*. Diese Vegetation wird in den (Trocken-) Flußtälern (»Barrancos«) etwas üppiger. Auf den extrem trockenen Hängen der Sierra treten die Charakterarten Kleinblütiger Stechginster, das Brandkraut *Phlomis caballeroi*, das Sonnenröschen *Helianthemum almeriense* und der Korbblütler *Hymenostemma fontanesii* in den Vordergrund. Man findet auch mehrere Endemismen wie das Löwenmaul *Antirrhinum charidemi*, den Gamander *Teucrium charidemi* und die Nelke *Dianthus charidemi*.

Die salztoleranten Pflanzenarten um die Saline entsprechen im wesentlichen denen ähnlicher Standorte (s. S. 72, 83, 179). Im Dünenbereich findet man u. a. das Leimkraut *Silene litorea* mit schönen roten Blüten und Gelbe Hauhechel. Dattelpalmen und Sisalagaven wurden hier ursprünglich angepflanzt und haben sich gut adaptiert. Die Steppenvegetation schließlich wird dominiert von der Behaarten Spatenzunge, der Zwergpalme, Zickzackdorn, Espartogras sowie mehreren Thymianarten.

Die **Zwergpalme** ist, neben der Kretischen Dattelpalme, die einzige in Europa heimische Palmenart. Sie kommt nur im westlichen Mittelmeergebiet vor. Ihre Fächerblätter entspringen normalerweise einem nur sehr kurzen Stamm und erreichen kaum einen halben Meter Höhe. Kultivierte Pflanzen bilden gelegentlich einen mehrere Meter hohen Stamm aus.

An den Salinen kann man ganzjährig interessante Vögel beobachten. Flamingos (gelegentlich versuchen sie sogar hier zu brüten), Stelzenläufer (S. 186), Säbelschnäbler, Triel (S. 179), mehrere kleinere Limikolenarten sowie Seeschwalben und Möwen (auch Dünnschnabelmöwen) können hier gesehen werden. An den Küstenkliffs fliegen neben Weißkopfmöwen auch gelegentlich Korallenmöwen. Bis vor wenigen Jahren lebte hier sogar noch die Mönchsrobbe.

Die Tierwelt der Steppen und Trockenhänge zu beobachten, erfordert etwas mehr Geduld. Weder die Siedlungsdichte noch die Artenzahl sind in diesem extremen Lebensraum besonders hoch, dafür aber sehr interessant. Charaktervogel ist die Theklalerche (S. 98). Diese nur schwer von der Haubenlerche zu unterscheidende Art kommt immer in steinigem und buschigem, meist auch geneigtem Gelände vor, während die Haubenlerche fast immer die Kulturflächen bevorzugt. Eine weitere Lerchenart ist die Stummellerche, die in der Ebene und auch am Rande der Salinen vorkommt. Der hübsche, bis auf den weißen Schwanz ganz schwarze Trauersteinschmätzer (S. 90) besiedelt vor allem die vegetationsarmen Hänge der

Espartogräser

In vielen spanischen Steppenregionen, vor allem in Andalusien, im Ebro-Becken und in Teilen der Mancha, war das Sammeln und Verarbeiten von Espartogräsern bis in die jüngste Vergangenheit eine wichtige Einkommensquelle der Dörfer. Wo Land- und Weidewirtschaft durch die Ungunst des Klimas eingeschränkt waren, blieb oft nur noch das Espartogras. Zwei Grasarten werden unterschieden: das Halfagras *(Stipa tenacissima)* und Esparto *(Lygeum spartum)*. *Stipa* wird bis zu 1 m hoch, wächst in Horstform und besiedelt vorwiegend trockene und tiefgründige Böden, während *Lygeum*, mit breiten Ähren und mehr flächig wachsend, etwas feuchtere und leicht salzhaltige Böden bevorzugt. Bei beiden Arten sind die Blätter nach innen eingerollt, was zum Aufbau eines humiden Mikroklimas in der so gebildeten Blattröhre führt.

Die extrem faserhaltigen, flexiblen und reißfesten Stengel beider Arten werden an der Basis herausgezogen bzw. abgeschnitten und für 1 Tag in Wasser eingelegt. Anschließend werden die Blattröhren glattgestrichen, in der Sonne getrocknet, gebleicht und können dann geflochten werden. Gürtel, Körbe, Behältnisse aller Art, Pferdezügel, Seile, Maultierdecken, Schuhe und Hüte wurden jahrhundertelang aus Esparto gefertigt. Der Ersatz durch Kunststoffe und die Abwanderung der jungen Generationen in ertragreichere Berufe läßt vermuten, daß die Espartoflechterei bald nur noch im Kunstgewerbe zu finden sein wird.

Das Halfagras *Stipa tenacissima*.

Das Espartogras *Lygeum spartum*.

Sierra. Samtkopf- (S. 165) und Brillengrasmücke, Rothuhn (S. 180) und Raubwürger sind weitere typische Arten des Gebietes. Viel Glück gehört zur Beobachtung der Wüstengimpel, am ehesten klappt es im Winter, wenn sie in Trupps umherstreifen. Der einzige große Greifvogel, der in dieser Halbwüste lebt, ist der Habichtsadler. Seine Nahrung besteht hauptsächlich aus Kaninchen, Rothühnern und Perleidechsen.

Die Kreuzkröte als eine der wenigen Amphibienarten des Gebietes lebt an den schattigsten und feuchtesten Stellen der Barrancos und legt ihre Eier in die temporären Wasserlachen nach Niederschlägen im Winter. Von den Reptilien sind besonders auffällig der Europäische Fransenfinger (in den Dünen; S. 154) und die große Perleidechse (S. 138). Treppen- (S. 109) und Eidechsennatter, Stülpnasenotter, Spanische Mauereidechse (S. 24), Spanischer und Algerischer Sandläufer (S. 154) sowie Mauergecko und Europäischer Halbfinger (ebenfalls eine Geckoart) sind weitere hier vorkommende Reptilienarten. Im Winter und im Sommer sind die meisten Arten inaktiv bzw. nur zu den günstigsten Tageszeiten anzutreffen. Unter Steinen findet man häufig Skorpione.

Der Naturpark Cabo de Gata umfaßt auch den küstennahen Wasserbereich mit herrlicher Unterwasser-Lebewelt.

Oleander blüht von Frühjahr bis in den Herbst an Flüssen und grundwassernahen Standorten.

Der Zickzackdorn kommt in Europa nur im spanischen Südosten vor.

206   30 Cabo de Gata-Nijar

Im Gebiet unterwegs

An den **Salinen** ① kommt man unmittelbar auf der Straße zur Leuchtturmspitze ② vorbei. Beobachten kann man nach beiden Seiten hin, je nachdem wie der Sonnenstand am günstigsten ist. Die Salinen sind Privatgelände. Beobachter werden toleriert, sollten sich aber sehr rücksichtsvoll und zurückhaltend im Gelände verhalten. An der Felsspitze **Cabo de Gata** ② kann man einen Rundgang machen. Von dort hat man sehr schöne Ausblicke auf die Klippen und das Meer.
Die Grenzen des Naturparks umfassen auch einen mehrere hundert Meter breiten Streifen des Küstengewässers, mit sehr reichem Meeresleben (vgl. die Ausführungen bei den Medes-Inseln, S. 77 ff.).
Eine nicht asphaltierte Straße führt vom Leuchtturm nach Osten zur Siedlung San José ③ und von dort über Cortijada de Ruescas zurück auf die Straße nach Almeria. Eine weitere, landschaftlich außerordentlich eindrucksvolle Strecke ist die Straße N 332 von Almeria nach Nijar und von dort weiter auf der AL 101 nach Norden. Eine Verbindung mit dem Desierto de Tabernas (s. unten) ist gut möglich.

Auch die afrikanische Pflanze *Periploca laevigata* hat hier ihren einzigen Standort in Europa.

Skorpione ruhen tags unter Steinen. Der Stich von *Buthus occitanus* ist sehr schmerzhaft und nicht ungefährlich.

Das Leimkraut *Silene litorea* besiedelt den küstennahen Bereich von Südspanien.

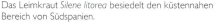

Auch die Gelbe Hauhechel blüht im Frühjahr nahe des Strandes, ist aber auch sonst weitverbreitet.

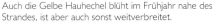

30 Cabo de Gata-Nijar — 207

Praktische Tips

Anreise

Von Almeria nach Osten auf der AL 100 (Richtung Flughafen); nach 14 km Abzweigung nach rechts. Von Norden kommend empfiehlt sich die Abzweigung von der N 340 etwa 8 km südlich von Sorbas in Richtung Nijar auf der AL 102. Weiter auf der N 332 Richtung Almeria und 14 km vorher links abzweigen zum Cabo de Gata.

Klima/Reisezeit

Das Klima ist mediterran-arid mit den bereits erwähnten geringen und unregelmäßigen Niederschlägen. Die Meernähe mildert etwas die Sommertemperaturen und führt andererseits zu dem hohen Temperaturmittel im Januar von 12,5 °C. Da die wenigen Niederschläge meist zwischen November und März fallen und die Temperaturen mild sind, beginnt die Vegetationsperiode bereits sehr früh im Jahr. Spätestens ab Februar blühen

Raubwürger sitzen meist auf erhöhter Warte und machen Jagd auf Insekten und Eidechsen.

Brandkräuter – hier *Phlomis caballeroi* – besiedeln in verschiedenen Arten die Macchia und Steppenregionen.

zahlreiche Pflanzen, und auch die meisten Reptilien sind dann nach kurzer Winterruhe wieder aktiv. Optimal für Beobachtungen sind also die Monate Februar bis Mai, doch auch in allen anderen Jahreszeiten erhält man vielseitige Eindrücke der Tier- und Pflanzenwelt.

Adressen

Da die Deklaration zum Naturpark erst vor kurzem erfolgte, kann es sein, daß zukünftig Änderungen der Besuchsmöglichkeiten oder die Errichtung eines Informationszentrums erfolgen. Informationen dazu können eingeholt werden bei
▷ Agencia del Medio Ambiente (A. M. A.), c/ Hermanos Machado s/n, Edificio Multiple P 4, 04004 Almeria, Tel. (9 51) 23 75 66 oder 23 76 80,

Unterkunft

In Almeria gibt es Hotels und Pensionen, südlich der Stadt auch Feriensiedlungen und Campingplätze. Bei San José ist ebenfalls ein Campingplatz.

Blick in die Umgebung

Die Straße N 340 schneidet südlich von Almeria ein Gebiet ab, das zwar immer mehr unter Plastikkulturen verschwindet, aber an den Landspitzen Punta Sabinar und Punta Entinas noch große **Dünengürtel** mit Phönizischem Wacholder und Mastixstrauch sowie vogelreichen Salinen aufweist. Man erreicht die Gebiete entlang der Straße Roquetas de Mar–Almerimar.

Desierto de Tabernas

Das Naturschutzgebiet »Desierto (Wüste) de Tabernas« liegt knapp 30 km nördlich von Almeria, zwischen der Straßenkreuzung der N 340 mit der C 3326 und dem Ort Tabernas. In die leicht erodierbaren Mergel- und Sandsteinböden konnten die Flüsse, die zwar selten, aber dann meist außerordentlich reißend fließen, z. T. tiefe Schluchten (»Ramblas« oder »Barrancos«) graben. Ein gegenüber der Umgebung etwas feuchteres Mikroklima läßt hier u. a. Oleander und den seltenen Malteserschwamm wachsen. Typische Vogelarten sind Bienenfresser, Blaumerle, Theklalerche und Trauersteinschmätzer; mit viel Glück trifft man auch auf Wüstengimpel.
Eine Wanderung in der Rambla kann von der erwähnten Straßenkreuzung nach Norden bis Tabernas führen (etwa 6 km) oder auch in ein Seitental, das nach 500 m nach links abgeht. Nach starken Regenfällen sind die Ramblas nicht begehbar, aus Sicherheitsgründen darf in solchen Trockenflußbetten auch niemals campiert werden.

Die Behaarte Spatenzunge ist ein kleiner Strauch mit schuppenförmigen Blättchen und eine Charakterpflanze der trockensten Regionen im Mittelmeergebiet.

Nebenreiseziele

N 1 Sierra del Sueve

Die Sierra oder »Macizo« del Sueve ist ein isolierter Gebirgszug zwischen den westlichsten Ausläufern der Picos de Europa (s. S. 28) und dem Atlantik. Der 1159 m hohe Sueve liegt nur 6 km von der Küste entfernt, und bei klarem Wetter reicht der Panoramablick von der Kantabrischen Kordillere über die 3 Massive der Picos de Europa bis zu den Fischerdörfern der Küste.

Die Besonderheit des Sueve sind seine »Asturcones«, ganzjährig freilebende Pferde, die zwar keine »Wildpferde« sind, aber einer sehr alten Rasse (Rassenkreis Keltischer Pferde) angehören. Das **Asturcon-Pferd** ist klein, schwarz, abgehärtet und an ein Leben in völliger ganzjähriger Freiheit angepaßt. Die Römer benutzten es beim Bergbau; später wurde es in Kriegen und in der Landwirtschaft eingesetzt; heute hat es keine wirtschaftliche Bedeutung mehr und seine Bestände sind daher in wenigen Jahrzehnten fast ausgestorben. Seit 1981 bemüht sich ein Züchterkreis um seine Erhaltung. Die größte Herde, etwa 60 Tiere, lebt heute im Sueve. Das Asturcon-Pferd war jahrtausendelang Teil asturischer Kultur und asturischen Selbstverständnisses; einen Eindruck davon erhält man jedes Jahr um den 18. August beim traditionellen Fest mit Einfangen und Brandmarken der diesjährigen Fohlen. Vom Dorf Borines im Südwesten führt ein Weg in das Gebiet »Alto de la Llama«; dieser Weg bietet sich auch für eine Wanderung an.

N 2 Ria de Villaviciosa / Höhle Tito Bustillo

Das Mündungsgebiet der Flüsse Miyares und Valdedios ist, wie auch die Rias in Galicien (s. S. 21), ein abgesunkenes Flußtal. Nördlich der Kleinstadt Villaviciosa bilden Dünen, Wattflächen, Schilfröhrichte und periodisch

Die Marismas von Santoña unterliegen dem Gezeitenfluß. Sie sind wichtiger Rastplatz für Sumpf- und Wasservögel (N 3).

Die rötlichen Sandsteinfelsen in den Vorpyrenäen heißen Mallos de Riglos, nach dem gleichnamigen Dorf an ihrem Fuße. Hier brüten zahlreich Gänsegeier (N 5).

Die Laubwälder in der Sierra del Sueve kennen keine sommerliche Trockenheit. Eine üppige Pflanzenwelt, großer Farnreichtum und zahlreiche Bachläufe sind charakteristisch (N 1).

überschwemmte Wiesenflächen ein von den Gezeitenwechseln geprägtes Landschaftsmosaik. Besonders zu den Zugzeiten im Frühjahr und Herbst ist das Gebiet ein wichtiger Rastplatz für Limikolen, Enten, Möwen, Seeschwalben und Reiher, die auf den periodisch überschwemmten Flächen reichlich Nahrung finden.

Neben diesen naturkundlichen Aspekten weist die Region aber auch alte Gezeitenmühlen, Romanische Kirchen und urige kleine Sidra-Keltereien auf. Die Gegend um Villaviciosa gehört zu den traditionellen Apfelanbaugebieten, in denen das typische Getränk Asturiens, die Sidra (Apfelwein), erzeugt wird. Die Orte zwischen Villaviciosa und Llanes, z. B. auch Lastres und Colunga, sind typische Fischerorte. Bei Ribadesella lohnt sich ein Besuch der **Höhle Tito Bustillo**. In mehreren hundert Meter langen Gängen finden sich hervorragende Felszeichnungen (Hirsche, Rentiere, Pferde), die vor 15000–20000 Jahren entstanden sind und eindrucksvoll Zeugnis der prähistorischen Besiedlung dieser Gegend ablegen.

N 3 Marismas de Santoña

Die Wattgebiete um die Ortschaft Santoña zählen zu den wichtigsten Feuchtgebieten an der nordspanischen Atlantikküste (S. 210), sind aber durch Straßenbauprojekte, Industrieansiedlungen, Auffüllungen, Verschmutzungen, Wilderei und Tourismus stark gefährdet. Die Region Cantabria erhält von der EG bedeutende finanzielle Mittel für Strukturmaßnahmen, hält aber europäische Schutzgesetze im Fall von Santoña nicht ein. Cantabria wurde daher vom Europäischen Gerichtshof in Luxemburg verurteilt.
Die Schlammflächen im Bereich mehrerer einmündender Flüsse werden periodisch überschwemmt und sind an erhöhten Stellen mit salzliebenden Pflanzen bestanden. Von Herbst bis Frühjahr ist das Gebiet Rast- und Überwinterungsplatz für Tausende Pfeifenten, Hunderte Brach- und Regenbrachvögel und viele andere Limikolenarten; für Löffler (S. 221) der holländischen Population ist es ein wichtiger und traditioneller Rastplatz. Die Halbinsel zwischen Santoña und Santander weist weitere sehr schöne Küstenabschnitte und auch Steineichenwälder auf. Das Cabo de Ajo ist ein guter Beobachtungspunkt des marinen Vogelzuges (s. auch S. 23). Zwischen Laredo und Castro-Urdiales, bei Sonabia, befindet sich die nördlichste Gänsegeierkolonie Spaniens und wohl die einzige direkt am Meer gelegene. Viele keltische Monumente, mittelalterliche Dörfer, prähistorische Höhlen und ein landschaftliches Mosaik aus Weiden, Feldern, Wäldchen und schönen Stränden machen das Gebiet um Santoña sehr reizvoll.

N 4 San Juan de la Peña

San Juan de la Peña ist der Name eines kleinen Klosters, nach dem auch der umliegende Gebirgszug benannt wurde. Die Abtei liegt sehr einsam und unter einem großen Felsen (= Peña) fast verborgen. Von Jaca aus fährt man auf der Straße 134 in Richtung Pamplona. Nach etwa 10 km biegt man links ab in Richtung Santa Cruz de la Serós. Von hier aus windet sich die schmale Straße nach oben. Etwa 2 km vor dem Kloster kann man linker Hand vor einer Rechtskurve bequem parken. Die Straße zurückblickend erhält man einen guten Einblick auf eine Felswand und über das Tal. Hier können mit etwas Geduld Bartgeier (S. 42) und Steinadler beobachtet werden.
Die Weiterfahrt zum Kloster führt durch einen Laubmischwald mit Buche, Ahorn und Stechpalme. Das Kloster hatte für Aragon eine ähnliche Bedeutung wie Covadonga für Asturien (s. S. 28): Es war geistiges Zentrum für den Widerstand gegen die Mauren. Fast einmalig ist der Kreuzgang unter dem Felsen. Fährt oder geht man nun weiter, erreicht man nach knapp 2 km ein Plateau, auf dem ein größeres und neueres Kloster steht. Von diesem Plateau hat man eine herrliche Sicht auf die Pyrenäengipfel. Am Parkplatz stehen einige urige Stieleichen, an Vogelarten sind meist Fichtenkreuzschnäbel zu sehen und in den Klostermauern brüten Steinsperlinge.

N 5 Mallos de Riglos

Mallos ist ein lokaler Begriff für die eigenartigen Felsspitzen und Erosionsformen (S. 211), die in den Vorpyrenäen anzutreffen sind. Die markantesten Steilwände stehen beim Dorf Riglos, schon von weitem durch den roten Farbton und die bizarren Formen auffallend. Riglos liegt an der Nationalstraße 240 zwischen Pamplona und Huesca. Von der Hauptstraße zweigt eine kleine, aber ausgeschilderte Straße nach Riglos ab, wo sie auch endet. Besonders im Frühjahr ist der Blütenreichtum enorm und der würzige Geruch der

Aleppokiefern liegt in der Luft. Empfehlenswert ist es daher, die letzten 3 oder 4 km zu laufen, zumal auch die Vogel- und Insektenfauna schon mediterran geprägt ist. In der Gartenlandschaft singen im Frühling Zaunammer, Wiedehopf (S. 162), Theklalerche (S. 98), Mittelmeersteinschmätzer (S. 175) und Orpheusgrasmücke. Segelfalter, Schwalbenschwanz und Rosenkäfer kann man beobachten. Das Dorf Riglos schmiegt sich an die Felsen an und beiderseits des Ortes kann man auf Wegen gehen. Am auffälligsten sind die vielen Gänsegeier, deren weiße Kotflekken an den Wänden Horste und Ruheplätze anzeigen. Leider sind einige der Felswände für Kletterer freigegeben, was zur Aufgabe vieler Horste geführt hat.

Die Mallos selbst sind Felsklippen aus Konglomeratgestein, im Tertiär entstanden, die durch Erosionskräfte ihre bizarren Formen erhielten. Gute Fotografiermöglichkeiten gibt es bereits 1–2 km unterhalb von Riglos.

N 6 Sierra del Montsec

Das Montsec-Massiv verläuft parallel zum Pyrenäen-Hauptkamm und besteht wie die meisten anderen peripheren Gebirgszüge der Pyrenäen aus Kalkgestein. Etwa 30 km nördlich von Lleida gelegen, wird es von den beiden Flüssen Noguera Ribagorçana und Noguera Pallaresa in jeweils eindrucksvollen Schluchten durchbrochen.

Ein herrlicher Wanderweg führt entlang des Rio Noguera Ribargoçana am Fuß steil aufragender Felswände. Die Chance, alle typischen felsbewohnenden Tier- und Pflanzenarten der Region zu beobachten, wie z. B. Stein- und Habichtsadler, Gänse-, Schmutz- und Bartgeier (S. 36 und S. 42) sowie zahlreiche Singvogelarten (s. S. 60 f.), am Fluß auch Wasseramseln, sind sehr gut. Den Ausgangspunkt der vorgeschlagenen etwa 5stündigen Wanderung erreicht man von Lerida über Balaguer, die L-904 bis kurz vor Ager, hier links ab nach Corça. Von Corça führt eine Piste auf einen Hügel mit der Kapelle La Pertusa. Hier beginnt der Wanderweg nach Norden.

Der Weg wird immer schmaler und führt an den Bauernhöfen Mas Pardines und Mas Carleta vorbei bis nach knapp 2 Stunden die Steilwände der Schlucht Congost de Montrebei (S. 214) erreicht werden. Weiter auf einem in den Fels geschlagenen Weg durch die ganze Schlucht. Meist findet man am Boden sogar Fossilien (Belemniten). Rückweg wie Hinweg.

N 7 Vulkangebiet La Garrotxa

Der Naturpark mit einigen Vollnaturschutzgebieten liegt um die Kleinstadt Olot, 50 km westlich von Figueres (s. S. 72), und ist eine der wenigen Vulkanlandschaften in Spanien. Vor allem geologische und botanische Aspekte machen das Gebiet interessant; im Informationszentrum Casal dels Volcans, Avenida Santa Coloma, Olot, werden diese Themen sehr informativ dargestellt. Der letzte Vulkanausbruch datiert etwa 11 500 Jahre zurück. Seit 350 000 Jahren fanden etwa alle 10 000 Jahre Vulkanausbrüche statt, die durch entsprechende Vulkankegel (10–160 m) aus Lavaschlacken und Tonerde (Lapilli) bezeugt werden. Viele Kilometer lange Basalströme ergossen sich in die Flußtäler und sperrten diese ab. Die meisten so entstandenen Seen wurden durch Sedimente wieder aufgefüllt und sind heute fruchtbare Ackerlandschaften. Manche kleineren Sumpfgebiete sind auch heute noch vorhanden.

Hohe Niederschläge von über 1000 mm, sehr schwach ausgeprägte Sommertrockenheit und relativ hohe Temperaturen, dazu kleinräumige Bodenunterschiede und Klimavariationen je nach Höhenlage und Exposition, bedingen eine außergewöhnlich reiche Flora. Der größte Teil des Gebietes wird von Eichenwäldern eingenommen (je nach Standort Stein- oder Stieleiche sowie *Quercus humilis*). An den höheren Schatthängen wachsen vor allem Buchen mit Buchsbaum (S. 47) im Unterwuchs. Wie bei den Bäumen sind auch bei den Blumen mitteleuropäische Elemente (z. B. Gelbes Windröschen und

Nebenreiseziele

Die Schlucht Congost de Montrebei in der Sierra del Montsec. Rechter Hand der in den Fels geschlagene Wanderweg (N 6).

GE-524 ist linker Hand ein Parkplatz und rechter Hand führt ein gelb markierter Rundwanderweg durch den Buchenwald Fageda d'en Jorda. Nach weiteren 2 km mit dem Auto kommt rechts ein Hinweisschild auf den **Vulkan Sta. Margarida**. Hier kann man auf den Kraterrand steigen, wo man einen schönen Ausblick in den Krater (mit Kapelle) und in die Umgebung hat. Zurück an der Straße überquert man diese und folgt einer Piste zum **Vulkankegel Croscat**.

Viele weitere Wandermöglichkeiten im Gebiet können im o. g. Informationszentrum erfragt werden. Sta. Paul und Besalú, aber auch andere Orte der Region haben sehenswerte mittelalterliche Ortskerne.

N 8 Montseny

Der Naturpark Montseny ist auch Biosphärenreservat der UNESCO und umfaßt mehr als 30 000 ha des gleichnamigen Gebirgszuges, westlich der Autobahn Girona–Barcelona, etwa zwischen Sant Celoni im Südosten und Vic im Nordwesten. Er ist Teil mehrerer küstennaher Gebirgszüge, die die Pyrenäen mit dem Iberischen Randgebirge verbinden. Vorherrschend sind paläozoische Schiefer und Granite. Die höchsten Gipfel erreichen knapp über 1700 m und erheben sich abrupt aus den umliegenden Ebenen. Die dadurch bedingten enormen Klima- und Expositionsunterschiede haben eine entsprechend vielfältige Pflanzenwelt zur Folge. Trotz der Nähe zum Mittelmeer finden sich an den höchsten Nordhängen noch Buchen- und Tannenwälder, während die unteren Lagen von mediterranen Pflanzengesellschaften mit Stein- und Korkeiche sowie Aleppokiefer bestanden sind. Die unteren Lagen sind Lebensraum felsbewohnender oder mediterraner Vogelarten (s. z. B. S. 66 f.) und in höheren Lagen kommen dann auch aus Mitteleuropa bekannte Arten hinzu (z. B. Neuntöter, Heckenbraunelle, Mönchsgrasmücke, Steinschmätzer, Berglaubsänger und Zilpzalp).

Das Gebiet ist gut durch Wege und Straßen

Buschwindröschen, Schneeglöckchen, Blaustern, Lungenkraut) neben Pyrenäen-Endemismen wie Ramondia (S. 48) und Pyrenäen-Steinbrech (S. 49) sowie mediterrane Pflanzen zu finden. Auch die Tierwelt spiegelt den Übergangscharakter wider: Ginsterkatze (S. 140), Dachs, Habicht, Schlangenadler (S. 175), Kleiber, Sumpfmeise, Gimpel, Schwarzspecht, Felsenschwalbe, Kreuzotter, Aspisviper, Stülpnasenotter, Eidechsennatter, Erzschleiche (S. 194) usw.

Von Figueres oder Girona kommend, passiert man **Castellfollit de la Roca** auf einer großen Wand aus Säulenbasalt (S. 215). Von Olot aus kann man folgende Exkursion unternehmen: 4 km südöstlich von Olot auf der erschlossen, um es zu erreichen nimmt man am besten die Ausfahrt 11 (Sant Celoni–Montseny) von der Autobahn Girona–Barcelona. Von Sant Celoni führen 2 Straßen in nordwestlicher Richtung. Die nördliche nach Viladrau führt zunächst durch Steineichenwald und steigt dann auf bis zur Buchenwaldregion. Bei Fontmartina und Santa Fé sind Informationsstellen, die über Wandermöglichkeiten, u. a. auf den 1712 m hohen Turó de l'Home, Auskunft geben können. Von Viladrau kann man nach Westen bis Seva fahren und hier zurück nach Sant Celoni. Die durchfahrenen Landschaften sind hier stärker mediterran geprägt. Im Dorf Montseny ist ein weiteres Info-Zentrum. Überall entlang den Straßen sind interessante Beobachtungsmöglichkeiten der Tier- und Pflanzenwelt gegeben, und anhand der in den Informationsstellen erhältlichen Detailkarten können auch längere Wanderungen geplant werden.

N 9 Montserrat

Das Kalkmassiv Montserrat (katalanisch: »gesägter Berg«), etwa 40 km nordwestlich von Barcelona, 1250 m hoch, hat für Katalonien eine große kulturell-religiöse Bedeutung. Das Benediktinerkloster und einige weitere romanische Kirchen liegen darüber hinaus in einer sehr eindrucksvollen Karstlandschaft (S. 219). Die Felswände bestehen aus Konglomeraten und Kalken, die ursprünglich in einer Meeresebene abgelagert und dann angehoben wurden.

Die Vegetation brannte 1986 bei einem riesigen Waldbrand auf großen Flächen ab, hat

Das Dorf Castellfollit de la Roca auf dem Säulenbasalt oberhalb des Fluvià (N 7).

Nebenreiseziele — 215

sich aber bereits wieder sehr gut regeneriert. Interessant ist die Beobachtung der Neubesiedlung durch Pflanzen und Tiere. Dominante Baumarten sind Steineiche und Aleppokiefer, in manchen schattigen Schluchten stehen auch Eiben. Mit etwas Glück kann man hier Habichtsadler und Wanderfalke sowie die typischen Kleinvogelarten eines mediterranen Gebirgsmassives und Buschlandes beobachten (s. z. B. S. 88).

Ganzjährig sind große Besucherscharen anzutreffen; Informationen sind am Kloster zu erhalten. Ein interessanter Ausflug führt vom Kloster zunächst mit der Kabinenbahn nach oben (St. Joan; Pla de les Tarantules); zu Fuß geht es von hier über den Paß Trencabarrals zum Pla dels Ocells und weiter zur Kapelle Ermita de St. Jeroni, von der aus man den gleichnamigen Berg (1250 m) besteigen kann (herrliche Aussicht auf die umliegenden Landschaften). Bis hierher benötigt man etwa 1,5 Stunden Wanderzeit. Der Rückweg kann auch ganz zu Fuß bis zum Kloster begangen werden. Die Wanderung führt durch mehrere Vegetations- und Höhenstufen und vermittelt einen sehr guten Eindruck der Region. Montserrat ist von Barcelona aus über die N II und die C 1411 zu erreichen. In der Nähe des Klosters befindet sich auch ein Campingplatz.

N 10 Llobregat-Delta

Das Flußdelta des Rio Llobregat erstreckte sich ursprünglich über ein Vielfaches der heutigen Fläche. Die wachsende Industrie- und Hafenstadt Barcelona hat sich jedoch immer weiter nach Süden ausgedehnt, so daß von den zu Beginn des Jahrhunderts noch 10 existierenden Lagunenseen heute nur noch 2 vorhanden sind. Die heutigen naturnahen Restflächen sind die meernächsten, auf denen nie Landwirtschaft betrieben werden konnte. Neben dem Ebro-Delta (s. S. 81) und den Aiguamolls de L'Empordá (s. S. 71) ist das Llobregat-Delta das wichtigste Feuchtgebiet in Katalonien. Trotz der Unterschutzstellung der beiden Lagunenseen

und zahlreicher privater und öffentlicher Initiativen, z. B. der positiven Projektkooperation zwischen der Gemeinde von Prat de Llobregat und dem Land Baden-Württemberg, kommen immer wieder Pläne zur Umwandlung in Industrie- oder Freizeitgelände auf den Tisch. Neben der großen Bedeutung als Anschauungs- und Erziehungsobjekt für Schüler aus dem Großraum Barcelona hat das Gebiet auch heute noch eine wichtige Funktion als Brut- und Rastgebiet für zahlreiche Vogelarten.

Die Vegetation entspricht weitgehend der auf den Seiten 72 und 83 beschriebenen. Der küstennahe Pinienwaldgürtel wurde ursprünglich zur Dünenbefestigung gepflanzt und weist von März bis Mai einen erstaunlichen Orchideenreichtum auf. Im Winter können hier mehrere tausend Kiebitze und Goldregenpfeifer beobachtet werden, außerdem Enten, Möwen und Seeschwalben. Brutvögel sind u. a. Zwergdommel (S. 85), Zwergtaucher, Seeregenpfeifer (S. 76) und Stelzenläufer (S. 86). Sogar Kräkente und Rohrweihe haben mehrmals gebrütet.

Eine adäquate Infrastruktur zum Besuch des Gebietes steht noch aus. Zukünftige diesbezügliche Änderungen können beim Museo del Prat erfragt werden: Tel. (93) 379 00 50; qualifizierte Auskünfte können auch bei der Naturschutzorganisation DEPANA eingeholt werden: Tel. (93) 214 14 84. In das Gebiet gelangt man von der Autobahn Barcelona −Castelldefels, Ausfahrt »Camping Toro Bravo«. Kurz nach der Ausfahrt kann man parken und entlang des Lagunensees »Remolar« bis zum Eingang des Campingplatzes laufen. Eine weitere Beobachtungsmöglichkeit bietet sich am Strand, am südlichen Ende der Straße, die von Prat del Llobregat in Richtung »Golf del Prat« führt. Am Strand in nördlicher Richtung hat man einen Blick auf die Laguna de la Ricarda (aus Schutzgründen ist der weitere Zugang untersagt) und in südlicher Richtung kann man entlang des Strandes laufen. Hier und auf dem Meer lassen sich besonders im Winter interessante Vogelbeobachtungen machen.

Die Salinen von Santa Pola (N 12) sind, wie alle Feuchtgebiete am Mittelmeer, wertvolle aber stark bedrohte Lebensräume.

N 11 Sierra de Espadan/Tropfsteinhöhle »Gruta de San José«

Das Hinterland der ostspanischen Mittelmeerküste ist fast durchgehend gebirgig und bietet dadurch schöne landschaftliche Kontraste zu den Stränden. Charakteristisch sind terrassierte Hänge mit Mandel-, Oliven- und Johannisbrotbäumen. Man findet auch schöne Aleppokiefern-Wälder und Macchie-Bestände, auf den sauren Silikatgesteinen der Sierra de Espadan auch Korkeichen. Neben der allgegenwärtigen Samtkopfgrasmücke (S. 165) können auch Provence- und Sardengrasmücke, Rötel- und Felsenschwalbe, Kolkrabe, Zaun- und Zippammer (S. 113), Rotkopfwürger, Wiedehopf (S. 162), Gartenbaumläufer, Blaumerle (S. 166), Turteltaube (S. 113) und Theklalerche (S. 98) entlang den wenig befahrenen Sträßchen in Ruhe beobachtet werden. Zahlreiche Schmetterlings- und Heuschreckenarten, die auffallenden Blauen Holzbienen sowie auch Algerischer Sandläufer (S. 154), Spanische Mauereidechse (S. 24) und Perleidechse (S. 138) sind nicht selten.

Das Hinterland zwischen den Städten Tarragona und Valencia eignet sich gut für Abstecher von der Küste aus. Kleine Straßen führen, in meist weniger als einer halben Stunde, weg von der verschandelten Küste in Gebiete, die sich seit Jahrhunderten nur wenig verändert haben. Stellvertretend für viele Ausflugsmöglichkeiten steht hier die Sierra de Espadan. Von Castellon aus fährt man über Nules nach Vall de Uxo. Hier lohnt sich der Besuch der Tropfsteinhöhle »Gruta de San José« mit einem unterirdischen Fluß (auf dem man mit einem Kahn fahren kann). Die Weiterfahrt erfolgt über Chovar, Eslida, Artana zurück nach Nules oder aber von Eslida weiter über Ahin nach Segorbe. Im Januar/Februar blühen die Mandelbäume und die Berge leuchten weiß-rosa; aber auch alle anderen Jahreszeiten sind für einen Besuch des Gebietes gut geeignet.

Besonders im Sommer und im Herbst findet man verschiedene Arten von Gottesanbeterinnen, hier *Mantis religiosa*.

N 12 Salinen von Santa Pola

Südlich von Alicante befinden sich in halbwüstenartiger Landschaft einige sehr bedeutende Feuchtgebiete, die schon seit längerer Zeit zur Salzgewinnung genutzt werden (S. 217). Diese extensive Nutzung hat jedoch die Vogelwelt eher noch begünstigt. In den letzten Jahren jedoch hat das Gebiet durch touristische Bauprojekte, Straßenbau, Verschmutzung und Jagddruck stark gelitten. Die Entstehungsgeschichte dieser Feuchtgebiete ist sehr ähnlich der der Albufera de Valencia (s. S. 93). Tonige und lehmige Ablagerungen im Quartär lassen übertretendes Flußwasser und oberirdisch abfließendes Wasser nicht versickern. Je nach Salzgehalt und Tiefe bilden sich unterschiedliche Pflanzengesellschaften aus. Die Vegetation des Gebietes entspricht weitgehend der auf S. 83 beschriebenen.

Am leichtesten zugänglich für Beobachtungen sind die Salinen von Santa Pola, weil mittendurch die stark befahrene Straße N 332 führt. Vom Straßendamm aus sind ganzjährig Flamingos (mehrmals auch Brutversuche), Stelzenläufer (S. 86), Säbelschnäbler, Seeregenpfeifer (S. 76) und sogar Marmelenten zu beobachten. Das Gebiet ist auch wichtiger Brutplatz für Fluß- und Zwergseeschwalbe und bedeutender Rast- und Überwinterungsort für Tausende von Watvögeln.

N 13 Naturpark Pedriza del Manzanares

Die folgenden 3 Gebiete befinden sich in der nächsten Umgebung von Madrid und eignen sich daher gut für kurze Abstecher aus der Hauptstadt. Trotz ihres gewaltigen Wachstums der letzten Jahrzehnte, können rund um Madrid noch erstaunliche Naturbeobachtungen gemacht werden. Das beeindruckendste, aber für Besucher nicht zugängliche Gebiet ist der **Monte El Pardo**, Residenz der spanischen Könige und ehemals königliches Jagdgebiet. Hier leben, keine 30 km vom Stadtzentrum, mehrere Paare Kaiseradler, Mönchsgeier und Schwarzstörche in einem herrlichen ursprünglichen Steineichenwald auf knapp 40 000 ha.

In der nördlich davon gelegenen **Sierra de Guadarrama**, Teil der spanischen Zentralkordillere, entspringt der Manzanares-Fluß. Er fließt durch das Gebiet des El Pardo und weiter durch Madrid, um im Süden in den Jarama und später in den Tajo zu münden. Das Quellgebiet ist zum »**Parque Natural Pedriza del Manzanares**« erklärt worden und weist sehr eindrucksvolle geologische Formationen auf. Das Landschaftsbild ähnelt den Erosionsformationen im Naturpark Torcal de Antequera (S. 185), im Gegensatz zu den dortigen Kalkgesteinen handelt es sich hier jedoch um Granit. Während die skurrilen Formen im Kalkgestein durch Auswaschung bzw. Kalklösung entstanden sind, kommen sie hier durch Verwitterung zustande. Landschaftsprägend sind auch große

Eindrucksvolle Kalksteinfelsen gaben dem Gebiet den Namen »Montserrat« (»gesägter Berg«). Aleppokiefernbestand im Vordergrund (N 9).

Bestände des Zedernwacholders. Der Zugang zum Naturpark erfolgt von Madrid über die C 607 nach Manzanares la Real.

N 14 Dehesas im Westen von Madrid

Etwa 40 km westlich von Madrid, über die N V bis Alcorcon und weiter über die C 501 bis San Martin de Valdeiglesias, kann man bereits einen sehr guten Eindruck der Landschaft der lockeren Steineichenhaine (Dehesas; s. S. 132) erhalten, die für weite Teile des Südwestens Spaniens so charakteristisch sind. Etwa zwischen dem Rio Perales und dem Ort Navas del Rey sollte man öfter anhalten und beobachten: Kaiseradler (S. 159),

Kein spanischer Fluß ist schiffbar; daher blieben die Flüsse, wie hier der Tajo, meist unreguliert.

Nebenreiseziele

Mönchsgeier (S. 147), Rot- und Schwarzmilan, Zwerg- (S. 194) und Schlangenadler
(S. 175), Weißstorch sowie Wiedehopf
(S. 162), Blauelster (S. 134), Rotkopfwürger,
Grauammer, Schwarzkehlchen (S. 24) und
viele weitere Singvogelarten lassen sich
meist gut beobachten.
Ebenfalls von großem naturkundlichen Interesse sind die Gebirgsausläufer der Zentralkordillere zwischen San Martin de Valdeiglesias und El Escorial. Granitfelsen, Steineichenbestände und ausgedehnte Weidegebiete bieten schöne Landschaftsbilder.

N 15 Rio Jarama

Das Gebiet im Südosten von Madrid, zwi-
schen der N III und der N IV, ähnelt mit sei-
nen trockenen Lehm- und Gipsböden einer
Halbwüste. Bebauung, Abfallausbringung
und landwirtschaftliche Erschließung haben
in den letzten Jahren stark zugenommen. In
den unbewirtschafteten Flächen kann man
Thekla- (S. 98) und Kurzzehenlerchen, Triel
(S. 179) und mit Glück auch Flughühner
(S. 98) beobachten.
Durch diese Steppenlandschaft fließen der
Manzanares- und der Jarama-Fluß. Kleine
flußbegleitende Wäldchen aus Weiden,
Eschen und Pappeln geben der grauweißen
Landschaft einige grüne Farbtupfer (S. 219)
und sind u. a. Lebensraum von Pirol und Turteltaube (S. 113). Einen Eindruck der Landschaft erhält man auf der Fahrt von Aranjuez
nach Chinchon und von hier weiter auf den
kleinen Straßen im Nordwesten. Die Straßen
führen allerdings nur selten in Sichtweite des
Flusses vorbei.
Sehr sehenswerte Orte sind der Platz von
Chinchon und die Park- und Schloßanlagen
von Aranjuez.
Nordöstlich des Flughafens von Madrid, zwischen den Orten Belvis de Jarama und Fuente el Saz, sind einige Kiesgruben entstanden. Hier leben Bartmeise, Seiden- (S. 83),
Kuh- (S. 158), Nacht- (S. 94) und Graureiher,
Zwergdommel (S. 85), Uferschwalbe, Eisvogel und mehreren Rohrsängerarten (S. 94).

N 16 Marismas del Odiel

Durch die Interaktion einmündender Flüsse
mit den Gezeitenströmungen des Meeres bilden sich oft periodisch überschwemmte Flächen, aber auch Flußinseln, die eine sehr
hohe biologische Produktivität aufweisen.
Die »Marismas« genannten Überschwemmungsflächen im Übergangsbereich von
Süß- und Salzwasser (s. S. 150 und S. 212)
sind beim Odiel-Fluß besonders großflächig
ausgeprägt und beherbergen eine der wenigen europäischen Löffler-Kolonien. Die Marismas del Odiel sind zwar Naturschutzgebiet (7150 ha), Biosphärenreservat und durch
die Ramsar-Konvention besonders geschützt,
was aber nicht über die vielfältigen Bedrohungen hinwegtäuschen darf: In unmittelbarer Nachbarschaft liegt die Stadt Huelva, mit
einer der größten und luftverschmutzendsten
Schwerindustriezonen Spaniens.
Die Vegetation wird dominiert durch das
Gras *Spartina densiflora* und den Queller
Salicornia ramosissima. Auf der streng geschützten Insel »Isla de Enmedio« brüten
etwa 300 Paare Löffler, mehrere hundert
Paare Seidenreiher (S. 83) sowie Purpur-
(S. 85) und Graureiher. Im Gebiet außerdem
zahlreich Zwergseeschwalben, Stelzenläufer
(S. 86) und Seeregenpfeifer (S. 76). Meist
können auch Flamingos gesehen werden. Zu
den Zugzeiten ist das Gebiet ein ausgezeich-
neter Platz um Fischadler, Raubseeschwal-
ben, Regenbrachvögel und andere Limikolenarten zu beobachten.
Mit dem Auto wird folgende Strecke empfohlen: Von Huelva aus in Richtung Punta Um-
bria über die Brücke des Odiel. Nach der
Brücke links ab, über die Bacuta-Insel, entlang eines Salinengeländes. Man gelangt
dann an eine hohe Brücke, von deren höchstem Punkt aus man nach Westen eine gute
Übersicht über die Enmedio-Insel hat. Mit
guten Ferngläsern sieht man in der Brutzeit
von März bis Juni die weißen Löffler und
Seidenreiher, aber auch Rohrweihen, Kormorane und andere Arten. Die Weiterfahrt
geht über die Saltes-Insel, und dann führt die

Straße auf die schmale Landzunge, die sich über viele Kilometer ins Meer zieht. Zur Vogelbeobachtung reicht es, wenn man einige hundert Meter auf der Landzunge geht. Bereits auf der ganzen Anfahrt sollte man immer wieder anhalten und die Flachwasser-, Salinen- und Sanddünenbereiche mit dem Fernglas absuchen. Ein Eindringen abseits der Straßen ist nicht erlaubt.

N 17 Rio Guadaira/Sevilla

Die Ausfallstraße von Sevilla nach Cadiz (N IV) überquert am Stadtrand den Rio Guadaira, der hier in einem Betonbett kanalisiert ist. Die Umgebung des Gebietes ist insgesamt wenig idyllisch. Es ist aber ein idealer Beobachtungsort für Purpurhühner (S. 154), die bei einem Gang entlang der erhöhten Kanalbegrenzungsmauern (vorzugsweise am westlichen Ufer in südlicher Richtung) bequem und relativ nahe am Schilfgürtel zu sehen sind. Im Schilf brüten außerdem Drosselrohrsänger (S. 94), und meist halten sich auf den Schlammflächen auch diverse Limikolenarten auf.

N 18 Laguna de Medina

Der relativ kleine See südöstlich von Jerez de la Frontera ist Naturschutzgebiet. Die Zufahrt liegt unmittelbar an der Straße nach Medina Sidonia (C 440). Hier brüten seit einigen Jahren wieder Ruderenten (S. 222) und zwischen den Bläßhühnern findet der geduldige und mit gutem Fernrohr ausgestattete Beobachter auch meist ein Kammbläßhuhn. Diese afrikanische Art ist in Südspanien extrem selten. Hier brüten auch Hauben- und Zwergtaucher und es überwintern zahlreiche Enten.

N 19 Lagunas de Zoñar und Rincon

Im Süden der Provinz Cordoba liegen mehrere kleine, abflußlose und z. T. leicht salzhaltige Seen, die 1984 alle unter Naturschutz gestellt wurden. Diese »Lagunas« sind das

Löffler sind selten in Europa und auf wenige Brutkolonien konzentriert. Eine davon findet sich in den Marismas del Odiel (N 16).

Hauptbrutgebiet der Ruderente in Spanien und ein Beispiel für die erfolgreiche Arbeit einer privaten Naturschutzorganisation. Biologen der Universität Cordoba traten an die Öffentlichkeit, als sie 1977 nur noch 22 Exemplare der Ruderente in Spanien zählten. Hauptursachen für den katastrophalen Zusammenbruch der Population war die exzessive Jagd auf alle Entenvögel. Es gelang dem Zusammenschluß »Amigos de la Malvasia« (Freunde der Ruderente), die Unterschutzstellung und Bewachung der Lagunen durchzusetzen und mit etwa 60000 DM Spendengeldern die Laguna del Rincon (S. 222) zu kaufen. Der Bestand hat sich seitdem hervorragend erholt, mehr als 350 Ruderenten leben heute wieder in Südspanien und haben sogar vor Jahrzehnten verwaiste Brutplätze wieder neu besiedelt. 1987 wurden die »Freunde der Ruderente« für ihren Einsatz mit dem europäischen Ford-Naturschutzpreis ausgezeichnet.

Die **Laguna Zoñar** liegt etwa 5 km südwestlich von Aguilar in Richtung Puente Genil. Ein mit einem grünen Schild markierter Weg führt zwischen Oliven rechts ab. Nach knapp 1 km erreicht man eine Eisenbahnbrücke und sieht die Lagune vor sich liegen. Der See ist umgeben von mehrere Meter hohem Spanischem Rohr, so daß man die besten Beobachtungsmöglichkeiten hat, wenn man, auf Seehöhe angekommen, sich an den erhöhten Rand des Weinberges stellt. Leider

Nebenreiseziele

Die Laguna del Rincon wurde zum Schutz der Ruderente (kleines Foto) aufgekauft (N 19).

wurden hier vor wenigen Jahren Graskarpfen ausgesetzt, die die Unterwasservegetation so drastisch reduziert haben, daß die Nahrungsgrundlage für Wasservögel geschmälert ist. Sollten in der östlichen See-Ecke keine Ruderenten zu sehen sein, so fährt man an die **Laguna del Rincon**: Von Aguilar auf der N 331 Richtung Lucena; etwa nach 2 km rechts ab Richtung Moriles. Nach etwa 5 km kommt eine Wegkreuzung; der rechte Weg weist unscheinbar mit einem grünen Schild auf die Laguna del Rincon hin. Etwa 20 Minuten Fußweg führen zur Laguna. Zum Schutz vor wildernden Hunden ist sie eingezäunt; ein Naturschutzwächter begleitet die Besucher zu einer Beobachtungshütte, wo die Ruderenten, oft auch Purpurhühner (S. 154), Hauben- und Zwergtaucher, schön zu beobachten sind.

N 20 Guadalhorce-Mündung

Der Rio Guadalhorce (s. S. 183) mündet zwischen Malaga und Torremolinos ins Meer. Durch die winterlichen Überschwemmungen bilden sich kleine Süß- und Brackwasserseen. Trotz vieler negativer Faktoren, wie z. B. Schuttplätze und Störungen durch Mopedfahrer und Ausflügler, ist das Gebiet, besonders in den Vogelzugzeiten, gut für die Beobachtung von Sumpf- und Wasservögeln. Sehr häufig hört man Cisten- sowie Seiden- und Drosselrohrsänger (S. 94). An den kleinen, völlig verdreckten Tümpeln, stürzen sich bei Annäherung Dutzende von Kaspischen Wasserschildkröten (S. 131) ins Wasser, wo auch Seefrösche und Vipernnattern häufig sind. Unmittelbar am Fluß ist eine Kreuzung an der autobahnähnlich ausgebauten N 340. Von Süden kommend fährt man hier rechts ab, die Straße führt in einer Unterführung auf die andere Straßenseite der N 340. Vor dieser Unterführung geht aber bereits in der Kurve ein Fußweg rechts ab (hier muß man auch parken), vorbei an einem Tor mit der Aufschrift »Finca La Isla«. Der Weg führt zunächst durch Zuckerrohrfelder; man folgt ihm bis zum Meer (knapp 1 km) und kann auf mehreren Seitenwegen im Gelände beobachten.

Reiseplanung

Spanien ist ein unkompliziert und einfach zu bereisendes Land; die nachfolgenden Hinweise können daher kurz gehalten werden und beschränken sich auf das Wesentliche.

Vor der Reise

Kostenlose Prospekte vieler spanischer Regionen sowie Anschriften, manche Karten usw. sind bei den folgenden **Spanischen Fremdenverkehrsämtern** erhältlich:
- ▷ 6000 Frankfurt/M. 1, Allerheiligentor 2–4, Tel. 0 69-72 50 33 und 72 50 38;
- ▷ 8000 München 2, Oberanger 6, Tel. 0 89-2 60 95 70;
- ▷ 4000 Düsseldorf, Graf-Adolf-Str. 81, Tel. 02 11-37 04 67;
- ▷ A-1010 Wien, Rotenturmstr. 27, Tel. 02 22-5 35 31 91;
- ▷ CH-8008 Zürich, Seefeldstr. 19, Tel. 01-2 52 79 31.

Einreise, Zollbestimmungen, Devisen
Reisende aus EG-Ländern, Österreich und der Schweiz benötigen nur den Personalausweis. Es gelten die international üblichen Zollbestimmungen. Weitere Vereinfachungen und Vereinheitlichungen werden mit der Schaffung des Gemeinsamen Marktes ab 1993 kommen.
Währung ist die Peseta. Der Wechselkurs ist seit einigen Jahren sehr stabil, die Inflation nicht übermäßig hoch. Mitte 1990 zahlt man für 100 Peseten 1,62 DM. Es ist praktisch gleichgültig, ob man im Herkunftsland oder erst in Spanien umtauscht; Kreditkarten werden fast überall akzeptiert; auch Euroschecks und das Postsparbuch vereinfachen den Zahlungsverkehr.

Gesundheit
Besondere Impfungen sind nicht nötig oder vorgeschrieben.

Die Guadalhorce-Mündung bei Malaga ist besonders zu den Zugzeiten ein ergiebiger Vogelbeobachtungsplatz (N 20).

Da mit Deutschland, Österreich und der Schweiz ein Krankenscheinabkommen besteht, empfiehlt sich die Mitnahme eines Auslandskrankenscheines (bei der Krankenkasse des Versicherten erhältlich). Dieser wird vor Ort bei der »Seguridad Social« vorgelegt und problemlos anerkannt.

Das ärztliche Versorgungssystem in Spanien ist recht gut, auch in den meisten abgelegenen Dörfern findet sich immer ein Arzt und eine Apotheke.

Sonnenschutz ist wegen der hohen Strahlungsintensität in fast allen Jahreszeiten angeraten. Entlang den Straßen in Gebirgsgegenden findet man gelegentlich gefaßte Wasserquellen. Das Wasser ist hier von hoher Qualität und kann bedenkenlos getrunken werden. Auch Leitungswasser ist trinkbar, jedoch durch starken Chlorzusatz meist wenig schmackhaft.

Anreise

Flugzeug: Die Flugverbindungen von Mitteleuropa nach Spanien sind überdurchschnittlich gut; neben Iberia und Lufthansa fliegen unzählige Charterfluggesellschaften nach Spanien. Jedes Reisebüro hält Angebote aller Tarifstufen bereit.

Bahn: Viel schlechter als mit dem Flugzeug ist Spanien mit der Bahn zu erreichen. Die schnellsten und bequemsten Verbindungen gehen über Paris; von Deutschland aus fährt nur 1 Zug täglich nach Port Bou an der französisch-spanischen Mittelmeergrenze. An der Grenze müssen die Achsen der größeren Spurweite der spanischen Eisenbahn angepaßt werden; heute ist dies jedoch in Minutenschnelle geschehen und erfordert kein Umsteigen der Passagiere mehr.

Linienbus: Ab vielen deutschen Städten verkehren Busse der Deutschen Touring GmbH (Europabus) in viele spanische Regionen. Auskünfte erteilt jedes Reisebüro.

PKW: Das Autobahnnetz in Frankreich ist mittlerweile sehr gut ausgebaut, so daß man auf guten Straßen (allerdings gegen entsprechende Gebühren) anreisen kann.

Reisen im Land

Flugzeug

Die innerspanischen Flugverbindungen werden von Iberia und Aviaco bedient. Die Größe des Landes, das nicht sehr dichte Bahn- und auch Straßennetz und die relativ niedrigen Preise machen das Flugzeug zu einem beliebten Transportmittel. Die Flugfrequenz und das Streckennetz sind recht gut, eine Vorausbuchung empfiehlt sich wegen der hohen Auslastung immer.

Bahn

Wer genügend Zeit hat, sollte mit der Bahn durchs Land reisen. Das Streckennetz der RENFE ist zwar gering, die durch die Gebirgstopographie bedingten Umwege manchmal beeindruckend, aber man sieht auch viel vom Land. Zudem ist das Reisen mit Bahn oder Bus recht umweltschonend. Die Züge selbst sind relativ sauber, pünktlich und preiswert. Für Langstreckenzüge sind Reservierungen erforderlich.

Die ersten spanischen Eisenbahnstrecken zu Beginn des Jahrhunderts wurden nicht zur Personenbeförderung erdacht, sondern sollten den Viehtransport von den Sommer- zu den Winterweiden und umgekehrt erleichtern (s. S. 119).

Gegenwärtig sind Hochgeschwindigkeitstrassen im Bau, die schon 1993 Madrid mit Sevilla und bald Madrid mit Barcelona und mit den französischen Trassen verbinden.

Bus

Private Busgesellschaften verbinden die größeren Städte des Landes miteinander. Informationen erhält man jeweils an der »Estación de Autobuses«. Der Nahverkehr außerhalb der Städte ist dürftig.

Privatauto

Das Straßennetz in Spanien ist mittlerweile sehr gut. Praktisch alle Nationalstraßen werden bis 1993 vierspurig ausgebaut sein. Abseits dieser vielbefahrenen Straßen, auf den kleinen Landstraßen (die jedoch auch in

Die ausgewaschenen Steilwände im Naturpark Cañon del Rio Lobos sind ein hervorragender Brutplatz für Gänsegeier (s. S. 115).

meist gutem Zustand sind), ist ein beschauliches Fahren ohne viel Verkehr möglich. Das Tankstellen- und Werkstättennetz ist ausreichend; bleifreies Benzin ist jedoch noch nicht flächendeckend erhältlich. Den jeweils aktuellen Stand kann man beim ADAC erfragen. Die wenigen Autobahnen des Landes sind gebührenpflichtig.

Mietwagen

Die internationalen Mietwagenfirmen sind in allen größeren Städten vertreten. Besonders in den touristisch gut erschlossenen Orten an der Costa del Sol ist darüber hinaus ein vielfältiges Angebot durch örtliche Firmen gegeben. Diese sind viel billiger und die Autos trotzdem in gutem Zustand.

Fahrräder

Wer mit dem eigenen Fahrrad durch Spanien fahren will, sollte sich über die gebirgige Topographie des Landes im klaren sein und die Routen so legen, daß möglichst keine Nationalstraßen befahren werden müssen. Hier ist der Verkehr sehr hoch.

Organisierte Reisen

Naturkundliche Studienreisen nach Spanien werden von mehreren Veranstaltern angeboten. Der Autor z. B. führt seit über 10 Jahren solche Reisen und hat sie für verschiedene Veranstalter ausgearbeitet. Gegenüber einer Individualreise ermöglicht eine gut konzipierte, kompetent geleitete und mit nicht zu vielen Teilnehmern belegte Studienreise meist eine höhere »Ausbeute« an naturkundlichen Beobachtungen. Auf bequeme und gesellige Art wird der Reisende auf alles Sehenswerte hingewiesen, es wird keine Zeit mit dem Auffinden der Beobachtungsplätze verloren und der Reiseleiter kann viele bereichernde Hintergrundinformationen geben. Nachteile bei einer Gruppenreise empfinden vor allem »Individualisten«; sie werden aber auch dann schnell sichtbar, wenn der Reiseleiter oder die Organisation nicht den spezifischen Bedürfnissen der Zielgruppe gerecht werden. Der Autor ist gerne bereit, den interessierten Reisenden hier zu beraten (Anfragen über den Verlag).

Sonstiges

Unterkunft

Entlang den Küsten und in den Städten sind Unterkünfte aller Art ausreichend vorhanden. In den ländlichen Regionen findet man zunehmend auch in kleineren Orten Pensionen. Die Vermietung von Privatquartieren ist allerdings in Spanien im allgemeinen nicht üblich.

Bei den spanischen Fremdenverkehrsämtern ist eine Karte erhältlich, in die alle Campingplätze eingetragen sind. Außerhalb von Campingplätzen ist Zelten verboten.

Essen und Trinken

Das Frühstück in spanischen Hotels ist immer noch sehr einfach und meist nicht im Übernachtungspreis eingeschlossen. Man geht daher am besten in die nächste Bar (davon gibt es in Spanien Zehntausende) zum Frühstücken.

Die Zeiten für Mittag- und Abendessen liegen für mitteleuropäische Verhältnisse sehr spät. Restaurants haben gewöhnlich von 14–16.30 Uhr und von 21–24 Uhr geöffnet. In den touristisch erschlossenen Gebieten haben sich viele Restaurants jedoch an die »üblichen« Zeiten etwas angepaßt.

Eine überaus geschätzte spanische Sitte sind die »Tapas«, kleine Häppchen, die zu einem Glas Wein oder Bier zu allen Tageszeiten an der Theke einer Bar genossen werden. Die Bar ist somit idealer Treffpunkt und Kommunikationszentrum für alle sozialen Schichten.

Öffnungszeiten

Die Läden sind meist von 9–14 Uhr und von 17–20 Uhr geöffnet. Im Sommer auch oft länger.

Behörden und Banken haben meist nur von 9–14 Uhr geöffnet.

Zeit

In Spanien gilt die mitteleuropäische Zeit, obwohl das Land von seiner geographischen Lage her eigentlich in der westeuropäischen Zeitzone liegt.

Telefon

Von jeder Telefonzelle kann man auch internationale Gespräche führen (25- oder 100-Peseten-Münzen). Wählen Sie 07 (einen hohen Ton abwarten), anschließend 49 (für die Bundesrepublik), dann Ortsnetzkennzahl (ohne die Null) und die Rufnummer.

Sicherheit

Spanien ist nach wie vor ein sicheres Land, in dem sich jeder ohne Furcht bewegen kann. Diese im ganz überwiegenden Teil des Landes gültige Aussage, gilt für die großen Städte und die touristischen Hochburgen leider nur noch eingeschränkt. Handtaschenraub und Einbruch in Autos (besonders wenn Autoradios und andere Gegenstände sichtbar sind) nehmen hier zu.

Verhalten in der Natur

Ein verantwortliches Handeln, nicht nur in Naturschutzgebieten, muß immer Priorität gegenüber Individualinteressen haben. Besonders wichtig ist die Beachtung der folgenden Hinweise:

☐ Tiere und Pflanzen dürfen nicht gestört, gefangen oder gepflückt werden. Beobachten und fotografieren an Vogelnestern ist verboten.

☐ Besonders in Süd- und Westspanien sind die Großgrundbesitzungen praktisch alle eingezäunt oder mit Steinmauern umgeben. Es ist streng verboten, die Grundstücke zu betreten; selbstverständlich gilt dies auch für alle anderen Absperrungen.

☐ Von Gewässerufern und Steilwänden im Gebirge ist Abstand zu halten, da hier oft Bruten seltener Vögel gestört werden.

☐ Wildes Campen ist verboten; Feuerstellen und Zigaretten sind oft Ursache für verheerende Landschaftsbrände.

☐ Abfälle gehören nicht in die Landschaft (auch wenn frühere Besucher dies offensichtlich nicht gewußt haben).

☐ Nur die vorhandenen Straßen und Wege benutzen; ein Querfeldeinfahren und -laufen kann großen Schaden bei Tieren und Pflanzen anrichten.

Anhang

Landkarten, Wanderkarten

Um die in diesem Buch beschriebenen Gebiete zu bereisen sind keine Spezialkarten notwendig. Es reicht aber auch nicht, nur eine kleinmaßstäbige Straßenkarte mit sich zu führen. Hervorragend geeignet sind die Regionalkarten aus dem RV-Verlag (1 : 300000) und von Michelin (1 : 400000). Die Karten im Buch zeigen nur nötige Ergänzungen, Grundlage sind immer die o. g. Landkarten.

Es gibt topographische Militärkarten im Maßstab 1 : 50000, die in guten Buchhandlungen zu bestellen sind. Notwendig sind sie für die hier angesprochenen Zwecke nicht.

Für einige Gebiete der Pyrenäen und der Sierra de Gredos gibt es Wanderkarten der »Editorial Alpina«. Sie sind über gute Buchhandlungen zu bestellen oder in den Dörfern vor Ort zu kaufen.

Literaturempfehlungen

ARNOLD, E. N. & J. A. BURTON (1979): Pareys Reptilien- und Amphibienführer Europas. Hamburg und Berlin.

BAUMANN, H. & S. KÜNKELE (1988): Die Orchideen Europas. Stuttgart.

BRENAN, G. (1978): Die Geschichte Spaniens. Berlin.

VAN DEN BRINK, F. H. (1975): Die Säugetiere Europas. Hamburg und Berlin.

C. S. I. C. (Hrsg.) (1986 u. 1990): Flora Iberica, Bd. I u. II. Madrid.

FERGUSON-LEES, J. & I. WILLIS (1987): Vögel Mitteleuropas. München, Wien, Zürich.

GÉNSBØL, B. & W. THIEDE (1991): Greifvögel. München, Wien, Zürich.

GREY-WILSON, C. & M. BLAMEY (1980): Pareys Bergblumenbuch. Hamburg und Berlin.

HIGGINS, L. G. & N. D. RILEY (1978): Die Tagfalter Europas und Nordwestafrikas. Hamburg und Berlin.

ICBP PUBLICATION NO. 9 (1989): Important Bird Areas in Europe. Cambridge.

LAUTENSACH, H. (1964): Iberische Halbinsel. München.

MOUNTFORT, G. (1968): Portrait of a Wilderness. Newton Abbot.

MUNTANER, J., X. FERRER & A. MARTINEZ-VILALTA (1984): Atlas dell ocells nidificants de Catalunya i Andorra. Barcelona.

PETERSON, MOUNTFORT & HOLLOM (1985): Die Vögel Europas. Hamburg und Berlin.

POLUNIN, O. (1984): Bäume und Sträucher Europas. München, Wien, Zürich.

POLUNIN, O. & B. E. SMYTHIES (1973): Flowers of South-West Europe, a field guide. London.

PORTER, R. F., I. WILLIS, S. CHRISTENSEN, B. P. NIELSEN (1976): Flight Identification of European Raptors. Berkhamstedt.

QUERCUS (Revista de Observación, Estudio y Defensa de la Naturaleza). Monatszeitschrift. Madrid.

RIEDL, R. (1983): Fauna und Flora des Mittelmeers. Hamburg und Berlin.

SCHILLING, D., D. SINGER & H. DILLER (1983): Säugetiere. München, Wien, Zürich.

Schönfelder, I. u. P. (1990): Die Kosmos-Mittelmeerflora. Stuttgart.

SOCIEDAD ESPAÑOLA DE ORNITOLOGIA. Publ.: Ardeola und La Garcilla.

STEINBACH, G. (Hrsg.) (1986): Pflanzen des Mittelmeerraums. München.

Wörterbuch
Deutsch / Latein

Wirbellose
Apollo-Falter / Parnassius apollo ssp.

Blaue Holzbiene / Xylocopa violacea

Bläuling / Plebicula sp.

Einsiedlerkrebs / Eupagurus bernardus

Erdbeerbaumfalter / Charaxes jasius

Felsenkrabbe / Pachygrapsus marmoratus

Gottesanbeterin / Mantis sp., Empusa sp.

Hornkoralle (Gorgonie) / Paramuricea clavata

Hundertfüßer / Scolopender sp.

Languste / Palinurus elephas

Miesmuschel / Mytilus galloprovincialis

Napfschnecke / Patella aspera

Ölkäfer / Fam. Meloidae

Osterluzeifalter / Zerynthia rumina

Pferdeaktinie / Actina equina

Pinienprozessionsspinner / Thaumetopoea pityocampa

Rote Edelkoralle / Corallium rubrum

Roter Amerikanischer Flußkrebs / Procambarus clarki

Salzkrebs / Artemia salina

Schmetterlingshaft / Ascalaphus sp.

Schwalbenschwanz / Papilio machaon

Seeigel / Paracentrotus lividus, Arbacia lixula

Seescheide / Clavellina lepadiformis

Segelfalter / Iphiclides podalirius

Skorpion / Buthus occitanus, Euscorpius flavicaudis

Tarantel / Tarantella striatipes

Turbanschnecke / Monodonta turbinata

Wespenspinne / Argiope bruennichi

Fische, Amphibien, Reptilien
Aal / Anguilla anguilla

Algerischer Sandläufer / Psammodromus algirus

Aspisviper / Vipera aspis

Barbe / Barbus sp.

Blindschleiche / Anguis fragilis

Bocages Mauereidechse / Podarcis bocagei

Eidechsennatter / Malpolon monspessulanus

Erdkröte / Bufo bufo

Erzschleiche / Chalcides chalcides

Europäische Sumpfschildkröte / Emys orbicularis

Europäischer Fransenfinger / Acanthodactylus erythrurus

Europäischer Halbfinger / Hemidactylus turcicus

Fadenmolch / Triturus helveticus

Feuersalamander / Salamandra salamandra

Forelle / Salmo trutta

Gambusie / Gambusia affinis

Geburtshelferkröte / Alytes obstetricans

Gelbgrüne Zornnatter / Coluber viridiflavus

Gemalter Scheibenzüngler / Discoglossus pictus

Girondische Schlingnatter / Coronella girondica

Goldbrasse / Sparus aurata

Grasfrosch / Rana temporaria

Graskarpfen / Ctenopharyngodon idella

Griechische Landschildkröte / Testudo hermanni

Hecht / Esox lucius

Hufeisennatter / Coluber hippocrepis

Hundsbarbe / Barbus meridionalis

Iberische Gebirgseidechse / Lacerta monticola

Iberische Geburtshelferkröte / Alytes cisternasii

Iberische Smaragdeidechse / Lacerta schreiberi

Kapuzennatter / Macroprotodon cucullatus

Karpfen / Cyprinus carpio

Kaspische Wasserschildkröte / Mauremys caspica

Kreuzkröte / Bufo calamita

Kreuzotter / Vipera berus

Lachs / Salmo salar

Laubfrosch / Hyla arborea

Lederschildkröte / Dermochelys coriacea

Marmormolch / Triturus marmoratus

Mauereidechse / Podarcis muralis

Mauergecko / Tarentola mauritanica

Maurische Landschildkröte / Testudo graeca

Meeräsche / Mugil cephalus

Meergrundeln / Fam. Gobiidae

Meersau / Scorpaena scrofa

Messerfuß / Pelobates cultripes

Mittelmeer-Laubfrosch / Hyla meridionalis

Perleidechse / Lacerta lepida

Pyrenäen-Gebirgsmolch / Euproctes asper

Ringelnatter / Natrix natrix

Schleimfische / Fam. Blennioidea

Schlingnatter / Coronella austriaca

Schriftbarsch / Serranus scriba

Seeaal / Conger conger

Seefrosch / Rana ridibunda

Smaragdeidechse / Lacerta viridis

Spanienkärpfling / Aphanius iberus

Spanische Kieleidechse / Algyroides marchi

Spanische Mauereidechse / Podarcis hispanica

Spanischer Braunfrosch / Rana iberica

Spanischer Rippenmolch / Pleurodeles waltl

Spanischer Sandläufer / Psammodromus hispanicus

Spanischer Walzenskink / Chalcides bedriagai

Spanischer Wassermolch / Triturus boscai

Stör / Acipenser sturio

Stülpnasenotter / Vipera latasti

Treppennatter / Elaphe scalaris

Unechte Karettschildkröte / Caretta caretta

Valenciakärpfling / Valencia hispanica

Vipernnatter / Natrix maura

Zackenbarsch / Fam. Serranidae

Zauneidechse / Lacerta agilis

Vögel
Alpenbraunelle / Prunella collaris

Alpendohle / Pyrrhocorax graculus

Alpenkrähe / Pyrrhocorax pyrrhocorax

Alpensegler / Apus melba

Auerhuhn / Tetrao urogallus

Bachstelze / Motacilla alba

Bartgeier / Gypaetus barbatus

Bartmeise / Panurus biarmicus

Baumfalke / Falco subbuteo

Baumpieper / Anthus trivialis

Baßtölpel / Sula bassana

Berglaubsänger / Phylloscopus bonelli

Bienenfresser / Merops apiaster

Bläßhuhn / Fulica atra

Blauelster / Cyanopica cyaneus

Blaukehlchen / Luscinia svecica

Blaumerle / Monticola solitarius

Blauracke / Coracias garrulus

Brachpieper / Anthus campestris

Brachschwalbe / Glareola pratincola

Brachvogel / Numenius arquata

Brandseeschwalbe / Sterna sandvicensis

Braunkehlchen / Saxicola rubetra

Brillengrasmücke / Sylvia conspicillata

Cistensänger / Cisticola juncidis

Dohle / Corvus monedula

Dreizehenmöwe / Rissa tridactyla

Drosselrohrsänger / Acrocephalus arundinaceus

Dunkler Sturmtaucher / Puffinus griseus

Dünnschnabelmöwe / Larus genei

Dupontlerche / Chersophilus duponti

Einfarbstar / Sturnus unicolor

Eisvogel / Alcedo atthis

Elster / Pica pica

Fahlsegler / Apus pallidus

Feldlerche / Alauda arvensis

Felsenschwalbe / Ptyonoprogne rupestris

Felsentaube / Columba livia

Fichtenkreuzschnabel / Loxia curvirostra

Fischadler / Pandion haliaetus

Flamingo / Phoenicopterus ruber

Flußseeschwalbe / Sterna hirundo

Gänsegeier / Gyps fulvus

Gartenbaumläufer / Certhia brachydactyla

Gebirgsstelze / Motacilla cinerea

Gelbschnabelsturmtaucher / Calonectris diomedea

Gimpel / Pyrrhula pyrrhula

Gleitaar / Elanus caeruleus

Goldregenpfeifer / Pluvialis apricaria

Grauammer / Emberiza calandra

Graugans / Anser anser

Graureiher / Ardea cinerea

Grauspecht / Picus canus

Großer Sturmtaucher / Puffinus gravis

Großtrappe / Otis tarda

Grünspecht / Picus viridis

Habicht / Accipiter gentilis

Habichtsadler / Hieraaetus fasciatus

Häherkuckuck / Clamator glandarius

Hänfling / Acanthis cannabina

Haubenlerche / Galerida cristata

Haubentaucher / Podiceps cristatus

Hausrotschwanz / Phoenicurus ochruros

Heckenbraunelle / Prunella modularis

Heckensänger / Cercotrichas galactotes

Heidelerche / Lullula arborea

Heringsmöwe / Larus fuscus

Hohltaube / Columba oenas

Kaiseradler, Spanischer / Aquila heliaca adalberti

Kalanderlerche / Melanocorypha calandra

Kammbläßhuhn / Fulica cristata

Kiebitz / Vanellus vanellus

Kiebitzregenpfeifer / Pluvialis squatarola

Klappergrasmücke / Sylvia curruca

Kleiber / Sitta europea

Knäkente / Anas querquedula

Kolbenente / Netta rufina

Kolkrabe / Corvus corax

Korallenmöwe / Larus audouinii

Kormoran / Phalacrocorax carbo

Kornweihe / Circus cyaneus

Krähenscharbe / Phalacrocorax aristotelis

Kranich / Grus grus

Krickente / Anas crecca

Kuckuck / Cuculus canorus

Kuhreiher / Bubulcus ibis

Kurzzehenlerche / Calandrella brachydactyla

Lachmöwe / Larus ridibundus

Lachseeschwalbe / Gelochelidon nilotica

Löffelente / Anas clypeata
Löffler / Platalea leucorodia

Mariskensänger / Acrocephalus melanopogon
Marmelente / Mamaronetta angustirostris
Mauerläufer / Tichodroma muraria
Mauersegler / Apus apus
Mäusebussard / Buteo buteo
Mehlschwalbe / Delichon urbica
Mittelmeersteinschmätzer / Oenanthe hispanica
Mönchsgeier / Aegypius monachus
Mönchsgrasmücke / Sylvia atricapilla
Mornellregenpfeifer / Eudromias morinellus

Nachtreiher / Nycticorax nycticorax
Neuntöter / Lanius collurio

Orpheusgrasmücke / Sylvia hortensis
Orpheusspötter / Hippolais polyglotta
Ortolan / Emberiza hortulana

Pfeifente / Anas penelope
Pfuhlschnepfe / Limosa lapponica
Pirol / Oriolus oriolus
Prachttaucher / Gavia arctica
Provencegrasmücke / Sylvia undata
Purpurhuhn / Porphyrio porphyrio
Purpurreiher / Ardea purpurea

Rabenkrähe / Corvus corone
Rallenreiher / Ardeola ralloides
Raubseeschwalbe / Hydroprogne caspia
Raubwürger / Lanius excubitor
Rauchschwalbe / Hirundo rustica
Rauhfußkauz / Aegolius funereus
Rebhuhn / Perdix perdix
Regenbrachvogel / Numenius phaeopus
Ringdrossel / Turdus torquatus
Rohrdommel / Botaurus stellaris
Rohrschwirl / Locustella luscinoides
Rohrweihe / Circus aeroginosus
Rötelfalke / Falco naumanni
Rötelschwalbe / Hirundo daurica
Rotfußfalke / Falco vespertinus
Rothalsziegenmelker / Caprimulgus ruficollis
Rothuhn / Alectoris rufa
Rotkehlchen / Erithacus rubecula
Rotkopfwürger / Lanius senator
Rotmilan / Milvus milvus
Rotschenkel / Tringa totanus
Ruderente / Oxyura leucocephala
Rüppellseeschwalbe / Sterna bengalensis

Säbelschnäbler / Recurvirostra avosetta
Samtkopfgrasmücke / Sylvia melanocephala
Sandflughuhn / Pterocles orientalis
Sardengrasmücke / Sylvia sarda
Schafstelze / Motacilla flava
Schlangenadler / Circaetus gallicus
Schmutzgeier / Neophron percnopterus
Schnatterente / Anas strepera
Schneefink / Montifringilla nivalis
Schneehuhn / Lagopus mutus
Schwarzhalstaucher / Podiceps nigricollis
Schwarzkehlchen / Saxicola torquata
Schwarzmilan / Milvus migrans
Schwarzschnabelsturmtaucher / Puffinus
  puffinus
Schwarzspecht / Dryocopus martius
Schwarzstirnwürger / Lanius minor
Schwarzstorch / Ciconia nigra
Seeregenpfeifer / Charadrius alexandrinus
Seidenreiher / Egretta garzetta
Seidensänger / Cettia cetti
Spießente / Anas acuta
Spießflughuhn / Pterocles alchata
Steinadler / Aquila chrysaetos

Steinkauz / Athene noctua
Steinrötel / Monticola saxatilis
Steinschmätzer / Oenanthe oenanthe
Steinsperling / Petronia petronia
Stelzenläufer / Himantopus himantopus
Sterntaucher / Gavia stellata
Stockente / Anas platyrhynchos
Stummellerche / Calandrella rufescens
Sumpfmeise / Parus palustris

Tafelente / Aythya ferina
Tannenmeise / Parus ater
Teichrohrsänger / Acrocephalus scirpaceus
Theklalerche / Galerida theklae
Tordalk / Alca torda
Trauerente / Melanitta nigra
Trauersteinschmätzer / Oenanthe leucura
Triel / Burhinus oedicnemus
Trottellumme / Uria aalge
Turmfalke / Falco tinnunculus
Turteltaube / Streptopelia turtur

Uferschnepfe / Limosa limosa
Uferschwalbe / Riparia riparia
Uhu / Bubo bubo

Wachtel / Coturnix coturnix
Waldlaubsänger / Phylloscopus sibilatrix
Wanderfalke / Falco peregrinus
Wasseramsel / Cinclus cinclus
Wasserpieper / Anthus spinoletta
Weißbartgrasmücke / Sylvia cantillans
Weißbartseeschwalbe / Chlidonias hybrida
Weißkopfmöwe / Larus cachinnans
Weißstorch / Ciconia ciconia
Wespenbussard / Pernis apivorus
Wiedehopf / Upupa epops
Wiesenpieper / Anthus pratensis
Wiesenweihe / Circus pygargus
Wüstengimpel / Bucanetes githagineus

Zaunammer / Emberiza cirlus
Zaunkönig / Troglodytes troglodytes
Zilpzalp / Phylloscopus collybita
Zippammer / Emberiza cia
Zitronengirlitz / Serinus citrinella
Zwergadler / Hieraaetus pennatus
Zwergdommel / Ixobrychus minutus
Zwergohreule / Otus scops
Zwergseeschwalbe / Sterna albifrons
Zwergtaucher / Tachybaptus ruficollis
Zwergtrappe / Tetrax tetrax

Säugetiere
Alpenmurmeltier / Marmota marmota
Asturcon-Pferd / Equus caballus

Berberaffe / Macaca sylvana
Braunbär / Ursus arctos

Dachs / Meles meles
Damwild / Dama dama

Feldhase / Lepus europaeus
Finnwal / Balaenoptera physalus
Fischotter / Lutra lutra
Fuchs / Vulpes vulpes

Gemse / Rupicapra rupicapra
Ginsterkatze / Genetta genetta
Großtümmler / Tursiops truncatus

Kaninchen / Oryctolagus cuniculus

Manguste / Herpestes ichneumon
Mönchsrobbe / Monachus monachus
Mufflon / Ovis musimon

Pardelluchs / Lynx pardina
Pyrenäen-Desman / Desmana pyrenaica

Reh / Capreolus capreolus
Rotwild / Cervus elaphus

Steinbock / Capra ibex ssp.

Westschermaus / Arvicola sapidus
Wildkatze / Felis silvestris
Wildschwein / Sus scrofa
Wolf / Canis lupus

Zwergfledermaus / Pipistrellus pipistrellus

Pflanzen
Adlerfarn / Pteridium aquifolium
Aleppokiefer / Pinus halepensis
Alpen-Leinkraut / Linaria alpina
Alpenglöckchen / Soldanella alpina
Armleuchteralge / Chara sp.
Arve / Pinus cembra
Atlas-Ragwurz / Ophrys atlantica

Bärentraube / Arctostaphylos uva-ursi
Baumheide / Erica arborea
Baumwolle / Gossypium sp.
Behaarte Spatenzunge / Thymelea hirsuta
Beifuß / Artemisia sp.
Berberitze / Berberis sp.
Bergahorn / Acer pseudoplatanus
Bergkiefer / Pinus mugo
Besenheide / Erica scoparia
Bienenragwurz / Ophrys apifera
Binse / Juncus sp.
Binsenlilie / Aphyllanthes monspeliensis
Birke / Betula alnus
Blauer Lein / Linum narbonense
Blauer Stachelginster / Erinacea anthyllis
Blaustern / Scilla sp.
Brandknabenkraut / Orchis ustulata
Brandkraut / Phlomis sp.
Braune Ragwurz / Ophrys fusca
Braunrote Stendelwurz / Epipactis atrorubens
Breitblättrige Steinlinde / Phyllrea latifolia
Buche / Fagus sylvatica
Buchsbaum / Buxus sempervirens
Buschwindröschen / Anemone nemorosa

Cazorla-Veilchen / Viola cazorlensis

Dattelpalme / Phoenix dactylifera
Dichternarzisse / Narcissus poeticus
Dingel / Limodorum abortivum
Diptam / Dictamnus albus
Dornginster / Calicotome sp.
Dreizähniges Knabenkraut / Orchis tridentata
Drüsenginster / Adenocarpus decorticans
Dunkler Fingerhut / Digitalis obscura

Echter Lavendel / Lavandula angustifolia
Edelkastanie / Castanea sativa
Efeu / Hedera helix
Eibe / Taxus baccata
Eiche / Quercus sp.
Enzian / Gentiana sp.
Erdbeerbaum / Arbutus unedo
Erle / Alnus sp.
Esche / Fraxinus excelsior
Espartogras / Lygeum spartum
Eukalypten / Eucalyptus sp.

Feigenkaktus / Opuntia ficus-indica
Feldahorn / Acer campstre
Feldulme / Ulmus minor
Fichte / Picea abies
Flechten / Lichenes
Französische Zistrose / Cistus monspeliensis
Französischer Ahorn / Acer monspessulanum
Frühlings-Meerzwiebel / Scilla verna
Frühlingsenzian / Gentiana verna

229

Gamander / Teucrium sp.
Geflecktes Sandröschen / Tuberaria guttata
Geflügelter Strandflieder / Limonium sinuatum
Geißklee / Cytisus sp.
Gelber Hauhechel / Ononis natrix
Gelbe Narzisse / Narcissus pseudonarcissus
Gelbe Pyrenäenlilie / Lilium pyrenaicum
Gelbe Ragwurz / Ophrys lutea
Gelbe Schwertlilie / Iris pseudacorus
Gelbe Teichrose / Nuphar lutea
Gelbe Zistrose / Halimium halimifolium
Gelbes Windröschen / Anemone ranunculoides
Ginster / Genista sp.
Gipskraut / Gypsophyla sp.
Gliedermelde / Arthrocnemum glaucum
Grasnelke / Armeria sp.
Großblütiges Fettkraut / Pinguicola grandiflora
Große Wachsblume / Cerinthe major

Hahnenfuß / Ranunculus sp.
Hakenkiefer / Pinus uncinata
Halfagras / Stipa tenacissima
Haselnuß / Coryllus avellana
Hauswurz / Sempervivum sp.
Heckenkirsche / Lonicera sp.
Heckenrose / Rosa sp.
Heide / Erica sp.
Heidekraut / Calluna vulgaris
Heidelbeere / Vaccinium myrtillus
Heideröschen / Daphne cneorum
Helmknabenkraut / Orchis militaris
Herbst-Seidelbast / Daphne gnidium
Holunder-Knabenkraut / Dactylorhiza
  sambucina
Hornblatt / Ceratophyllum demersum
Hornklee / Lotus sp.
Hundsrose / Rosa canina
Hundszahnlilie / Erythronium dens-canis

Igeltanne / Abies pinsapo
Irische Heide / Daboecia cantabrica

Johannisbrotbaum / Ceratonia siliqua

Kalkalgen / Lythophyllum sp.
Kermeseiche / Quercus coccifera
Kiefer / Pinus sp.
Kirsche / Prunus avium
Kleinblütiger Stechginster / Ulex parviflorus
Knotenblume / Leucojum sp.
Korkeiche / Quercus suber
Kriechendes Netzblatt / Goodyera repens
Krokus / Crocus sp.
Küchenschelle / Pulsatilla sp.

Lackzistrose / Cistus ladanifer
Laichkraut / Potamogeton sp.
Lärche / Larix decidua
Leimkraut / Silene sp.
Leinkraut / Linaria sp.
Lorbeer / Laurus nobilis
Lorbeer-Schneeball / Viburnum tinus
Lorbeer-Seidelbast / Daphne laureola
Löwenmaul / Antirrhinum sp.
Lungenkraut / Pulmonaria officinalis
Lupine / Lupinus sp.

Malteserschwamm / Cynomorium coccineum
Mandelbaum / Amygdalus communis
Mannsknabenkraut / Orchis mascula hispanica
Mannstreu / Eryngium sp.
Marseille-Tragant / Astragalus massiliensis
Mastixstrauch / Pistacia lentiscus
Mauerpfeffer / Sedum sp., Sempervivum sp.
Meer-Narzisse / Pancratium maritimum
Mehlprimel / Primula farinosa
Mittags-Schwertlilie / Iris sisyrinchium

Mittagsblume / Carpobrotus acinaciformis
Mohn / Papaver sp.
Myrte / Myrtus communis

Narzisse / Narcissus sp.
Natternkopf / Echium sp.
Nelke / Dianthus sp.
Neptunsgras / Posidonia oceanica

Oleander / Nerium oleander
Olivenbaum / Olea europea
Osterluzei / Aristolochia sp.

Pfingstrose / Paeonia sp.
Phönizischer Wacholder / Juniperus phoenicea
Pontische Alpenrose / Rhododendron
  ponticum
Portugiesische Eiche / Quercus faginea
Portugiesischer Lorbeer / Prunus lusitanica
Primel / Primula sp.
Puppenorchis / Aceras anthropophorum
Pyramidenorchis / Anacamptis pyramidalis
Pyrenäen-Eiche / Quercus pyrenaica
Pyrenäen-Hahnenfuß / Ranunculus pyrenaeus
Pyrenäen-Meerzwiebel / Scilla liliohyacinthus
Pyrenäen-Schachblume / Fritillaria pyrenaica
Pyrenäen-Steinbrech / Saxifraga longifolia

Queller / Salicornia sp.

Ramondia / Ramonda myconi
Reifrock-Narzisse / Narcissus bulbocodium
Reis / Oryza sativa
Retama-Ginster / Lygos sp.
Röhriger Affodil / Asphodelus fistulosus
Rohrkolben / Typha sp.
Rosmarin / Rosmarinus officinalis
Rostrote Alpenrose / Rhododendron
  ferrugineum
Rotes Waldvögelein / Cephalantera rubra

Sadebaum / Juniperus sabina
Salbeiblättrige Zistrose / Cistus salvifolius
Salepknabenkraut (Kleines Knabenkraut) / Orchis
  morio
Schilfrohr / Phragmytes sp.
Schirmpinie (Pinie) / Pinus pinea
Schmalblättrige Esche / Fraxinus angustifolius
Schmalblättrige Steinlinde / Phillyrea
  angustifolia
Schmetterlingsorchis / Orchis papilionacea
Schneeball-Ahorn / Acer opalus
Schneeglöckchen / Galanthus nivalis
Schneide / Cladium mariscus
Schopf-Traubenhyazinthe / Muscari comosum
Schopflavendel / Lavandula stoechas
Schwarzkiefer / Pinus nigra
Schweifblatt / Dipcadi serotinum
Segge / Carex sp.
Siegwurz / Gladiolus sp.
Silberpappel / Populus alba
Simse / Scirpus sp.
Sisalagave / Agave sp.
Sommerlinde / Tilia platyphyllos
Sommerwurz / Orobanche sp.
Sonnenröschen / Helianthemum sp.
Spanische Wildhyazinthe / Endymion hispanicus
Spanischer Wacholder / Juniperus thurifera
Spanisches Rohr (Riesenschilf) / Arundo donax
Spargel / Asparagus sp.
Spiegelragwurz / Ophrys speculum
Spinnenragwurz / Ophrys sphegodes
Spornblume / Centranthus angustifolius
Stechginster / Ulex sp.
Stechpalme / Ilex aquifolium
Stechwinde / Smilax aspera
Steinbrech / Saxifraga sp.

Steineiche / Quercus ilex
Sternklee / Trifolium stellatum
Stieleiche / Quercus robur
Stinkende Nieswurz / Helleborus foetidus
Stranddistel / Eryngium maritimum
Strandflieder / Limonium sp.
Strandhafer / Ammophila arenaria
Strandkiefer / Pinus pinaster
Strandsimse / Scirpus maritimus
Strand-Wolfsmilch / Euphorbia paralias
Strauchiger Lein / Linum suffruticosum

Tamariske / Tamarix sp.
Tausendblatt / Myriophyllum sp.
Terpentin-Pistazie / Pistacia terebinthus
Thymian / Thymus sp.
Tragant / Astragalus sp.
Traubeneiche / Quercus petraea

Übersehene Traubenhyazinthe / Muscari
  neglectum
Ulme / Ulmus sp.

Veilchen / Viola sp.
Venusnabel / Umbilicus rupestris
Violette Stendelwurz / Epipactis purpurata
Vogelnestorchis / Neottia nidus-avis

Wacholder, Gemeiner / Juniperus communis
Waldkiefer / Pinus sylvestris
Waldrebe / Clematis sp.
Waldrebe, Gemeine / Clematis vitalba
Wasserhahnenfuß / Ranunculus aquatilis
Wasserschlauch / Utricularia sp.
Weide / Salix sp.
Weinrebe / Vitis vinifera
Weißdorn / Crataegus sp.
Weißes Waldvögelein / Cephalantera
  damasonium
Weißliche Zistrose / Cistus albidus
Weißtanne / Abies alba
Wespenragwurz / Ophrys tenthredinifera
Westlicher Enzian / Gentiana occidentalis
Wilde Tulpe / Tulipa sylvestris
Wolfsmilch / Euphorbia sp.
Wucherblume / Chrysanthemum sp.

Zeder / Cedrus sp.
Zedernwacholder / Juniperus oxycedrus
Zickzackdorn / Ziziphus lotus
Zistrose / Cistus sp.
Zitterpappel / Populus tremula
Zuckerrohr / Saccharum officinarum
Zungenstendel / Serapias sp.
Zürgelbaum / Celtis australis
Zwergpalme / Chamaerops humilis

Latein / Deutsch

Wirbellose

Actina equina / Pferdeaktine
Arbacia lixula / Seeigel
Argiope bruennichi / Wespenspinne
Artemi salina / Salzkrebs
Ascalaphus sp. / Schmetterlingshaft

Buthus occitanus / Skorpion

Charaxes jasius / Erdbeerbaumfalter
Clavellina lepadiformis / Seescheide
Corallium rubrum / Rote Edelkoralle

Empusa sp. / Gottesanbeterin
Eupagurus bernardus / Einsiedlerkrebs

Iphiclides podalirius / Segelfalter

Mantis sp. / Gottesanbeterin
Meloidae (Fam.) / Ölkäfer
Monodonta turbinata / Turbanschnecke
Mytilus galloprovincialis / Miesmuschel

Pachygrapsus marmoratus / Felsenkrabbe
Palinurus elephas / Languste
Papilio machaon / Schwalbenschwanz
Paracentrotus lividus / Seeigel
Paramuricea clavata / Hornkralle (Gorgonie)
Parnassius apollo ssp. / Apollo-Falter
Patella aspera / Napfschnecke
Plebicula sp. / Bläuling
Procambarus clarki / Roter Amerikanischer
  Flußkrebs

Scolopender sp. / Hundertfüßer

Tarantella striatipes / Tarantel
Thaumetopoea pityocampa / Pinienprozessionsspinner

Xylocopa violacea / Blaue Holzbiene

Zerynthia rumina / Osterluzeifalter

Fische, Amphibien, Reptilien

Acanthodactylus erythrurus / Europäischer
  Fransenfinger
Acipenser sturio / Stör
Algyroides marchi / Spanische Kieleidechse
Alytes cisternasii / Iberische Geburtshelferkröte
Alytes obstetricans / Geburtshelferkröte
Anguilla anguilla / Aal
Anguis fragilis / Blindschleiche
Aphanius iberus / Spanienkärpfling

Barbus meridionalis / Hundsbarbe
Barbus sp. / Barbe
Blennioidea (Fam.) / Schleimfische
Bufo bufo / Erdkröte
Bufo calamita / Kreuzkröte

Caretta caretta / Unechte Karettschildkröte
Chalcides bedriagai / Spanischer Walzenskink
Chalcides chalcides / Erzschleiche
Coluber hippocrepis / Hufeisennatter
Coluber viridiflavus / Gelbgrüne Zornnatter
Conger conger / Seeaal
Coronella austriaca / Schlingnatter
Coronella girondica / Girondische Schlingnatter
Ctenopharyngodon idella / Graskarpfen
Cyprinus carpio / Karpfen

Dermochelys coriacea / Lederschildkröte
Discoglossus pictus / Gemalter Scheiben-
  z001ngler

Elaphe scalaris / Treppennatter
Emys orbicularis / Europäische Sumpf-
  schildkröte
Esox lucius / Hecht
Euproctes asper / Pyrenäen-Gebirgsmolch

Gambusia affinis / Gambusie
Gobiidae (Fam.) / Meergrundeln

Hemidactylus turcicus / Europäischer Halb-
  finger
Hyla arborea / Laubfrosch
Hyla meridionalis / Mittelmeer-Laubfrosch

Lacerta agilis / Zauneidechse
Lacerta lepida / Perleidechse
Lacerta monticola / Iberische Gebirgseidechse
Lacerta schreiberi / Iberische Smaragdeidechse
Lacerta viridis / Smaragdeidechse

Macroprotodon cucullatus / Kapuzennatter
Malpolon monspessulanus / Eidechsennatter
Mauremys caspica / Kaspische Wasser-
  schildkröte
Mugil cephalus / Meeräsche

Natrix maura / Vipernnatter
Natrix natrix / Ringelnatter

Pelobates cultripes / Messerfuß
Pleurodeles waltl / Spanischer Rippenmolch
Podarcis bocagei / Bocages Mauereidechse
Podarcis hispanica / Spanische Mauereidechse
Podarcis muralis / Mauereidechse
Psammodromus algirus / Algerischer Sandläufer
Psammodromus hispanicus / Spanischer Sand-
  läufer

Rana iberica / Spanischer Braunfrosch
Rana ridibunda / Seefrosch
Rana temporaria / Grasfrosch

Salamandra salamandra / Feuersalamander
Salmo salar / Lachs
Salmo trutta / Forelle
Scorpaena scrofa / Meersau
Serranidae (Fam.) / Zackenbarsch
Serranus scriba / Schriftbarsch
Sparus aurata / Goldbrasse

Tarentola mauritanica / Mauergecko
Testudo graeca / Maurische Landschildkröte
Testudo hermanni / Griechische Land-
  schildkröte
Triturus boscai / Spanischer Wassermolch
Triturus helveticus / Fadenmolch
Triturus marmoratus / Marmormolch

Valencia hispanica / Valenciakärpfling
Vipera aspis / Aspisviper
Vipera berus / Kreuzotter
Vipera latasti / Stülpnasenotter

Vögel

Acanthis cannabina / Hänfling
Accipiter gentilis / Habicht
Acrocephalus arundinaceus / Drosselrohrsänger
Acrocephalus melanopogon / Mariskensänger
Acrocephalus scirpaceus / Teichrohrsänger
Aegolius funereus / Rauhfußkauz
Aegypius monachus / Mönchsgeier
Alauda arvensis / Feldlerche
Alca torda / Tordalk
Alcedo atthis / Eisvogel
Alectoris rufa / Rothuhn
Anas acuta / Spießente
Anas clypeata / Löffelente
Anas crecca / Krickente
Anas penelope / Pfeifente
Anas platyrhynchos / Stockente
Anas querquedula / Knäkente
Anas strepera / Schnatterente
Anser anser / Graugans
Anthus campestris / Brachpieper
Anthus pratensis / Wiesenpieper

Anthus spinoletta / Wasserpieper
Anthus trivialis / Baumpieper
Apus apus / Mauersegler
Apus melba / Alpensegler
Apus pallidus / Fahlsegler
Aquila chrysaetos / Steinadler
Aquila heliaca adalberti / Spanischer Kaiser-
  adler
Ardea cinerea / Graureiher
Ardea purpurea / Purpurreiher
Ardeola ralloides / Rallenreiher
Athene noctua / Steinkauz
Aythya ferina / Tafelente

Botaurus stellaris / Rohrdommel
Bubo bubo / Uhu
Bubulcus ibis / Kuhreiher
Bucanetes githagineus / Wüstengimpel
Burhinus oedicnemus / Triel
Buteo buteo / Mäusebussard

Calandrella brachydactyla / Kurzzehenlerche
Calandrella rufescens / Stummellerche
Calonectris diomedea / Gelbschnabel-
  sturmtaucher
Caprimulgus ruficollis / Rothalsziegenmelker
Cercotrichas galactotes / Heckensänger
Certhia brachydactyla / Gartenbaumläufer
Cettia cetti / Seidensänger
Charadrius alexandrinus / Seeregenpfeifer
Chersophilus duponti / Dupontlerche
Chlidonias hybrida / Weißbartseeschwalbe
Ciconia ciconia / Weißstorch
Ciconia nigra / Schwarzstorch
Cinclus cinclus / Wasseramsel
Circaetus gallicus / Schlangenadler
Circus aeroginosus / Rohrweihe
Circus cyaneus / Kornweihe
Circus pygargus / Wiesenweihe
Cisticola juncidis / Cistensänger
Clamator glandarius / Häherkuckuck
Columba livia / Felsentaube
Columba oenas / Hohltaube
Coracias garrulus / Blauracke
Corvus corax / Kolkrabe
Corvus corone / Rabenkrähe
Corvus monedula / Dohle
Coturnix coturnix / Wachtel
Cuculus canorus / Kuckuck
Cyanopica cyaneus / Blauelster

Delichon urbica / Mehlschwalbe
Dryocopus martius / Schwarzspecht

Egretta garzetta / Seidenreiher
Elanus caeruleus / Gleitaar
Emberiza calandra / Grauammer
Emberiza cia / Zippammer
Emberiza cirlus / Zaunammer
Emberiza hortulana / Ortolan
Erithacus rubecula / Rotkehlchen
Eudromias morinellus / Mornellregenpfeifer

Falco naumanni / Rötelfalke
Falco peregrinus / Wanderfalke
Falco subbuteo / Baumfalke
Falco tinnunculus / Turmfalke
Falco vespertinus / Rotfußfalke
Fulica atra / Bläßhuhn
Fulica cristata / Kammbläßhuhn

Galerida cristata / Haubenlerche
Galerida theklae / Theklalerche
Gavia arctica / Prachttaucher
Gavia stellata / Sterntaucher
Gelochelidon nilotica / Lachseeschwalbe
Glareola pratincola / Brachschwalbe

231

Grus grus / Kranich
Gypaetus barbatus / Bartgeier
Gyps fulvus / Gänsegeier

Hieraaetus fasciatus / Habichtsadler
Hieraaetus pennatus / Zwergadler
Himantopus himantopus / Stelzenläufer
Hippolais polyglotta / Orpheusspötter
Hirundo daurica / Rötelschwalbe
Hirundo rustica / Rauchschwalbe
Hydroprogne caspia / Raubseeschwalbe

Ixobrychus minutus / Zwergdommel

Lagopus mutus / Schneehuhn
Lanius collurio / Neuntöter
Lanius excubitor / Raubwürger
Lanius minor / Schwarzstirnwürger
Lanius senator / Rotkopfwürger
Larus audouinii / Korallenmöwe
Larus cachinnans / Weißkopfmöwe
Larus fuscus / Heringsmöwe
Larus genei / Dünnschnabelmöwe
Larus ridibundus / Lachmöwe
Limosa lapponica / Pfuhlschnepfe
Limosa limosa / Uferschnepfe
Locustella luscinioides / Rohrschwirl
Loxia curvirostra / Fichtenkreuzschnabel
Lullula arborea / Heidelerche
Luscinia svecica / Blaukehlchen

Mamaronetta angustirostris / Marmelente
Melanitta nigra / Trauerente
Melanocorypha calandra / Kalanderlerche
Merops apiaster / Bienenfresser
Milvus migrans / Schwarzmilan
Milvus milvus / Rotmilan
Monticola saxatilis / Steinrötel
Monticola solitarius / Blaumerle
Montifringilla nivalis / Schneefink
Motacilla alba / Bachstelze
Motacilla cinerea / Gebirgsstelze
Motacilla flava / Schafstelze

Neophron percnopterus / Schmutzgeier
Netta rufina / Kolbenente
Numenius arquata / Brachvogel
Numenius phaeopus / Regenbrachvogel
Nycticorax nycticorax / Nachtreiher

Oenanthe hispanica / Mittelmeersteinschmätzer
Oenanthe leucura / Trauersteinschmätzer
Oenanthe oenanthe / Steinschmätzer
Oriolus oriolus / Pirol
Otis tarda / Großtrappe
Otus scops / Zwergohreule
Oxyura leucocephala / Ruderente

Pandion haliaetus / Fischadler
Panurus biarmicus / Bartmeise
Parus ater / Tannenmeise
Parus palustris / Sumpfmeise
Perdix perdix / Rebhuhn
Pernis apivorus / Wespenbussard
Petronia petronia / Steinsperling
Phalacrocorax aristotelis / Krähenscharbe
Phalacrocorax carbo / Kormoran
Phoenicopterus ruber / Flamingo
Phoenicurus ochruros / Hausrotschwanz
Phylloscopus bonelli / Berglaubsänger
Phylloscopus collybita / Zilpzalp
Phylloscopus sibilatrix / Waldlaubsänger
Pica pica / Elster
Picus canus / Grauspecht
Picus viridis / Grünspecht
Platalea leucorodia / Löffler
Pluvialis apricaria / Goldregenpfeifer
Pluvialis squatarola / Kiebitzregenpfeifer

Podiceps cristatus / Haubentaucher
Podiceps nigricollis / Schwarzhalstaucher
Porphyrio porphyrio / Purpurhuhn
Prunella collaris / Alpenbraunelle
Prunella modularis / Heckenbraunelle
Pterocles alchata / Spießflughuhn
Pterocles orientalis / Sandflughuhn
Ptyonoprogne rupestris / Felsenschwalbe
Puffinus gravis / Großer Sturmtaucher
Puffinus griseus / Dunkler Sturmtaucher
Puffinus puffinus / Schwarzschnabel-
  sturmtaucher
Pyrrhocorax graculus / Alpendohle
Pyrrhocorax pyrrhocorax / Alpenkrähe
Pyrrhula pyrrhula / Gimpel

Recurvirostra avosetta / Säbelschnäbler
Riparia riparia / Uferschwalbe
Rissa tridactyla / Dreizehenmöwe

Saxicola rubetra / Braunkehlchen
Saxicola torquata / Schwarzkehlchen
Serinus citrinella / Zitronengirlitz
Sitta europea / Kleiber
Sterna albifrons / Zwergseeschwalbe
Sterna bengalensis / Rüppellseeschwalbe
Sterna hirundo / Flußseeschwalbe
Sterna sandvicensis / Brandseeschwalbe
Streptelia turtur / Turteltaube
Sturnus unicolor / Einfarbstar
Sula bassana / Baßtölpel
Sylvia atricapilla / Mönchsgrasmücke
Sylvia cantillans / Weißbartgrasmücke
Sylvia conspicillata / Brillengrasmücke
Sylvia curruca / Klappergrasmücke
Sylvia hortensis / Orpheusgrasmücke
Sylvia melanocephala / Samtkopfgrasmücke
Sylvia sarda / Sardengrasmücke
Sylvia undata / Provencegrasmücke

Tachybaptus ruficollis / Zwergtaucher
Tetrao urogallus / Auerhuhn
Tetrax tetrax / Zwergtrappe
Tichodroma muraria / Mauerläufer
Tringa totanus / Rotschenkel
Troglodytes troglodytes / Zaunkönig
Turdus torquatus / Ringdrossel

Upupa epops / Wiedehopf
Uria aalge / Trottellumme

Vanellus vanellus / Kiebitz

Säugetiere
Arvicola sapidus / Westschermaus

Balaenoptera physalus / Finnwal

Canis lupus / Wolf
Capra ibex ssp. / Steinbock
Capreolus capreolus / Reh
Cervus elaphus / Rotwild

Dama dama / Damwild
Desmana pyrenaica / Pyrenäen-Desman

Equus caballus / Asturcon-Pferd

Felis silvestris / Wildkatze

Genetta genetta / Ginsterkatze

Herpestes ichneumon / Manguste

Lepus europaeus / Feldhase
Lutra lutra / Fischotter
Lynx pardina / Pardelluchs

Macaca sylvana / Berberaffe
Marmota marmota / Alpenmurmeltier
Meles meles / Dachs
Monachus monachus / Mönchsrobbe

Oryctolagus cuniculus / Kaninchen
Ovis musimon / Mufflon

Pipistrellus pipistrellus / Zwergfledermaus
Rupicapra rupicapra / Gemse

Sus scrofa / Wildschwein

Tursiops truncatus / Großtümmler

Ursus arctos / Braunbär

Vulpes vulpes / Fuchs

Pflanzen
Abies alba / Weißtanne
Abies pinsapo / Igeltanne
Acer campestre / Feldahorn
Acer monspessulanum / Französischer Ahorn
Acer opalus / Schneeball-Ahorn
Acer pseudoplatanus / Bergahorn
Aceras anthropophorum / Puppenorchis
Adenocarpus decorticans / Drüsenginster
Agave sp. / Sisalagave
Alnus sp. / Erle
Ammophila arenaria / Strandhafer
Amygdalus communis / Mandelbaum
Anacamptis pyramidalis / Pyramidenorchis
Anemone nemorosa / Buschwindröschen
Anemone ranunculoides / Gelbes Windröschen
Antirrhinum sp. / Löwenmaul
Aphyllanthes monspeliensis / Binsenlilie
Arbutus unedo / Erdbeerbaum
Arctostaphylos uva-ursi / Bärentraube
Aristolochia sp. / Osterluzei
Armeria sp. / Grasnelke
Artemisia sp. / Beifuß
Arthrocnemum glaucum / Gliedermelde
Arundo donax / Spanisches Rohr (Riesenschilf)
Asparagus sp. / Spargel
Asphodelus fistulosus / Röhriger Affodil
Astragalus massiliensis / Marseille-Tragant
Astragalus sp. / Tragant

Berberis sp. / Berberitze
Betula alnus / Birke
Buxus sempervirens / Buchsbaum

Calicotome sp. / Dornginster
Calluna vulgaris / Heidekraut
Carex sp. / Segge
Carpobrotus acinaciformis / Mittagsblume
Castanea sativa / Edelkastanie
Cedrus sp. / Zeder
Celtis australis / Zürgelbaum
Centranthus angustifolius / Spornblume
Cephalantera damasonium / Weißes Wald-
  vögelein
Cephalantera rubra / Rotes Waldvögelein
Ceratonia siliqua / Johannisbrotbaum
Ceratophyllum demersum / Hornblatt
Cerinthe major / Große Wachsblume
Chamaerops humilis / Zwergpalme
Chara sp. / Armleuchteralge
Chrysanthemum sp. / Wucherblume
Cistus albidus / Weißliche Zistrose
Cistus ladanifer / Lackzistrose
Cistus monspeliensis / Französische Zistrose
Cistus salvifolius / Salbeiblättrige Zistrose
Cistus sp. / Zistrose
Cladium mariscus / Schneide
Clematis sp. / Waldrebe
Clematis vitalba / Waldrebe, Gemeine
Coryllus avellana / Haselnuß
Crataegus sp. / Weißdorn
Crocus sp. / Krokus
Cynomorium coccineum / Malteserschwamm
Cytisus sp. / Geißklee

Daboecia cantabrica / Irische Heide
Dactylorhiza sambucina / Holunder-Knaben-
kraut
Daphne cneorum / Heideröschen
Daphne gnidium / Herbst-Seidelbast
Daphne laureola / Lorbeer-Seidelbast
Dianthus sp. / Nelke
Dictamnus albus / Diptam
Digitalis obscura / Dunkler Fingerhut
Dipcadi serotinum / Schweifblatt

Echium sp. / Natternkopf
Endymion hispanicus / Spanische Wild-
hyazinthe
Epipactis atrorubens / Braunrote Stendelwurz
Epipactis purpurata / Violette Stendelwurz
Erica arborea / Baumheide
Erica scoparia / Besenheide
Erica sp. / Heide
Erinacea anthyllis / Blauer Stachelginster
Eryngium maritimum / Stranddistel
Eryngium sp. / Mannstreu
Erythronium dens-canis / Hundszahnlilie
Eucalyptus sp. / Eukalypten
Euphorbia paralias / Strand-Wolfsmilch
Euphorbia sp. / Wolfsmilch

Fagus sylvatica / Buche
Fraxinus angustifolius / Schmalblättrige Esche
Fraxinus excelsior / Esche
Fritillaria pyrenaica / Pyrenäen-Schachblume

Galanthus nivalis / Schneeglöckchen
Genista sp. / Ginster
Gentiana occidentalis / Westlicher Enzian
Gentiana sp. / Enzian
Gentiana verna / Frühlingsenzian
Gladiolus sp. / Siegwurz
Goodyera repens / Kriechendes Netzblatt
Gossypium sp. / Baumwolle
Gypsophila sp. / Gipskraut

Halimium halimifolium / Gelbe Zistrose
Hedera helix / Efeu
Helianthemum sp. / Sonnenröschen
Helleborus foetidus / Stinkende Nieswurz

Ilex aquifolium / Stechpalme
Iris pseudacorus / Gelbe Schwertlilie
Iris sisyrinchium / Mittags-Schwertlilie

Juncus sp. / Binse
Juniperus communis / Wacholder, Gemeiner
Juniperus oxycedrus / Zedernwacholder
Juniperus phoenicea / Phönizischer Wacholder
Juniperus sabina / Sadebaum
Juniperus thurifera / Spanischer Wacholder

Larix decidua / Lärche
Laurus nobilis / Lorbeer
Lavandula angustifolia / Echter Lavendel
Lavandula stoechas / Schopflavendel
Leucojum sp. / Knotenblume
Lichenes / Flechten
Lilium pyrenaicum / Gelbe Pyrenänlilie
Limodorum abortivum / Dingel
Limonium sinuatum / Geflügelter Strandflieder
Limonium sp. / Strandflieder
Linaria alpina / Alpen-Leinkraut
Linaria sp. / Leinkraut
Linum narbonense / Blauer Lein
Linum suffruticosum / Strauchiger Lein
Lonicera sp. / Heckenkirsche
Lotus sp. / Hornklee
Lupinus sp. / Lupine
Lygeum spartum / Espartogras
Lygos sp. / Retama-Ginster
Lythophyllum sp. / Kalkalgen

Muscari comosum / Schopf-Traubenhyazinthe
Muscari neglectum / Übersehene Trauben-
hyazinthe
Myriophyllum sp. / Tausendblatt
Myrtus communis / Myrte

Narcissus bulbocodium / Reifrock-Narzisse
Narcissus poeticus / Dichternarzisse
Narcissus pseudonarcissus / Gelbe Narzisse
Narcissus sp. / Narzisse
Neottia nidus-avis / Vogelnestorchis
Nerium oleander / Oleander
Nuphar lutea / Gelbe Teichrose

Olea europea / Olivenbaum
Ononis natrix / Gelber Hauhechel
Ophrys apifera / Bienenragwurz
Ophrys fusca / Braune Ragwurz
Ophrys lutea / Gelbe Ragwurz
Ophrys atlantica / Atlas-Ragwurz
Ophrys speculum / Spiegelragwurz
Ophrys sphegodes / Spinnenragwurz
Ophrys tenthredinifera / Wespenragwurz
Opuntia ficus-indica / Feigenkaktus
Orchis mascula hispanica / Mannsknabenkraut
Orchis militaris / Helmknabenkraut
Orchis moris / Salepknabenkraut (Kleines
Knabenkraut)
Orchis papilionacea / Schmetterlingsorchis
Orchis tridentata / Dreizähniges Knabenkraut
Orchis ustulata / Brandknabenkraut
Orobanche sp. / Sommerwurz
Oryza sativa / Reis

Paeonia sp. / Pfingstrose
Pancratium maritimum / Meer-Narzisse
Papaver sp. / Mohn
Phillyrea angustifolia / Schmalblättrige Stein-
linde
Phillyrea latifolia / Breitblättrige Steinlinde
Phlomis sp. / Brandkraut
Phoenix dactylifera / Dattelpalme
Phragmytes sp. / Schilfrohr
Picea abies / Fichte
Pinguicola grandiflora / Großblütiges Fettkraut
Pinus cembra / Arve
Pinus halepensis / Aleppokiefer
Pinus mugo / Bergkiefer
Pinus nigra / Schwarzkiefer
Pinus pinaster / Strandkiefer
Pinus pinea / Schirmpinie (Pinie)
Pinus sp. / Kiefer
Pinus sylvestris / Waldkiefer
Pinus uncinata / Hakenkiefer
Pistacia lentiscus / Mastixstrauch
Pistacia terebinthus / Terpentin-Pistazie
Populus alba / Silberpappel
Populus tremula / Zitterpappel
Posidonia oceanica / Neptunsgras
Potamogeton sp. / Laichkraut
Primula farinosa / Mehlprimel
Primula sp. / Primel
Prunus avium / Kirsche
Prunus lusitanica / Portugiesischer Lorbeer
Pteridium aquifolium / Adlerfarn
Pulmonaria officinalis / Lungenkraut
Pulsatilla sp. / Küchenschelle

Quercus coccifera / Kermeseiche
Quercus faginea / Portugiesische Eiche
Quercus ilex / Steineiche
Quercus petraea / Traubeneiche
Quercus pyrenaica / Pyrenäen-Eiche
Quercus robur / Stieleiche
Quercus sp. / Eiche
Quercus suber / Korkeiche

Ramonda myconi / Ramondia
Ranunculus aquatilis / Wasserhahnenfuß
Ranunculus pyrenaeus / Pyrenäen-Hahnenfuß
Ranunculus sp. / Hahnenfuß
Rhododendron ferrugineum / Rostrote Alpen-
rose
Rhododendron ponticum / Pontische Alpenrose
Rosa canina / Hundsrose
Rosa sp. / Heckenrose
Rosmarinus officinalis / Rosmarin

Saccharum officinarum / Zuckerrohr
Salicornia sp. / Queller
Salix sp. / Weide
Saxifraga longifolia / Pyrenäen-Steinbrech
Saxifraga sp. / Steinbrech
Scilla liliohyacinthus / Pyrenäen-Meerzwiebel
Scilla sp. / Blaustern
Scilla verna / Frühlings-Meerzwiebel
Scirpus maritimus / Strandsimse
Scirpus sp. / Simse
Sedum sp., Sempervivum sp. / Mauerpfeffer
Sempervivum sp. / Hauswurz
Serapias sp. / Zungenstendel
Silene sp. / Leimkraut
Smilax aspera / Stechwinde
Soldanella alpina / Alpenglöckchen
Stipa tenacissima / Halfagras

Tamarix sp. / Tamariske
Taxus baccata / Eibe
Teucrium sp. / Gamander
Thymelea hirsuta / Behaarte Spatenzunge
Thymus sp. / Thymian
Thypha sp. / Rohrkolben
Tilia platyphyllos / Sommerlinde
Trifolium stellatum / Sternklee
Tuberaria guttata / Geflecktes Sandröschen
Tulipa sylvestris / Wilde Tulpe

Ulex parviflorus / Kleinblütiger Stechginster
Ulex sp. / Stechginster
Ulmus minor / Feldulme
Ulmus sp. / Ulme
Umbilicus rupestris / Venusnabel
Utricularia sp. / Wasserschlauch

Vaccinium myrtillus / Heidelbeere
Viburnum tinus / Lorbeer-Schneeball
Viola cazorlensis / Cazorla-Veilchen
Viola sp. / Veilchen
Vitis vinifera / Weinrebe

Ziziphus lotus / Zickzackdorn

Register

Fett gesetzte Seitenzahlen verweisen auf
Fotos, schräg gedruckte auf Essays (im Text
blau unterlegt).

Tier- und Pflanzennamen

Aal 95
Adlerfarn 163
Affodil 38, 112, **127**, 128, 184
Agave s. Sisalagave
Aleppokiefer 66, 87, 94, 97, 184, 190,
  213, 214, 216
Algerischer Sandläufer 66, 99, 114, 138,
  154, 156, 165, 186, 193, 206, 217
Alpen-Leinkraut 38
Alpenbraunelle 52, 56, 64, 119, 200
Alpendohle 31, 49, 62, 64
Alpenglöckchen 48
Alpenkrähe 18, 31, 38, 49, 50, **51**, 62, 64,
  88, 104, 109, 112, 174, 177, 184
Alpenmurmeltier 38
Alpensegler 64, 66, 78, 88, 113, 138, 184
Antirrhinum charidemi 200
Apollo-Falter 57, **62**, 200
Armeria ruscinonensis 66
Armleuchteralge 94, 124
Artemisia granatensis 200
Arthrocnemum glaucum **178**, 179
Arve 46
Aspisviper 56, 214
Astragalus sempervirens 200
Asturcon-Pferd 210
Atlas-Ragwurz 184
Auerhuhn 31, 56, 57, 62, 63

Bachstelze 155
Barbe 124
Bärentraube 55
Bartgeier 38, 42, **42**, *43*, 49, 52, 56, 62,
  108, 192, 212, 213
Bartmeise 73, 95, 125
Baumfalke 125
Baumheide 66, 145, **161**, 162
Baumpieper 64
Baumwolle 17
Baßtölpel 24, 67, 73, 155
Behaarte Spatenzunge 204, **209**
Beifuß 102, 155
Berberaffe169
Berberitze 200
Bergahorn 31, 46, 212
Bergkiefer 46
Berglaubsänger 109, 215
Besenheide 155
Bienenfresser 75, 88, 109, 129, 147, **166**,
  170, 209
Bienenragwurz 31
Binse 72, 94
Binsenlilie 38, 108, **110**, 112, 191
Birke 23, 46
Bläßhuhn 95, 104, 221
Blaue Holzbiene 217
Blauelster 18, 109, 113, 129, **134**, 138,
  147, 157, 165, 220
Blauer Lein 38, **40**, 108, 112, 191
Blauer Stachelginster 88, **194**, 200
Blaukehlchen 119
Bläuling 200
Blaumerle 39, 59, 67, 78, 88, 109, 138,
  166, 174, 177, 184, 192, 209, 217
Blauracke 18, 73, **74**, 75, 130

Blaustern 38, 214
Blindschleiche 31
Bocages Mauereidechse 23
Brachpieper 18, 108
Brachschwalbe 83, **85**, 86, 130, 156
Brachvogel 212
Brandknabenkraut 31
Brandkraut 204, **208**
Brandseeschwalbe 83, 155
Braunbär 18, 31, **34**, *35*, 38
Braune Ragwurz 184
Braunkehlchen 67
Braunrote Stendelwurz 112
Breitblättrige Steinlinde 137, 191
Brillengrasmücke 67, 99, 180, 206
Buche 13, 30, 38, 40, 46, 50, 55, 60, 88,
  212, 214
Buchsbaum 46, **47**, 50, 55, 60, 88, 214
Buschwindröschen 214

Cazorla-Veilchen 191
Cistensänger 23, 222
Clematis campaniflora 184
Corema album 23, **24**, 26
Crocus carpetanus 119
Crocus nevadensis 200
Cytisus multiflorus 119
Cytisus purgans 119

Dachs 214
Damwild 72, 73, 91, 156, 191
Dattelpalme 204
Dianthus charidemi 204
Dichternarzisse **33**, 55
Digitalis thapsi **117**, 119
Dingel 112
Diptam 119
Dohle 112
Dornginster 66
Dreizähniges Knabenkraut 31
Dreizehenmöwe 23
Drosophyllum lusitanica 164
Drosselrohrsänger **94**, 95, 221, 222
Drüsenginster 173, 200
Dunkler Fingerhut 108, **110**, 112
Dunkler Sturmtaucher 23
Dünnschnabelmöwe 83, 84, 156, 159, 204
Dupontlerche **98**, 99, *101*

Echinospartium lusitanicum 119
Echter Lavendel 112
Edelkastanie 145
Efeu 72, 163
Eibe 31, 32, 88, 200, 214
Eidechsennatter 66, 99, 124, 131, 156,
  165, 186, 206, 214
Einfarbstar **105**, 169
Einsiedlerkrebs 79
Eisvogel 108, 220
Elster 130
Enzian (allg.) 48, 55
Erdbeerbaum 16, 30, 38, 94, 137, 145,
  146, 146, 154, 162
Erdbeerbaumfalter 146
Erdkröte 61, 124, 165
Erica ciliaris 145, **162**
Erica lusitanica 145, 163
Erica umbellata 162
Erle 72, 83, 112
Eryngium glaciale 200
Erzschleiche 146, **194**, 214
Esche 30, 38, 46
Espartogras 99, 204, *205*, **205**

Eukalypten 22, 23, **25**, *27*, 43, 83, *132*,
  136, 144, 154, 160
Euphorbia nevadensis 200
Europäische Sumpfschildkröte 72, 124,
  131, 146
Europäischer Fransenfinger **154**, 156, 206
Europäischer Halbfinger 206

Fadenmolch 61, 72
Fahlsegler 67, 78, 134
Feigenkaktus 78
Feldahorn 60
Feldhase 18, 61, 129
Feldlerche 101, 119, 200
Feldulme 72
Felsenkrabbe 79
Felsenschwalbe 31, 38, 56, 59, 64, 67, 88,
  113, 177, 184, 192, 194, 214, 217
Felsentaube 113, 184
Feuersalamander 31, 88, 165
Fichte 60
Fichtenkreuzschnabel 56, 57, 212
Finnwal 66
Fischadler 68, 220
Fischotter 88, 108, 125, 137, 146, 164,
  174, 191
Flamingo 67, 74, 83, 155, 159, **180**, *182*,
  204, 218, 220
Flechten 46, 55, 163
Flußseeschwalbe 83, 95, 218
Forelle 56, 61
Französische Zistrose 155, **159**
Französischer Ahorn 38, **38**, 137, 191
Frühlings-Meerzwiebel 119
Frühlingsenzian 31
Fuchs 20, 191

Gänsegeier 18, 31, **36**, 38, 42, *43*, 49, 56,
  59, 62, 88, 108, **112**, 112, 115, 120,
  129, 138, 140, **147**, 157, 164, 169, 174,
  184, 192, 212, 213
Gamander 204
Gambusie 72, 95, **96**, 124
Gartenbaumläufer 217
Gebirgsstelze 38
Geburtshelferkröte 138
Geflecktes Sandröschen 169, **171**
Geflügelter Strandflieder 102, **103**
Geißblatt s. Heckenkirsche
Geißklee 119
Gelbe Narzisse 31, **33**
Gelbe Pyrenäenlilie 31, **51**, 57
Gelbe Ragwurz 173, **174**, 184, 191
Gelbe Schwertlilie 72
Gelbe Teichrose 124
Gelbe Zistrose 94, 115, **158**
Gelber Hauhechel 204, **207**
Gelbes Windröschen 214
Gelbgrüne Zornnatter 56, **58**, 61
Gelbschnabelsturmtaucher 66
Gemalter Scheibenzüngler 72
Gemse 18, 31, 49, 50, **53**, 56, 61, 64
Genista hystrix 119
Gentiana brachyphylla 199, **199**
Getreide 13, 14, 17, 102, 104, 112
Gimpel 214
Ginster 16, 66, 128
Ginsterkatze 18, 88, 129, 137, **140**, 147,
  156, 191, 214
Girondische Schlingnatter 114
Gladiole s. Siegwurz
Gleitaar 18, 129, 138
Gliedermelde **178**, 179

Goldbrasse 79
Goldregenpfeifer 73, 130, 216
Gottesanbeterin 186, **218**
Graellsia isabellae 193
Grasfrosch 61
Graskarpfen 221
Grasnelke 23, 66
Grauammer 99, 220
Graugans 155
Graureiher 73, 78, 95, 156, 220
Grauspecht 18
Griechische Landschildkröte 18, 66
Großblütiges Fettkraut **48**, 49, 52
Große Wachsblume 169
Großer Sturmtaucher 23
Großtrappe 18, 130
Großtümmler 66
Grünspecht 23, 125
Gypsophyla hispanica 99, 179

Habicht 192, 214
Habichtsadler 18, 42, 67, 88, 112, 138,
  200, 206, 213, 216
Häherkuckuck 130, **134**, *190*
Hakenkiefer 46, 52, 55, 57, **59**, 60, 63,
  200
Halfagras 99, 204, *205*, **205**
Halimium atriplicifolium 184
Hänfling 200
Hase s. Feldhase
Haselnuß 23, 88
Haubenlerche 68, 130, 204
Haubentaucher 95, 114, 125, 156, 221,
  222
Hausrotschwanz 64
Hecht 124
Heckenbraunelle 23, 57, 119, 200, 215
Heckenkirsche 16, 112, 137, 163
Heckenrose 184
Heckensänger 181
Heidekraut 13, 16, 23, 31, 55, 137
Heidelbeere 46, 55, 56
Heidelerche 18, 129, 147
Heideröschen 55, **59**
Helianthemum almeriense 204
Helmknabenkraut 31
Herbst-Seidelbast 66, 198, **198**
Heringsmöwe 23, 25, 26
Hohltaube 109
Holunderknabenkraut 38, **41**, 55
Holzbiene, Blaue 217
Hornblatt 94
Hornklee 199
Hornkoralle (Gorgonie) 80
Hufeisennatter **140**, 165, 186
Hundertfüßer 131
Hundsbarbe 38, 61
Hundsrose 56
Hundszahnlilie 55, **58**
Hymenostemma fontanesii 204

Iberische Gebirgseidechse 18, **117**, 120
Iberische Geburtshelferkröte 138, 146
Iberische Smaragdeidechse 23
Igeltanne 173, **173**
Iris xiphium 169, **171**
Irische Heide 31, **32**

Johannisbrotbaum 17, 88, 173, 186, 217

Kaiseradler, Spanischer 18, 43, 138, 146,
  156, **159**, *160*, 165, 218, 219
Kalanderlerche 99, 130

Kalkalgen 79
Kammbläßhuhn 156, 221
Kampfstier **20**, *145* (Stierkampf)
Kaninchen 18, 61, 66, *69*, **69**, 75, 88, 129,
  147, 156, 160, 169, 206
Kapuzennatter 165
Karpfen 95, 124
Kaspische Wasserschildkröte 72, 114, 124,
  131, 131, 146, 165, 186, 222
Kermeseiche 16, 87, **92**, 94, 97, 128, 191,
  204
Kiebitz 73, 86, 104, 125, 130, 216
Kiebitzregenpfeifer 26
Kiefer (allg.) 16, *27*, 137, *190*
Kirsche 200
Klappergrasmücke 18
Kleiber 214
Kleinblütiger Stechginster 204
Knäkente 73, 125
Knotenblume 169
Kolbenente 95, **96**, **103**, 104, 125, 155
Kolkrabe 56, 88, 109, 156, *190*, 217
Korallenmöwe 83, 204
Korkeiche 16, *27*, 66, 128, 137, 145, 154,
  161, **163**, *164*, 168, 173, 200, 214, 217
Kormoran 73, 220
Kornweihe 73
Krähenscharbe 23, 25, 26, 78
Kranich 104, 130, **135**, 148, 169, 180
Kreuzkröte 206
Kreuzotter 31, 214
Krickente 95, 125, 155
Kriechendes Netzblatt 55
Krokus 48, 55
Kuckuck *190*
Küchenschelle 48
Kuhreiher 18, 83, 95, 156, **158**, 169, 220
Kurzzehenlerche 75, 83, 99, 101, 104, 220

Lachmöwe 104
Lachs 19, 24, 31
Lachseeschwalbe 83, 104, **105**, 180
Lackzistrose 16, **143**, 145
Laichkraut 94
Languste 80
Lärche 60
Laubfrosch 124 (s. auch Mittelmeer-
  Laubfrosch)
Lavendel, Echter 112 (s. auch Schopf-
  lavendel)
Lederschildkröte 66
Leimkraut 204, **207**
Lein, Blauer 38, **40**, 108, 112, 191
Lein, Strauchiger 108, **110**, 112
Leucojum trichophyllum 169
Limonium insignis 209
Limonium minutum 78
Linaria glacialis 200
Löffelente 95, 125
Löffler 18, 154, 155, 212, 220, **221**
Lorbeer 164
Lorbeer-Schneeball 137, **162**, 162, 200
Lorbeer-Seidelbast 31
Lotus glareosus 199
Löwenmaul 204
Lungenkraut 214
Lupine 119
Lupinus hispanicus 119
Lygos monosperma 129, 144
Lygos sphaerocarpa 16, **141**, 144

Malteserschwamm 209
Mandelbaum 17, 184, 217

Manguste 18, 137, 156, 164
Mannsknabenkraut 191
Mariskensänger 73, 95
Marmelente 18, 156, 218
Marmormolch 31, **62**, 72, 146, 165
Marseille-Tragant 204
Mastixstrauch 66, **70**, 94, 155, 162, 204,
  209
Mauereidechse 56, 61
Mauergecko 186, **204**, 206
Mauerläufer 31, 56, 62, 64, 90
Mauerpfeffer 55
Mauersegler 134
Maurische Landschildkröte 18, 156
Mäusebussard 157, 170, 192
Maytenus senegalensis 204
Meer-Narzisse **71**, 72, 83
Meeräsche 79, 83, 95
Meergrundeln 79
Meersau 80
Meerzwiebel, Frühlings- 119
Meerzwiebel, Pyrenäen- 31
Mehlprimel 48
Mehlschwalbe 138, 184
Merinoschaf 19, 127
Messerfuß 138
Miesmuschel 79
Mittags-Schwertlilie 184
Mittagsblume 78
Mittelmeer-Laubfrosch 72, 83, 156, 165
Mittelmeersteinschmätzer 18, 67, 99, 174,
  175, 213
Mönchsgeier 18, *43*, 108, 120, 129, **137**,
  138, 146, **147**, 165, 218, 219
Mönchsgrasmücke 215
Mönchsrobbe 204
Mohn 128
Mornellregenpfeifer 75
Mufflon 88, 90, 91, 191
Myrte 163, 169, 184, **195**

Nachtreiher 78, **94**, 95, 220
Napfschnecke 79
Narcissus asturiensis 31
Narcissus cantabricus 184, **185**
Narcissus hedraeanthus 191
Narcissus longispasthus 191
Narcissus nevadensis 199
Narcissus triandrus 31, **33**
Narzisse 48, s. auch *Narcissus*
Natternkopf **128**
Neptunsgras 79
Neuntöter 56, 64, 108, 215

Ölbaum s. Olivenbaum
Oleander 94, 145, **206**, 209
Olivenbaum 12, 14, **14**, 17, 88, 89, 137,
  144, 155, 162, 169, 173, 204, 217
Ölkäfer 114
Orobanche rapum-genistae 119
Orpheusgrasmücke 18, 67, 213
Orpheusspötter 114
Ortolan 64, 67, 119
Osterluzei 145, 169, **170**
Osterluzeifalter 145, **170**

Paeonia broteroi 173, **174**, 200
Paeonia coriacea 173
Pardelluchs 18, 137, 146, 156, **159**, *160*
Periploca laevigata 204, **207**
Perleidechse 66, 99, 114, 124, 131, **138**,
  156, 165, 186, 193, 206, 217
Pfeifente 95, 125, 212

235

Pferdeaktine 79
Pfingstrose 173, **174**, 200, 184
Pfuhlschnepfe 25, 26
Phlomis caballeroi 204, **208**
Phönizischer Wacholder 153, 155, 191, 209
Pinguicula nevadensis 199
Pinguicula vallisnerifolia 191
Pinie s. Schirmpinie
Pinienprozessionsspinner *190*, 192, **192**
Pirol 114, 220
Plebicula golgus 200
Pontische Alpenrose 164
Portugiesische Eiche 112, 128, 137, 145, 163, **166**, 173, 191
Portugiesischer Lorbeer 137, 164
Prachttaucher 78
Primel 55
Provencegrasmücke 23, 67, 99, 217
Prozessionsspinner, Pinien- *190*, 192, **192**
Puppenorchis 31
Purpurhuhn 18, 73, 83, 95, **154**, 156, 221, 222
Purpurreiher 18, 73, 75, 83, **85**, 95, 125, 155, 220
Pyramidenorchis 31, 38
Pyrenäen-Desman **47**, 49, 56
Pyrenäen-Eiche 13, **118**, 118, 200
Pyrenäen-Gebirgsmolch 18, **48**, 49, 56, 61
Pyrenäen-Hahnenfuß **47**, 48, 55
Pyrenäen-Meerzwiebel 31
Pyrenäen-Schachblume 31, 38, **50**
Pyrenäen-Steinbrech 38, 48, **49**, 52, 214

Queller 72, 83, 102, **103**, 179
Quercus canariensis 163
Quercus humilis 60, 72, 214

Rabenkrähe 88
Rallenreiher 83, 95
Ramondia 38, **48**, 48, 52, 60, 214
Ranunculus acetosellifolius 199
Raubseeschwalbe 159, 220
Raubwürger 18, 129, 156, 206, **208**
Rauchschwalbe 158
Rauhfußkauz 62
Rebhuhn 62
Regenbrachvogel 25, 26, 212, 220
Reh 18, 24, 35, 61, 164, 173
Reifrock-Narzisse 31, **33**, 119
Reis **17**, 71, 82, 83, **85**, 93, 154
Retama-Ginster 16, 129, **141**, 144
Ringdrossel 56, 62, 63
Ringelnatter 72, 124
Rohrdommel 73, 75, 125
Röhriger Affodill **127**
Rohrkolben 72, 83, 94, 124
Rohrschwirl 125
Rohrweihe 73, 75, 95, 125, 220
Rosmarin 66, 99, 145, 155, 184, 191, **199**
Rostrote Alpenrose 46, 48, 55, 56
Rote Edelkoralle 77, 80
Rötelfalke **19**, 68, 134
Rötelschwalbe 67, 147, 184, 217
Roter Amerikanischer Flußkrebs **124**, 124, 156
Rotes Waldvögelein 112
Rotfußfalke 76
Rothalsziegenmelker 156
Rothuhn 18, 68, 75, 130, 157, **180**, 181, 206
Rotkehlchen 155

Rotkopfwürger 18, 88, 108, 129, 147, 169, 217, 220
Rotmilan 38, 156, 219
Rotschenkel 156
Rotwild 18, 147, 156, 164, 191
Ruderente 18, 156, 221, **222**
Rüppellseeschwalbe 83

Säbelschnäbler 83, 159, 180, 204, 218
Sadebaum 200
Salbeiblättrige Zistrose **70**, 94, 155
Salepknabenkraut 31
Salicornia ramosissima 220
Salzkrebs 180
Samtkopfgrasmücke 67, **165**, 169, 206, 217
Sandflughuhn 18, **98**, 99, 130, 220
Sardengrasmücke 67, 217
Saxifraga nevadensis **196**, 200
Schafstelze 125
Schilfrohr 72, 83, 94, 104, 124, 155
Schirmpinie (Pinie) **152**, **153**, 153, 154, 168, 216
Schlangenadler 18, 38, 59, 62, 76, 138, 157, 164, 170, 174, **175**, 191, 214, 220
Schleimfische 79
Schlingnatter 114
Schmalblättrige Esche 72, 112, 137, 154
Schmalblättrige Steinlinde 137
Schmetterlingshaft **134**, 147
Schmetterlingsorchis 184, **195**
Schmutzgeier 38, 42, **42**, *43*, 59, 88, 108, 112, 115, 129, 138, 170, 192, 213
Schnatterente 95, 104, 125, 155
Schneeball-Ahorn 38
Schneefink 64
Schneeglöckchen 214
Schneehuhn 56
Schneide 83, 94, 124, **126**
Schopf-Traubenhyazinthe **138**, 146
Schopflavendel 66, 112, 128, 145, **146**, 155, 169
Schriftbarsch 80
Schwalbenschwanz 114, 186, 213
Schwarzhalstaucher 104
Schwarzkehlchen 23, **24**, 99, 155, 169, 220
Schwarzkiefer 87, 88, 115, 190, **192**
Schwarzmilan 38, 140, 156, 170, 219
Schwarzschnabel-Sturmtaucher 23, 66
Schwarzspecht 56, 62, 63, 214
Schwarzstirnwürger 73, 75, 76
Schwarzstorch 138, 146, 218
Schweifblatt 145, **170**
Schwein, Iberisches *132*, **133**, 143, 161
Schwertlilie 48, 184
Seeaal 80
Seefrosch 18, 72, 83, 124, 156, 222
Seeigel 79
Seeregenpfeifer **76**, 83, 84, 86, 104, 156, 180, 216, 218, 220
Seescheide 79
Segelfalter 114, 186, 213
Segge 72
Seidelbast, Herbst- 66, 198, **198**
Seidelbast, Lorbeer- 31
Seidenreiher 18, 78, **83**, 83, 95, 155, 169, 220
Seidensänger 222
Sempervivum minutum 200
Siegwurz 145, **171**
Silberpappel 83, 112
Silene litorea 204, **207**

Simse 72, 94
Sisalagave 204
Skorpion 99, 131, 206, **207**
Smaragdeidechse 31, 61
Sommerlinde 31, 38
Sommerwurz 119
Sonnenröschen 108, **110**, 204
Spanienkärpfling 19, 72, 95
Spanische Kieleidechse 18, 193
Spanische Mauereidechse 23, **24**, 66, 156, 206, 217
Spanische Wildhyazinthe **117**, 119
Spanischer Braunfrosch 120
Spanischer Rippenmolch 18, 88, **113**, 124, 131, 165
Spanischer Sandläufer 18, 66, 114, 206
Spanischer Wacholder 13, 97, **107**, 108, 112, 115
Spanischer Wassermolch 18, 131, 138
Spanisches Rohr (Riesenschilf) 94, **124**, 179, 221
Spargel 163
Spartina densiflora 220
Spiegelragwurz 173, **175**, 184, 191
Spießente 95, 125, 155
Spießflughuhn 18, **98**, 99, 130, 220
Spinnenragwurz 108, **113**
Spornblume 38, **63**
Stechginster 16, 23, 31, 66, 88, 99, 169
Stechpalme 13, 23, 30, 31, 50, 88, 212
Stechwinde 145, 163, **174**
Steinadler 31, 38, 42, 49, 52, 56, 57, 62, 88, 119, 138, 174, 184, 192, 200, 212, 213
Steinbock 18, 31, 44, 49, 87, 88, 90, **91**, *91*, 120, 173, 184, 191, 200
Steinbrech 55, 184
Steineiche 13, 16, *27*, 30, 32, 38, 46, 66, 69, 72, 87, 88, 94, 97, 108, 112, 118, **128**, *132*, 137, **142**, 144, 162, 173, 191, 200, 212, 214, 216, 218
Steinkauz 130, **193**
Steinrötel 18, 52, 62, 64, 68, 88, 101, 119, 186, **198**, 200
Steinschmätzer 52, 64, 99, 119, 200, 215
Steinsperling 18, 88, 104, 109, 113, 184, 186, 212
Stelzenläufer 18, 83, **86**, 104, 125, 155, 180, 204, 216, 217, 220
Sternklee 145, **185**
Sterntaucher 78
Stieleiche 13, 23, *27*, 30, 212, 214
Stinkende Nieswurz 184
Stockente 95, 104, 125, 155
Stör 19
Storch s. Weißstorch
Stranddistel 72, 155
Strandhafer 72, 83, 155
Strandkiefer 190
Strandsimse 155
Strand-Wolfsmilch 72, **73**, 83
Strauchiger Lein 108, **110**, 112
Stülpnasenotter 88, 156, 206, 214
Stummellerche 83, 99, 101, 204
Sumpfmeise 214

Tafelente 95, 125
Tamariske 72, **74**, 83, 103, 124, 179, 186
Tamarix africana 179
Tamarix gallica 124
Tannenmeise 57
Tarantel 99, **130**
Tausendblatt 94

Teichrohrsänger 95
Terpentin-Pistazie 16, 31, 38, **70**, 191
Teucrium charidemi 204
Theklalerche 67, 68, 88, **98**, 99, 101, 204,
209, 213, 217, 220
Thymian 16, 66, 99, 204
Tordalk 24, 73
Tragant 66
Traubeneiche 23
Trauerente 155
Trauersteinschmätzer 18, 67, 88, **90**, 174,
184, 206, 209
Treppennatter 18, **109**, 114, 124, 146,
165, 206
Triel 18, 73, 75, 99, 130, **179**, 180, 204,
220
Trottellumme 23, 24, 25, 26
Turbanschnecke 79
Turmfalke 112, 184, 192
Turteltaube 18, 89, **113**, 114, 129, 170,
217, 220

Übersehene Traubenhyazinthe 146
Uferschnepfe 86, 155
Uferschwalbe 220
Uhu 113, 138
Ulme 83
Unechte Karettschildkröte 66, 83

Valenciakärpfling 19, 95
Venusnabel 145, **199**
Viola crassiuscula **198**, 200
Violette Stendelwurz 112
Vipernnatter 72, 124, 133, 156, 186, 222

Vogelnestorchis 55

Wacholder, Gewöhnlicher 55
Wachtel 75
Waldkiefer 46, 55, 60, 88, 118, 200
Waldlaubsänger 18
Waldrebe 112
Wanderfalke 52, 62, 67, 112, 138, 177,
184, 192, 216
Wasseramsel 38, 49, 50, 56, 62, 64, 108,
184, 192, 213
Wasserhahnenfuß 72, 94, **131**, 155
Wasserpieper 52, 56, 64, 119
Wasserschlauch 124
Weide 72, 83, 112
Weinrebe 13, 14, 17, 112
Weißbartgrasmücke 67, **166**
Weißbartseeschwalbe 83, 95, 156
Weißdorn 145, 163, 184
Weißes Waldvögelein 112
Weißkopfmöwe 23, 26, 78, **79**, 204
Weißliche Zistrose 94, 155
Weißstorch 18, 73, 122, 134, 147, **169**,
170, 220
Weißtanne 40, 46, 50, 55, 59, 60, 214
Wespenbussard 168, 170
Wespenragwurz 184
Wespenspinne 147, **148**
Westlicher Enzian 31
Westschermaus **124,** 125
Wiedehopf 18, 88, 89, 129, 147, **162**, 169,
190, 213, 217, 220
Wiesenpieper 130, 155
Wiesenweihe 129, **137**

Wilde Tulpe **40**, 200
Wildkatze 88
Wildschwein 18, 35, 88, 91, 129, 156,
164, 191
Wolf 18, 20, 24, 31, **34**, *35*, 146
Wucherblume 128
Wüstengimpel 206, 209

Zackenbarsch 80
Zaunammer 23, 59, 64, 186, 213, 217
Zauneidechse 61
Zaunkönig 23, 57
Zeder 200
Zedernwacholder 219
Zickzackdorn 204, **206**
Zilpzalp 155, 215
Zippammer 56, 64, 67, 88, 109, **113**, 113,
119, 138, 174, 186, 192, 200, 217
Zistrose 66, 128, 137, 145, 169, 191
Zitronengirlitz 49, 52, 56, 57, 62, 63
Zitterpappel 60
Zuckerrohr 17, 201, 222
Zungenstendel 31, **195**
Zürgelbaum 137
Zwergadler 18, 108, 112, 129, 138, 156,
164, 170, 174, 191, **194**, 220
Zwergdommel 18, 83, **85**, 95, 125, 216, 220
Zwergfledermaus 83
Zwergohreule 130
Zwergpalme 16, 87, 88, 155, 162, 169,
202, 204
Zwergseeschwalbe 18, 83, 218, 220
Zwergtaucher 95, 125, 156, 216, 221, 222
Zwergtrappe 18, 99, 130, 133, **134**

Orts-, Sach- und Personenregister

Seitenzahlen mit dem Zusatz »ff.« bezeichnen den Beginn eines Hauptreiseziels.

A Coruña 24, 25
Aiguamolls de L'Empordà s. Naturpark
Aiguamolls de L'Empordà
Aigues Tortes s. Nationalpark Aigues
Tortes, San-Mauricio-See
Ainsa 52
Albufera de Valencia s. Naturpark Albufera
de Valencia
Alicante 218
Almeria 202
Alpujarras 196 ff.
Ammoniten s. Fossilien
Andalusien 12, 14, 15, 17, 20, *27*, 143,
189, 202, 205
Antequera s. Naturpark Torcal de Ante-
quera
Aracena s. Naturpark Aracena und Picos de
Aroche
Aragón (Fluß) 36, **40**
Aranda de Duero 112, 115
Aranjuez 220
Arenas de San Pedro 118
Arlanza-Tal **106**, 106 ff., 111
Asturien 13
Aufforstung s. Forstpolitik

Balearische Inseln 10
Barcelona 216
Baskenland 13
Belchite 100, 101

Betische Kordillere 11, 161, 167, 172, 183,
200
Binies-Schlucht 39, 40
Boí 56, 58
Bonaigua-Paß 58, 59
Botulismus 154
Bujaruelo 52
Burgos 109

Cabo de Gata 10, 97, s. auch Naturpark
Cabo de Gata-Nijar
Cabo Finisterre 10, 22, 26
Cabo Vilán 25, **25**, 26
Cáceres 127, 134
Cádiz 171
Camino del Rey s. Chorro-Schlucht
Cañon del Rio Lobo 107, 111, 115, **225**
Cap de Creus 10, 66 ff., **67**, 71
Cares-Schlucht 29, 32, 34
Castellfollit de la Roca 214, **215**
Castellón 217
Cazorla s. Naturpark Sierra de Cazorla und
Segura
Chinchón 220
Chorro-Schlucht 183 ff., **184, 188**
Cíes-Inseln 26
Congost de Collegats (Schlucht) 59
Congost de Montrebei (Schlucht) 213
Cordoba 221
Costa Brava 72, 76, 80

Coto de Doñana s. Nationalpark Doñana
Covadonga s. Nationalpark Covadonga
Covarrubias 109

Daroca 105
Dehesa (Steineichenhain) 13, 16, **20**, 127,
132, 137, 144, *145*, 219
Dehesa del Saler 94
Desierto de Tabernas 207, 209
Doñana s. Nationalpark Doñana
Duero (Fluß) 13, 116, 127
Duero-Becken 11, 107

Ebro (Fluß) 12, 14, 45, 97, 100
Ebro-Becken (E.-Tal) 11, 13, 14, 16, 42,
90, 97 ff., **99**, 100, 205
Ebro-Delta 72, 73, **81**, 81 ff., **84, 85**, 90,
97, 216
Eiszeit 11, 45, 53, 61, 117, 129, 164, 196,
197
El Escorial 220
El Rocío **155**, 156, 159
Espot 56, 58
Estaca de Bares 10, 21, 24
Eume (Fluß) 24
Extremadura 10, 11, 13, 97, 118, 127 ff.,
128, 130, 131, 142, *145*

Felszeichnungen (prähistorisch) 87, 172,
177, 212

237

Forstpolitik *27*
Fossilien 10, 32, 213
Foz de Arbayun (Schlucht) **41**, 42

Galera-Schlucht 89
Galicien 10, 11, 21 ff.
Gallocanta s. Laguna de Gallocanta
Garrigue 16, 88
Gibraltar, Meerenge von 167 ff., **167**
Gletscher s. Eiszeit
Granada 200
Grazalema s. Naturpark von Grazalema
Großgrundbesitz 14
Guadaira (Fluß) 221
Guadalhorce-Mündung 222, **223**
Guadalhorce-Stausee s. Chorro-Schlucht
Guadalquivir (Fluß) 12, 15, 17, 19, 143,
  150, 157, 189, 194
Guadiana (Fluß) 14, 123
Gubiers del Parrissal (Schlucht) 90, **92**

Hecho-Tal 36 ff., **37**
Höhle Tito Bustillo 210
Höhle von Pileta 177
Höhle von San José 217
Horreo (Getreidespeicher) 30, **30**
Huelva 220

Iberische Randgebirge (Iberische Kordillere)
  11, 13, 14, 87, 97, 214

Jaca 41, 42, 212
Jagd 19, 60, 69, 82, 87, 91, 94, 103, 111,
  120, 124, 125, 128, 135, 136, 143, *145*,
  149, 189, 218, 221
Jarama (Fluß) 218, 220
Jimena de la Frontera 165

Kanarische Inseln 10, 164
Kantabrische Küstenkordillere 11, 13, 18,
  28, 97, 210
Kap São Vicente 10
Karst 11, 29, 77, 107, 111, 172, 177, 183,
  189, 193, 216
Kastilien 11, 13, 14, 17, 106, 123, 127, 143
Kloster Yuste 122

Laguna de Campillos 182
Laguna de Fuente Piedra 97, 178 ff., **180**
Laguna de Gallocanta 97, **102,** 102 ff., **103**
Laguna de la Janda 169, 178
Laguna de Medina 221
Laguna de Zoñar 97, 221
Laguna del Rincon 221, **222**, 222
Laguna (allg.) 12
La Mancha 10, 13, 123, 205
Lerida s. Lleida
Lleida (Lerida) 97, 101
Llobregat (Fluß) 60
Llobregat-Delta 73, 216
Loarre-Burg 42

Macchie (Macchia) 16, **17**, *27*, 66, 87, 88,
  143, 153, 168, 169, 217
Madrid 12, 14, 218, 219, 220
Malaga 222
Mallos de Riglos 42, **211**, 212
Mancha s. La Mancha
Manzanares (Fluß) 218, 220
Marisma (allg.) 12, 71, 72, 150, 220
Marismas de Santoña **210**, 212
Marismas del Guadalquivir s. Nationalpark
  Doñana

Marismas del Odiel 220
Matalascañas 153, 157
Medes-Inseln 66, 77 ff., **78, 79**
Mérida 134
Meseta 11, 12, 13, 15, 106, 116, 143
Mesta (Verband der Merinoschafzüchter)
  127
Miño (Fluß) 21
Mittelmeer (Mittelmeerküste) 10, 12, 14,
  15, 16, 17, 71, 77, 87, 97, 167, 202,
  214
Monasterio de Piedra (Kloster) 105
Monegros, Los 100
Monfragüe s. Naturpark Monfragüe
Monte El Pardo 218
Montejo (Greifvogelschutzgebiet) 111 ff.
Montgrí-Massiv 71, 77
Montserrat 215, **219**
Myxomatose *69*

Naranjo de Bulnes **28**, 30, 32
Nationalpark Aigues Tortes, San-Mauricio-
  See 53 ff., **54, 55**
Nationalpark Covadonga 28 ff., 44
Nationalpark Doñana *145*, 149 ff., **150,
  152, 155**, 178, 182
Nationalpark Ordesa und Monte Perdido
  14, 44, 44 ff., **50, 51**, 55
Nationalpark Tablas de Daimiel 123 ff.,
  123, 125, *145*, 178
Naturpark Aiguamolls de L'Empordà 71 ff.,
  75, 216
Naturpark Albufera de Valencia **93**, 93 ff.,
  96, *145*
Naturpark Aracena und Picos de Aroche
  143
Naturpark Cabo de Gata-Nijar 77, 202,
  203, 206
Naturpark Cadí-Moixeró 60 ff., **61, 63**
Naturpark La Garrotxa 213, **215**
Naturpark Los Alcornocales 161 ff., **163,
  166**, 169
Naturpark Monfragüe 20, 129, 135 ff., **139
  142**
Naturpark Montseny 214
Naturpark Pedriza del Manzanares 218
Naturpark Sierra de Cazorla und Segura 91,
  145, 189 ff., **189, 192**
Naturpark Torcal de Antequera 183 ff., **183,
  185**
Naturpark von Grazalema 172 ff., **172, 174**
Naturschutz 19, 20, 43, 72, 76, 82, 94, 97,
  99, 104, *115*, 118, 123, 127, *132*, 135,
  145, 149, 169, 178, 189, 217, 220, 221

Ordesa s. Nationalpark Ordesa und Monte
  Perdido

Páramo 107
Pedraforca-Berg **61**, 62, 64
Picos de Europa **28**, 28 ff., **29, 32**, 210
Ports de Beceite i Tortosa 87 ff., **88, 92**
Punta Entinas 209
Punta Sabinar 209
Pyrenäen 10, 11, 14, 18, 36 ff., 44 ff., 53 ff.,
  60 ff., 66, 97, 212, 213, 214
Ria de Villaviciosa 210
Rias Atlas **21**, 22, **25**
Rias Baixas 22
Riaza-Tal s. Montejo
Rio Lobos (Schlucht) s. Cañon del Rio
  Lobos
Rodriguez de la Fuente, Felix *115*, 157

Ronda 177
Roses 66, 68, 71

Salinen von Bonanza 159
Salinen von Santa Pola 182, **217**, 218
Salzsee s. Laguna
San Juan de la Peña 212
San-Mauricio-See s. Nationalpark Aigues
  Tortes, San-Mauricio-See
Santander 212
Santiago de Compostela 21, 26
Santo Domingo de Silos (Kloster) 109
Sevilla 12, 221
Sierra (allg.) 12
Sierra de Cazorla s. Naturpark Sierra de
  Cazorla und Segura
Sierra de Espadan 217
Sierra de Gredos 91, 116 ff., **116, 120**
Sierra de Guadarrama 218
Sierra del Cadí s. Naturpark Cadí-Moixeró
Sierra del Montsec 213, **214**
Sierra del Montseny s. Naturpark Montseny
Sierra del Sueve 210, **211**
Sierra Morena 10, 12, 13, 14, 15, 143 ff.,
  147, 189
Sierra Nevada 11, 14, 91, 172, 189, 196 ff.,
  197, 198, 202
Sisargas-Inseln 25
Stausee (allg.) 12
Steppe 14, 97, **99, 100**, 101, **130**, 130, 202
Stierkampf *145*

Tablas de Daimiel s. Nationalpark Tablas
  de Daimiel
Tafelberg 97, **99**, 100
Tajo (Fluß) 14, 116, 136, 218, **219**
Tajo-Becken 11
Tarifa 10, 168
Tarragona 217
Torcal 172, s. auch Naturpark Torcal de
  Antequera
Torla 46, 49, 52
Transhumanz s. Wanderweide
Trevelez 196, **198**, 200
Tropfsteinhöhle 143, 148, 188, 217
Trujillo 127, 134

Valencia 15, 217
Verkarstung s. Karst
Vogelzug 24, 26, 67, 68, 167, **169**, 212
Vulkangebiet 202, 213, **215**

Waldbrand 16, 22, *27*, 66, 193
Wanderdüne 150, **152**, 171
Wanderweide (Transhumanz) 119, **120**,
  128, 224
Wasserfall Borosa-Fluß **189**
Wasserfall Cola del Caballo s. Nationalpark
  Ordesa

Yecla-Schlucht 109

Zaragoza 97
Zentralkordillere 11, 13, 14, 218

Bildnachweis

O. Alamany: 33 u. r., 44/45, 470 (Habitus, 47 u. r., 49, 51 M., 54, 58 o., 58 u., 61, 62 u., 63 o., 70 o. l., 71, 74 o., 75, 79 o., 81, 88/89, 92, 96 u. l., 102, 110 u. l., 175 o. l., 195 o., 205 M., 207 o., 214, 215, 219 o.

M. A. Bielsa: 98 o. l., 98 o. r., 98 u. l., 98 u. r., 105 o. l., 113 o. r.

R. Cramm: 17 o., 33 o., 48, 62 o., 138 u., 154 o., 158 u., 173, 192 u., 206 u. l., 219 u.

Desert Photo/J. M. Ayala: 223

Desert Photo/J. L. G. Grande: 34 o., 37, 50 o., 59 o., 91, 103 o., 116, 134 o. l.

Desert Photo/F. Lamata: 40 o., 59 u., 110 M., 118, 170 o. l., 196, 198 M. l., 199 o. r.

Desert Photo/F. Márquez: 113 u. r., 222 (Ruderente)

Desert Photo/J. F. Mingorance: 55

Desert Photo/J. M. Miralles: 205 o., 207 u. r., 208 r.

Desert Photo/J. J. Rico: 40 u., 110 u. r., 135, 208 l.

Desert Photo/J. L. Rodriguez: 25 o., 117 u., 159 o. l., 194 M., 198 o. l., 211 o.

Desert Photo/C. Sanz: 47 u. l.

J. Diedrich: 85 u. r.

Foto-Ardeidas/F. Camara: 34 M.

Foto-Ardeidas/M. A. de la Cruz Alemán: 96 u. r., 139, 146 u.

E. B. Fuentenebro: 222 (Lagune)

H.-J. Fünfstück: 105 o. r., 137 o. l., 158 o.

Grévol/J. M. Montes: 51 u., 112

Grévol/J. C. Muñóz: 76, 85 u. l.

Grévol/L. Pechuan: 134 o. r., 166 M.

Grévol/J. M. Reyero: 146 o., 154 u.

Grévol/A. Sacristán: 2/3, 14 o., 19, 24 M., 24 u., 32 o., 33 M., 33 u. l., 38, 41 o., 47 o. (Früchte), 51 o., 63 u., 69, 74 u. (Blüten), 90, 92 o. (Habitus, Früchte), 96 o., 103 u. r., 106, 109, 111, 117 o. r., 120/121, 123, 124 o., 124 u., 125, 131 o., 138 o., 141, 143, 150/151, 152, 159 o. r., 159 u., 162 o. l., 162 o. r., 162 u., 165, 166 u., 171 u., 174 o. r., 175 M. r., 178, 180 u., 183, 185 o., 193, 194 o., 194 u., 198 u., 199 u., 203, 204, 207 u. l., 210, 211 u., 217, 225

Grévol/S. G. Torres: 221

Incafo Aerofoto: 28

Incafo/J. Andrada: 154 M.

Incafo/L. B. Aritio, M. M. de Vigo: 20

Incafo/J. J. Blassi: 198/199

Incafo/J. L. G. Grande: 124 M.

Incafo/C. Lopesino, J. Hidalgo: 48 u., 85 o., 174/175, 181/182

Incafo/G. Ziesler: 36

R. Koch: 78 u., 79 u.

R. König: 70 u., 73, 174 M. l., 209, 218

F. Labhardt: 84, 140 u., 166 o. l., 170 u., 207 M.

W. Layer: 70 o. r.

A. Limbrunner: 24 o., 83, 85 M., 86, 94 o., 113 u. l., 137 o. r., 148, 166 o. r., 175 o. r.

D. Lüpnitz: 107

A. G. Manzaneque: 48 M., 98 M., 99, 163 o., 167, 169, 185 u. r.

F. G. Manzaneque: 40 M., 110 o. l.

J. Paeger: 117 o. l., 171 o. r.

H. Partsch: 131 u., 179

E. Pott: 126, 127, 195 u.

H. Reinhard: 1, 14 u., 17 u., 21, 25 u., 67, 78 o., 93, 100, 113 o. l., 130 o., 133, 153, 161, 188, 197, 202, 206 o.

J. M Reyero: 142

C. Segovia: 32 u., 53, 94 u., 147 u., 163 u., 192 o.

M. Siepmann: 30, 155, 172, 174 o. l.

G. Synatzschke: 130 u., 140 o., 147 o.

Top Press GmbH: 29

M. Toro: 103 u. l., 206 u. r.

A. Willicke: 41 u.

H. Wöhler: 74 u. (Habitus), 170 o. r., 189, 199 M. r.

K. Wothe: 42 o., 42 u., 50 u., 110 o. r., 134 u.

H. J. Zobel: 128, 134 M., 171 o. l., 184, 185 u. l., 195 M., 205 u.

Weitere BLV Bücher – speziell für Sie ausgewählt

Reiseführer Natur

Aygün und Max Kasparek

Türkei

Informativer Reiseführer mit den schönsten und interessantesten Naturregionen: Landschaften, Tiere und Pflanzen, geologische Attraktionen, Nationalparks u. v. m.; Wanderrouten und Tourenvorschläge; viele praktische Reisetips; beeindruckende Fotos.

239 Seiten, 165 Farbfotos, 61 s/w-Fotos, 33 Karten, 4 Übersichtskarten

Weitere »Reiseführer Natur«:
»Australien«, »Galapagos«, »Ostafrika«
und »Südliches Skandinavien«.

Die Reihe wird fortgesetzt.

Helmut Schuhmacher

Korallenriffe

Riffgebiete, Rifftypen, Lebensweise der Korallen, Lebensräume im Korallenriff; Riffbewohner, deren Ökologie und Verhalten.

3. Auflage, 275 Seiten, 127 Farbfotos, 82 s/w-Fotos, 28 Zeichnungen mit 58 Einzeldarstellungen

BLV Bestimmungsbuch

Werner Nachtigall

Tiere und Pflanzen an Mittelmeerküsten

Ihre Lebensräume – vom Küstenstreifen bis zum offenen Meer; Beschreibung der Arten, ihrer Lebensweise und ökologischer Zusammenhänge.

255 Seiten, 292 Farbfotos, 18 Zeichnungen

James Ferguson-Lees/Ian Willis

Vögel Mitteleuropas

Alle 540 Vogelarten Mitteleuropas in 2130 erstklassigen Farbillustrationen; Flugbilder und/oder Darstellung des sitzenden Vogels, bis zu 14 Einzeldarstellungen pro Art; Beschreibungstexte.

352 Seiten, 2130 farbige Zeichnungen, 285 farbige Verbreitungskarten

Peter Colston/Philip Burton

Limicolen

Beschreibung aller Watvogel-Arten Europas, Nordafrikas und des mittleren Ostens mit Beschreibungsmerkmalen, Flugbildern, Biologie und Verbreitung; Küken- und Eiertafel.

236 Seiten, 26 Farbtafeln mit 336 Einzelabbildungen, 137 Zeichnungen, 53 Karten

---

In unserem Verlagsprogramm finden Sie Bücher zu folgenden Sachgebieten:

Garten und Zimmerpflanzen · Natur · Angeln, Jagd, Waffen · Pferde und Reiten
Sport und Fitness · Reise und Abenteuer · Wandern und Alpinismus
Auto und Motorrad · Essen und Trinken · Gesundheit

Wünschen Sie Informationen, so schreiben Sie bitte an:
BLV Verlagsgesellschaft mbH, Postfach 40 03 20, 8000 München 40

BLV Verlagsgesellschaft München